KB038005

미스터
마켓
2022

삼프로TV와 함께하는
2022년 주식시장 전망과 투자 전략

미스터
마켓

MR.MARKET
2022

이한영·김효진·이다솔·이효석·염승환 지음

 page2

두 번째
미스터 마켓을
발간하며

주식 투자를 시작한 지 30년이 다 된 지금도 시장의 흐름을 파악하지 못한 채 허둥댈 때가 있다. 그럴 때마다 주식시장이 야속하기도 하거니와 시장은 결코 내가 싸워 이길 대상이 아니라는 좌절감을 느끼곤 한다. 그래서 어떨 때는 아예 시장을 향한 나의 눈과 귀를 닫고 오로지 내가 투자하고 있거나 투자할 기업의 가치에만 집중해보기도 했다. 그렇지만 여전히 나의 투자, 나의 생애가 시장과 세상의 한복판에 있음을 고백하게 된다.

시장은 수많은 투자자가 그들끼리, 기업들 또는 정부와 맺는 관계의 총합이라고 할 수 있다. 우리는 과연 투자자로서 어떤 관계를 맺고 있는지 돌아보자. 어떤 조직에서나 그 관계를 잘 이루는 구성원이 리더가 된다. 아무리 출중한 재능을 가졌어도 조직과 구성원 간의 관계가 건강치 못한 사람은 최고의 자리에 오를 수 없다. 투자의 세계에서도 마찬가지다. 시장에 압도되어 굴종적인 관계를 맺거나, 반대로 시장을 너무 업신여겨 자만에 빠진 이들이 궁극의 승자가 된 걸 본 적이 없다. 시장과 친하고 시장을 두려워하되 때로는 타협하지 않는 용기가 있으며, 시장과 건전하게 소통하는 이들이 주식 투자를 통해 경제적 자유를 누릴 만큼의 부를 일구게 된다.

주식시장과 좋은 관계를 맺는 방법은 다양하지만, 나는 될 수 있으면 시장을 보는 새로운 시각에 스스로를 노출하려고 노력한다. 세상이 변화하는 속도가 예전보다 훨씬 빨라졌기에 시장도 그저 예전의 관점에서 이해하려고 하면 기대가 실망으로 바뀔 가능성이 크다.

미스터 마켓의 다섯 저자는 우리 주식시장에서 주목받는 젊은 펀드매니저, 애널리스트, 이코노미스트와 시장 참여자로 구성되어 있다. 각자가 속한 회사에서 임원과 부장급이기에 그저 젊다는 표현이 어색하긴 하지만, 사고의 방법과 마켓과 관계 맺는 방식이 젊은 분들이다. 이분들이 현재의 시장을 어떻게 바라보고 있으며 내년 시장의 어디를 주목하는지 공유해보시기를 바란다. 정답을 얻기보다 여러분 스스로의 관을 갖추는 데 집중한다면, 시장과 조금 더 친해질 수 있을 것이다.

큰 기대와 함께 시작한 2021년도 저물어간다. 다가오는 2022년에는 시장도 올해보다는 따뜻하기를 바라며, 우리와 시장의 관계

도 더욱 깊어지고 세련되어지기를 바란다. 그리고 이 책을 접하는
모든 투자자가 꼭 부자 되시는 한 해가 되기를 기원한다.

2021년 저무는 가을을 내려다보며

여의도 한 귀퉁이에서
김동환 드림

차례

01

Round 2: 리오프닝의 시간을 준비할 때
○ 이한영

02 리얼 포스트 코로나를 향한 마지막 진통

○ 김효진

03

장세의 특징을 찾아내면 대응 전략이 보인다
○ 이다솔

04 앞으로 가장 중요한 모멘텀은 '기후위기'에 있다

○ 이효석

05 2022년 주목해야 할 투자 아이디어와 유망주

○ 염승환

1장

:

Round 2:
리오프닝의 시간을 준비할 때

이한영_ DS자산운용 주식운용본부장

:

주식 투자에는
위기와 기회가 공존한다

·
·
·

2021년은 코로나19 탓에 어디 여행을 다녀오지도 못했고, 기억에 남는 이벤트도 없이 일만 한 것 같다. 그런데도 시간은 정말 빨리 흘러갔다. 『미스터 마켓 2021』을 출간한 지도 얼마 안 된 것 같은데, 어느새 연말이 다가와 지금 또 이렇게 내년 시장을 준비하며 원고를 작성하고 있으니 말이다.

'미스터 마켓' 시리즈를 처음 세상에 내놓은 2020년, 주식시장은 지금과는 다른 분위기였다. '주린이(주식+어린이)'라는 단어가 등장했고, 고객예탁금이 물밀 듯이 쏟아져 들어왔으며, 주식 관련 콘텐츠에 모두가 열광했다. 주린이들은 너도나도 증권 계좌를 만들고, 어떤 주식을 사야 하는지에 온통 정신이 팔려 각종 영상과 자료를 찾아 다녔다. 그리고 무엇보다, 사기만 하면 쉽게 수익을 낼 수 있는 시장이었다.

시간은 빨리 흘렀지만, 그래도 주식시장에 대한 경험치가 1년 이상 쌓인 주린이들은 이제 개인 투자자로 성장했으리라고 생각한다. 이들에게 "2021년 주식시장은 어떠했습니까?"라고 물으면, 과연 어떤 대답이 돌아올지 궁금하다. 아마도 현재 시점에서는 "어려워요", "내가 산 것만 안 올라요", "주식 전문가들이 한 말 다 틀렸어요", "도대체 시장은 왜 이런 거예요?" 등의 부정적인 반응이 대부분일 것으로 생각한다. 그럼에도 또 일부는 "시장은 어려웠지만, 개별 종목으로 수익을 좀 냈어요", "그래도 종목장은 되는 거 아닌가요?"라고 말할 것이다.

올해 초에 미스터 마켓 시리즈 관련 인터뷰를 하면서 "2021년은 2020년과는 다르게 레벨이 한 단계 높아질 것이므로 부지런히 공부하시고, 수익이 조금 발생하면 펀드 상품 등에 가입해서 분산투자를 하는 것도 고려해보세요"라고 조언한 바 있다. 2020년은 시장이 수익을 안겨준 것인지 투자자 자신이 잘해서 수익을 낸 것인지 모호해도 어쨌든 대응하기가 쉬운 시장이었지만, 2021년은 실력이 수익률을 가를 것으로 판단했기에 한 말이었다.

이 글을 쓰고 있는 시점이 2021년 10월 중순인데, 올 한 해를 되돌아보면 확실히 작년보다 시장의 레벨이 높아졌음을 알 수 있다. 주린이들이 초급에서 중급 과정을 거치기도 전에 시장이 고급 과정으로 뛴 셈이다. 개인 투자자들은 올 한 해 수익 창출에 어려움이 있었을 것이고, 그러다 보니 대다수가 어려운 장이었다는 반응을 보이는 듯하다. 특히 2021년 시장은 통화정책의 내용과 의미를 깊이 이해하고, 각종 정치적인 이슈와 방향성을 전반적으로 파악해야 대응할 수 있었다. 이런 톱다운top down 측면에서의 요인들이 시장에 큰 영향을 미치다 보니 시장이 어려워 보였다. 그런 한편, 되는 산업과 종목은 시장 상황과 상관없이 강세를 보였기에 이런 흐름에 잘 올라탄 투자자는 큰 수익을 거뒀을 것이다. 하지만 대부분 투자자는 상승에서 소외되는, 피해 의식만 커지는 결과물을 얻었을 것이다.

원래 시장은 어렵다. 절대로 쉽게 수익을 안겨주지 않는다. 2021년은 펀드매니저들에게도 마찬가지로 어려운 시장이었다. 섹터의 순환매가 너무 빨랐으며, 강세를 보이는 개별 종목은 있었지만 시가총액 상위권을 차지하는 종목들은 약세여서 수익률이 부진했기 때문이다. 타 운용사 및 펀드들과 비교해서 절대수익이 뒤처지면 성과에 대한 컴플레인이 들어오는 구간이기도 했다.

그러나 위기를 겪은 뒤에는 다음 위기를 극복할 수 있는 내공이 쌓이기 마련이다. 경험치는 서로 다를지라도, 2021년 한 해 동안 대부분 개인 투자자는 이것저것 많은 것을 느꼈을 것이다. 어찌 됐든 우리는 매년 맞이하는 새로운 시장에서 새로운 경험을 하면서 다음 해 시장을 준비해야 한다. 그래야 수익을 떠나서 얻은 게 있는 한 해로 만들 수 있다.

이에 『미스터 마켓 2022』에서는 2021년도 시장을 통해 교훈으로 삼아야 할 내용 몇 가지를 정리하는 것부터 시작하고자 한다. 2021년 시황을 전망하면서 생각했던 요인들이 어떤 상황으로 전개됐으며, 이 요인들을 2022년도에는 어떤 관점에서 바라봐야 하는지 살펴보는 것이 중요하기 때문이다. 시장 자체의 전망보다는 대응 전략 측면에서 접근해보고자 하며, 이렇게 전개해나가면 초급 단계를 넘어선 우리가 미스터 마켓의 더 높아진 레벨 테스트에 그래도 도전을 해볼 수 있지 않을까 생각한다.

사람은 적응력이 매우 뛰어난 동물이며, 항상 위기를 극복하려고 한다. 그리고 경제적 이윤을 추구한다. 매우 단순하고 직관적인 표현이지만, 인간의 본능을 정확히 짚어낸 말이라고 생각한다. 주식 투자에는 위기와 기회가 공존한다. 기회는 항상 곁에 와 있지만 우리가 인지하지 못하는 경우가 많으며, 위기는 실제보다 과장되어 공포감을 불러일으키곤 한다. 자신만의 기준을 굳건히 하면, 기회를 보는 안목을 키울 수 있을 뿐 아니라 주변에 휩쓸려 공포감에 사로잡히지 않을 수 있다. 2022년에는 2021년보다 더 나은 투자를 하는 데 이 글이 도움이 됐으면 한다.

2021년 시장이
우리에게 준 교훈

·
·
·

우리가 겪은 시장에 대해 하나의 키워드를 꼽으라고 한다면, 2019년은 '미·중 무역분쟁', 2020년은 '코로나19'가 될 것이다. 그렇다면 2021년의 키워드는 무엇일까? 곰곰이 생각해보면 한 단어로 정리하기 어려울 만큼 이벤트가 많았다. '코로나19 델타 변이 바이러스 확산', '경기 피크아웃peak out 논란', 테이퍼링tapering(일명 '수도꼭지 잠그기')', '중국 규제', '외국인 매도세', '중국 전력 대란', '미국 부채 한도 협상' 등 언뜻 떠오르는 것만도 이렇게나 많다. 어떻게 보면 올해 유독 이슈가 많았다고 생각되겠지만, 사실 시장은 항상 이랬다.

　지수만 놓고 보면 2019년은 코스피 2000포인트에서의 박스권, 연간 7.7% 상승률이었다. 2020년은 코스피 1400~3000포인트의 범위에서 1년 동안 급락과 급등을 모두 경험했으며, 연중 저점 대비 고점이 99.95%로 100% 가까운 변동폭이 발생한 시장이었고 전년 대비 상승률은 30.8%였다. 그리고 2021년은 지수 신고가에서 매우 좁은 박스권을 형성한 채 상승률 한 자릿수에서 오르내림을 거듭했다.

이렇게 여러 요인과 형태를 보인 시장을 경험하고 나면, 반드시 복기해보기를 권한다. 이를 통해 보다 나은 투자법을 고민해본 뒤에, 자신만의 투자 방법과 스타일을 계량화하는 시간을 가졌으면 한다. 투자를 계속하는 데 경험보다 더 좋은 선생님은 없기 때문이다. 아무리 언론 매체에서 전문가들이 이런저런 좋은 얘기를 하더라도, 실제 그들이 펀드를 운용하면서 하는 액션을 말로 전달하는 데는 한계가 있다. 더욱이 이를 듣고 실제로 해본 사람과 안 해본 사람의 차이는 엄청나다. 지금부터 2021년의 미스터 마켓을 경험하고 나서 생각해봐야 할 것들에 대해 나의 관점에서 정리를 해보고자 한다.

시장이 수익을 떠먹여 준 것인가, 아니면 내가 잘한 것인가?

2020년 주식시장의 난이도를 '초급'에 가까운 '초·중급'이라고 가정한다면, 2021년은 '고급'이었다고 생각한다. 2020년에도 물론 연초에는 유례없는 폭락을 겪었기에 힘든 국면이 있었다. 설 연휴 이전까지는 미·중 무역분쟁 완화, 달러화 약세 전환 등으로 그동안 억눌렸던 중국·한국 등 신흥국 증시가 강세를 보이며 무난하게 상 승 출발했다. 그러다가 2~3월에 코로나19가 본격적으로 확산되면 서 3월 한 달간 급락했다. 역대급 하락이었고 현존하는 투자자들 이 처음 겪는 바이러스에 의한 급락이었지만, 각국 중앙은행과 정 부의 적극적인 대응으로 지수의 조정은 짧고 굵게 마감됐다. 그 뒤 로는 인류 공동의 극복 과제인 코로나19에 대한 대응이 일사불란 하게 이루어졌고, 양호한 수치를 보이는 경제지표와 기업들의 실 적에 힘입어 글로벌 증시는 대세 상승을 시작했다.

2020년에는 코로나19 상황이었음에도 글로벌 제조의 중심인 한국과 중국의 공장은 정상적으로 가동됐다. 병목현상으로 물류 의 차질은 발생했으나, 제조업 기반 국가들이 생산 측면에서 영향 을 제한적으로 받았기에 세계 경제의 버팀목 역할을 할 수 있었다. 여기에 각국 정부의 통화정책과 재정정책이 더해지면서 유동성 공급이 본격화됐고, 위기 극복을 위한 지원책 등으로 신성장 산업 의 육성 및 발전에 속도가 붙으면서 '미국의 FAANG(페이스북, 애플, 아마존, 넷플릭스, 구글)', '한국의 BBIG(바이오·배터리·인터넷·게임)'라는 쟁 쟁한 성장주들이 등장해 시장의 상승을 이끌었다. 그리고 이런 성 장성에 자극받은 유동성이 물밀 듯이 쏟아져 들어오면서 시장은 역사적 신고가를 경신했다.

그렇기에 어쩌면 2020년에 시장에 참여한 투자자들은 별로 어려움을 느끼지 않았을 것이다. 좋아 보이는 섹터의 업종 대표주를 사면 호재와 유동성이 결합하면서 수월하게 상승했기 때문이다. 그리고 '위기 극복'이라는 하나의 주제가 존재했기에 방향성 면에서도 쉬운 시장이었다.

그런데 2021년은 어떠했는가? 시장의 주요 이슈에 대해 전문가마다 호재냐 악재냐에 대한 판단이 달랐으며, 시기에 따라 동일 현상에 대해서도 판단이 달랐다. 역사적 신고가의 지수대에서 의견이 극명하게 갈리는 기이한 현상이 발생했으며, 미국 증시는 연일 신고가를 경신하는 데 비해 한국 증시는 박스권에서 벗어나지 못했다. 미국 증시는 실적과 산업의 성장성에 추세적인 상승세를 보였다. 하지만 한국 증시는 실적은 무시되고 산업의 성장성, 즉 모멘텀에만 민감하게 반응하면서 섹터의 순환매가 급격히 일어나 투자자들이 정신을 못 차릴 정도였다.

앞서 제목으로 제시한 '시장이 수익을 떠먹여 준 것인가, 아니면 내가 잘한 것인가?'는 여의도 증권가에서 항상 하는 말이다. 실제로 1년이 마무리돼 펀드 성과를 결산하고 평가를 받을 때마다 펀드매니저들이 회사 경영진으로부터 공격당하는 주요 주제 중하나이기도 하다.

물론 투자자에게는 시장의 변곡점을 잘 읽고 그 변곡점에서 어떻게 베팅했느냐도 개별 종목을 잘 골라내는 것만큼이나 중요한 능력이다. 이 변곡점에서 정확한 투자 타이밍을 포착하는 것과 베팅해야 하는 양을 정하는 것이 어쩌면 투자에서 9할을 차지할지도 모른다. 하지만 과연 개인 투자자들이 선제적으로 변곡점을 읽고 의미 있게 베팅할 수 있었을까? 아마도 그렇게 했을 확률은 전문가인 펀드매니저들보다 한참 낮을 것이다. 그럼에도 2020년의 엄청난 반등 장세는 개인 투자자들에게 높은 수익률을 안겨주었을 것이고, 이것이 자신감이 되어 '주식 투자 쉽네!', '시장 별로 안 어렵네!'라는 생각을 가지게 했을 것이다.

연초에 나는 삼프로TV를 중심으로 한 방송에서 "이제는 수익 중 일부를 펀드와 같은 간접 투자 상품으로 배분하시는 게 좋습니다"라고 조언했다. 그러면서 이제부터는 시장이 'Round 2'의 개념으로 난이도가 높아질 것이기 때문에 주식과 부동산 등 여러 자산에 분산하여 투자하는 것도 좋지만, '직접 투자'와 '간접 투자(금융상품 투자)'로 분산해서 투자하는 것도 좋은 대안이라고 강조했다. 물론 지금까지 펀드들의 수익률이 고객에게 만족과 신뢰를 주지 못했기에 와닿지 않을 수는 있겠지만, 좋은 펀드들은 항시 있으니 고려를 해보시라고 이야기했다. 실제로, 2021년이 마무리되어가는 길목인 9월부터 국내 주식형 펀드에 자금이 유입되고 있다. 결국 시장의 유동성은 갈 곳을 찾고 있으며, 대안의 투자처를 현명하게 모색하고 있는 것으로 생각된다.

내 주변에도 2020년에는 주식 투자를 오랜만에 했거나 처음 해 봤는데 큰 수익을 얻었다는 분들이 많았다. 그런데 지금은 그분들 대다수가 매일매일 걱정하고 난감해하면서 "시장이 어떻게 되어 가는 건가요?"라고 내게 묻는다. 그러면 나는 "2020년에는 어떻게 해서 성과가 그렇게 좋았다고 생각합니까?"라고 되묻는다. 이때 돌아오는 대답은 대부분 비슷하다. "시장이 좋았잖소!"

바로 이것이 2021년 시장에서 우리가 꼭 깨달아야 하는 가장 큰 교훈이라고 생각한다. '시장은 쉽지 않다!', '괜히 미스터 마켓이 존재하는 것이 아니다'라는 점 말이다. 그렇기에 우리는 시장 공부와 기업 공부, 즉 주식 공부를 계속해야 한다.

- 시장이 수익을 떠먹여준 것인가? vs. 투자자인 내가 잘한 것인가?
- 미스터 마켓이 괜히 존재하는 것이 아니다.
- 미스터 마켓은 쉬운 상대가 아니다.
- 따라서 우리는 주식 공부를 해야 한다.

▬ 제발 1분만 생각하고, 제발 기업을 공부하자

『미스터 마켓 2021』과 『시대의 1등주를 찾아라』라는 두 권의 책에서 나는 '차분하게 생각하는 시간을 가지자'라고 강조했다. 시장에는 많은 정보가 있고 정보가 전해지는 속도도 빠르지만, '진짜'와 '가짜'를 판단해야 하므로 자극적인 문구에 즉각적으로 반응하지 말고 차분하게 생각하는 시간을 가지고 투자에 나서야 한다는 의미다.

이와 관련하여, 이 글을 쓰고 있는 주간에 역사에 기록될 정도의 이벤트가 발생했다. 시장에 존재하는 투자 자금들이 얼마나 마음이 급한지, 얼마나 충동적으로 모멘텀에만 반응하는지를 분명히 보여준 이벤트였다.

〈그림 1-1〉이 보여주듯이, '동진쎄미켐'이라는 기업에 대한 가

출처: 네이버뉴스

짜 뉴스 사례다. 실제 시장이 열리고 있던 시간에 '이재용, 동진쎄미
켐 인수지시'라는 제목으로 뉴스가 올라왔다. 이때부터 이 주식의
주가는 강세를 보이더니, 단시간에 상한가까지 가는 폭등세를 연출
했다. 실제 동진쎄미켐은 펀더멘털 측면에서도 좋은 기업이며, 최
근에 실적이 성장세를 보여 주가도 추세적으로 우상향하는 기조를
보이고 있었다. 업력 측면에서도 내공이 있는 소재 업체이므로 기
사 제목처럼 자극적인 문구에 충분히 반응할 수 있었던 기업이다.

　뉴스가 뜨자마자 내용을 확인도 하지 않은 채 매수에 나선 투자
자들이 많았는데, 이는 곧 '정말 1초도 생각 안 해봤다'는 것이고 해
당 기업의 내용을 전혀 모르고 투자를 했다는 방증이다. 그런데 여
기에서의 핵심은 그럴듯한 기사 제목으로 상한가를 갔다는 것이
아니다. 기사의 제목을 클릭하는 순간 나오는 내용이 문제였다.

　〈그림 1-2〉가 그것인데, 실제로는 '가짜 뉴스 만들어보기'였

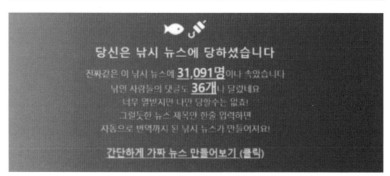

그림 1-2 ·· 제목을 클릭했을 때 보이는 페이지

출처: 네이버뉴스

다. 정말 황당하기 그지없다. 자극적인 기사를 보고 확인하려고 들어가면 '당신은 낚시 뉴스에 당하셨습니다'라는 문구가 뜬다. 그러고는 '복수하고 싶으면 당신도 만들어보라'고 말한다.

우리 모두에게 돈은 귀한 것이다. 그런데 이 귀한 돈을 어떤 수준의 사람이, 어떤 목적을 가지고 올리는지 알 수 없는 단 한 줄의 문장만 보고 투자한다는 게 말이 되는가? 이 사건이야말로 지금 시장에 존재하는 투자 자금의 경험치와 성격, 처한 상황 등을 여실히 보여줬다고 생각한다.

기사를 클릭만 해봤어도 낚이지 않았을 것이고, 조금 더 고차원적으로 낚이지 않을 방법도 있었다. 바로 회사의 내용을 확인하는 것인데, 그 과정을 지금부터 설명하고자 한다.

〈그림 1-3〉은 전자공시시스템DART에서 해당 기업을 검색하여 사업보고서의 '주주에 관한 사항'에 들어가면 나오는 지분구조다. 최대주주(동진홀딩스) 및 특수관계인이 약 40%를 보유하고 있다. 지분공시에 표시되지 않은 우호지분까지 합치면 굳건한 지분율을 가지고 있을 것으로 추정할 수 있다.

이럴 때 다음과 같은 질문을 해봐야 한다. 이런 기업이라면 지분을 얼마나 확보해야 인수할 수 있을까? 혹시 최대주주나 의미 있는 지분을 보유한 특수관계인이 지분을 매각한다면 왜 하는 걸까? 인수를 한다는 내용이 적당한 지분을 투자한다는 의미였을까, 아니면 정말 적대적 M&A를 지시했다는 걸까?

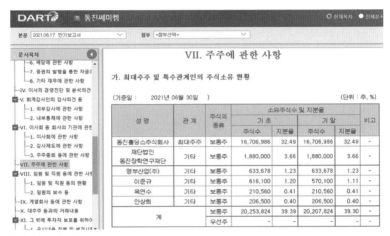

그림 1-3 ** 사업보고서 중 '주주에 관한 사항'

VII. 주주에 관한 사항

가. 최대주주 및 특수관계인의 주식소유 현황

(기준일 : 2021년 06월 30일)   (단위 : 주, %)

성명	관계	주식의 종류	소유주식수 및 지분율				비고
			기 초		기 말		
			주식수	지분율	주식수	지분율	
동진홀딩스주식회사	최대주주	보통주	16,706,986	32.49	16,706,986	32.49	-
재단법인 동진장학연구재단	기타	보통주	1,880,000	3.66	1,880,000	3.66	-
명부산업(주)	기타	보통주	633,678	1.23	633,678	1.23	-
이준규	기타	보통주	616,100	1.20	570,100	1.11	-
옥연수	기타	보통주	210,560	0.41	210,560	0.41	-
안상희	기타	보통주	206,500	0.40	206,500	0.40	-
계		보통주	20,253,824	39.39	20,207,824	39.30	-
		우선주					

출처: 전자공시시스템

물론 좋다고 생각하던 기업의 시세가 급등하고, 주변에서 "삼성이 인수한다던데?"라고 말하면 급하게 매수 버튼을 누를 가능성이 커진다. 아무리 그렇다고 해도 1분은 생각했어야 한다.

〈그림 1-4〉는 해당 기업의 사업보고서에 있는 '임원 및 직원

그림 1-4 ** 사업보고서 중 '임원 및 직원 등에 관한 사항'

임원 현황

(기준일 : 2021년 06월 30일)

성명	성별	출생년월	직위	등기임원 여부	상근 여부	담당 업무	주요경력	소유주식수		최대주주와의 관계	재직기
								의결권 있는 주식	의결권 없는 주식		
이부섭	남	1937.11	대표이사 회장	사내이사	상근	경영총괄	서울대학원 화공과 (주)동진쎄미켐 대표이사	-	-	최대주주의 특수관계인	48년
이준혁	남	1967.05	대표이사 부회장	사내이사	상근	경영총괄	서울대 화공과 미국 MIT 공대 박사 (주)동진쎄미켐 대표이사	-	-	최대주주의 특수관계인	27년
이준규	남	1964.03	부회장	사내이사	상근	발포제 사업부	연세대 경영대학 인디아나대 경영대학원 (주)동진쎄미켐 시장	450,100	-	최대주주의 특수관계인	31년

출처: 전자공시시스템

등에 관한 사항'이다. 현재 회장님이 48년째 재직하고 계시고, 아들들이 부회장으로 장기근속하고 있는 점을 확인할 수 있다. 앞서의 지분율과 경영진의 현황만 봐도 저 가짜 뉴스의 제목에 대해 우리가 보여야 하는 상식적인 반응은 "와! 대박이다!"가 아니라, "설마, 이게 말이 되나?"였어야 한다.

<그림 1-5>는 해당 기업이 2분기 실적 발표 이후 공시한 사업보고서상의 손익계산서다. 분기에 영업이익 약 600억 원이 발생하는 기업이다. 최대 규모의 CAPEX capital expenditures 투자를 제외하면 외부 자금을 조달할 이유가 별로 없는 회사다.

이렇게 몇 가지만 확인해봐도 '왜?'라는 생각이 들면서 자연스럽게 '가짜 뉴스 아니야?'라고 의심해볼 수 있었을 것이다. 즉 1분

그림 1-5 ** 사업보고서 중 '재무에 관한 사항(연결재무제표)'

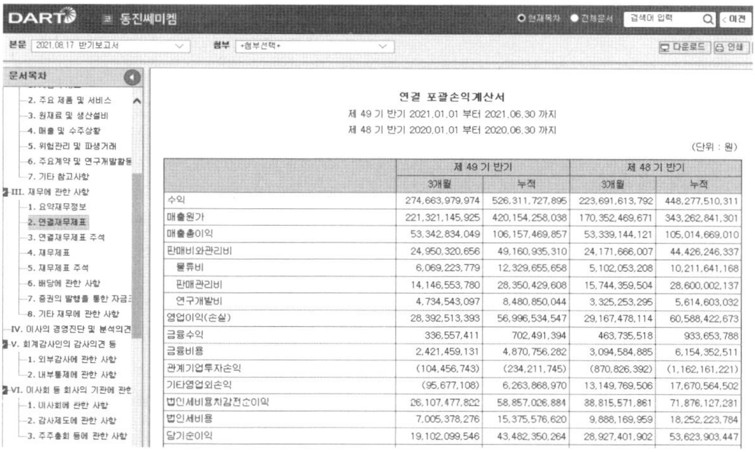

연결 포괄손익계산서

제 49 기 반기 2021.01.01 부터 2021.06.30 까지

제 48 기 반기 2020.01.01 부터 2020.06.30 까지

(단위 : 원)

	제 49 기 반기		제 48 기 반기	
	3개월	누적	3개월	누적
수익	274,663,979,974	526,311,727,895	223,691,613,792	448,277,510,311
매출원가	221,321,145,925	420,154,258,038	170,352,469,671	343,262,841,301
매출총이익	53,342,834,049	106,157,469,857	53,339,144,121	105,014,669,010
판매비와관리비	24,950,320,656	49,160,935,310	24,171,666,007	44,426,246,337
물류비	6,069,223,779	12,329,655,658	5,102,053,208	10,211,641,168
판매관리비	14,146,553,780	28,350,429,608	15,744,359,504	28,600,002,137
연구개발비	4,734,543,097	8,480,850,044	3,325,253,295	5,614,603,032
영업이익(손실)	28,392,513,393	56,996,534,547	29,167,478,114	60,588,422,673
금융수익	336,557,411	702,491,394	463,735,518	933,653,788
금융비용	2,421,459,131	4,870,756,282	3,094,584,885	6,154,352,511
관계기업투자손익	(104,456,743)	(234,211,745)	(870,826,392)	(1,162,161,221)
기타영업외손익	(95,677,108)	6,263,868,970	13,149,769,506	17,670,564,502
법인세비용차감전순이익	26,107,477,822	58,857,026,884	38,815,571,861	71,876,127,231
법인세비용	7,005,378,276	15,375,576,620	9,888,169,959	18,252,223,784
당기순이익	19,102,099,546	43,482,350,264	28,927,401,902	53,623,903,447

출처: 전자공시시스템

만 생각하고, 모두에게 공개되어 있는 전자공시상의 공시 내용만 확인해도 어이없는 투자는 하지 않을 수 있다.

- 제발 1분만 생각하자. 생각 안 하고 투자하면 불나방이 된다.
- 제발 기업을 공부하자. 영원히 '주린이'로 머물면 안 된다.
- 소중한 투자자산, 생각 없이 투자하지 말자.
- 상식적으로 판단하자. 모든 내용은 전자공시 등을 통해 진위를 확인할 수 있다.

═ 유연하게 사고하자

자산운용사의 아침은 회의로 시작된다. 회사마다 차이는 있겠지만, 보통 7시 30분부터 8시 사이에 아침회의를 시작한다. 펀드매니저와 인하우스 리서치in-house research 팀의 애널리스트들이 시장과 기업들의 정보를 업데이트하고 의견을 나누면서 투자에 대한 의사결정을 진행한다. 어찌 보면 매일 아침 토론회가 벌어지는 셈이다. 이렇게 해도 내부적으로 의사결정을 하는 데 한계가 있으면, 증권사 애널리스트를 초청하여 세미나를 병행하면서 의사결정에 참고한다.

이렇게 매일매일 10~20명씩 되는 운용본부 펀드매니저들이 섹터와 기업에 대해 의견을 나누는 이유는 무엇일까? 공부를 안 해서 몰라서 그런 걸까? 아니다. 시장이 살아 움직이기 때문이다. 같은 요인에 대해서도 '어제는 맞지만, 오늘은 틀릴 수 있다'고 봐야 하는 것이 주식이기 때문이다.

이렇게 아침에 회의를 하다 보면, 펀드매니저마다 판단이 다르다는 걸 알 수 있다. 동일 기업에 대해 어떤 이는 강력 매수를 추천하고, 어떤 이는 강력 매도를 추천한다. 또 어제까지만 해도 좋다고 강력 매수를 추천했다가, 다음 날에는 판단을 잘못한 것 같다며 전량 매도 의견을 내기도 한다. 사실 이럴 때는 아무리 이런 일에 익숙한 펀드매니저라고 하더라도 거부감이 들기 마련이다. 그럼에도 이런 회의에서 근거를 가지고 투자의견을 발표하면서, 자기주장을 펼치고 반대 논리의 공격을 받기도 하면서 결론을 만들어간다. 이런 과정을 거치는 이유는 매우 단순하다. 보다 나은 투자 의사결정을 위해서다.

주식에는 답이 정해져 있지 않다. 동일한 요인으로 어떨 때는 주가가 오르지만, 어떨 때는 내리기도 한다. 그러다 보니 지금 시장에 존재하는 많은 논리 중에서 가장 강한 논리가 시세를 결정한다. 내가 생각하지 못했던 것이나 잘못 알았던 것, 다수가 생각하는 시장의 논리 등을 듣는 과정이 바로 자산운용사들이 아침마다 갖는 회의의 본질이다.

개인 투자자들에게는 이런 토론의 장이 별로 없을 것이다. 그러다 보니 투자에 대한 공부를 하려고 할 때 유튜브 방송을 보게 된다. 최근 1년 동안만 봐도 참으로 많은 주식 방송이 생겼고, 많은 전문가가 출연했다. 여기서 방송 채널이나 출연진의 질적 평가를 할 생각은 없다. 다만, 시청하는 우리의 자세는 꼭 한번 얘기해보고 싶다.

시청자들의 반응은 댓글로 나타난다. 내가 관찰해본 결과 소수의 구독자가 있는 채널들은 해당 방송을 보는 목적이 분명하기 때문에 내용에 대한 집중도가 높다. 그런데 구독자가 100만 명에 육박하는 대형 채널일수록 집중도가 낮아진다. 그러다 보니 댓글도 다양하게 달리는데, 여기에서 일반 대중의 공통점을 발견할 수 있다. 내가 아침회의 때 느끼는 그 감정, 즉 거부감이 정제되지 않은 표현으로 나타나는 것이다. 전문가인 애널리스트나 펀드매니저가 근거 자료를 가지고 나름의 논리를 설명하는데, 모르기 때문에 들으려고 시청하는 당사자들이 자기가 투자한 섹터와 종목에 대해 다른 의견이 나오면 공격적인 어투의 댓글을 달곤 한다. 하지만 이런 자세는 투자에 전혀 도움이 되지 않는다. 오히려 손실 난 종목을 계속 끌어안고 있게 될 뿐이다.

유명 채널이 된 방송은 다 이유가 있다고 생각한다. 출연진 역시 현재 운용사와 증권사에 소속된 펀드매니저와 애널리스트들로 각 방송 채널에서 엄선해서 섭외한 사람들이며, 모두가 자기 분야에서 전문가로 인정받는 사람들이다. 일반 주식 방송에서 개별 종목을 찍어 설명하는 사람들과는 다른 레벨의 전문가들이다.

실제로 이분들은 자산운용사들에서도 세미나를 요청해 모셔가서 듣는 현직 베스트 애널리스트들이다. 양질의 자료로 섹터에 대한 큰 방향성과 전략에 대해 의견을 제시한다. 그러니 우리 투자자들이 해야 할 것은 그분들이 말한 내용에 대해 '맞다, 틀리다'를 판단하는 것이 아니라 '저렇게 논리적으로 설명할 수 있구나', '저런 포인트에서 저렇게 생각할 수도 있네'라는 점을 확인하면서 보다 논리적이라고 생각되는 내용을 취사선택하는 것이다.

이미 답을 정해놓고 전문가들의 의견을 청취하는 거라면, 무엇하러 그런 시간 낭비를 하는지 묻고 싶다. 우리가 해야 할 것은 시장에 존재하는, 그리고 계속해서 새롭게 창출되고 있는 논리가 무엇인지 파악해서 이것이 모멘텀이 되는 섹터와 종목을 찾아내는 것이다. 그리고 이를 기반으로 가지고 있는 종목에 대해 추가 매수, 보유, 손절에 대한 의사결정을 해서 더 나은 수익률을 창출하면 되는 것이다. 복잡할 것 하나 없다. 시장에 존재하는 다양한 의견을 듣고 취사선택하여 나만의 논리를 만들고, 이를 기준으로 투자하면 된다. '맞다, 틀리다'를 논하지 말고, '그럴 수도 있구나'라는 유연한 사고를 하자.

- 전문가의 의견을 뒷받침하는 논리를 파악하자.
- '맞다, 틀리다'가 아니라 '저렇게 생각할 수도 있구나!'를 항상

생각하자.

- 다양한 의견을 듣고 보다 강한 논리를 취사선택하자.
- 우리에게 필요한 건 유연한 사고이며, 이것이 계좌 수익률에 도움이 될 것이다.

≡ '수익률 기여도' 개념으로 비중을 조절하자

펀드매니저들이 펀드를 운용하면서 가장 많이 하는 일이 '비중 조절'이다. 여기서 말하는 비중은 펀드에 편입된 '주식 전체의 비중'(또는 '현금의 비중')일 수도 있고, '섹터별 편입 비중'이나 '개별 종목의 편입 비중'을 말할 수도 있다. 주식시장이 좋을 때는 주식 비중을 확대하고, 주식시장이 나쁠 때는 비중을 축소한다. 그리고 다른 섹터보다 모멘텀이 더 강한 섹터의 비중을 높이고, 모멘텀이 약한 섹터의 비중은 축소한다. 개별 종목 역시 마찬가지다.

그런데 왜 이런 작업을 끊임없이 반복할까? 실제 펀드매니저들은 매일매일 실시간으로 이런 작업을 하는데, 자산배분이나 편입 종목의 비중 조절을 통해 펀드 전체의 수익률을 높이기 위해서다. 조금 더 전문적으로 말하면, 수익률에 기여도가 높을 것으로 판단되는 쪽의 비중을 높이고 반대로 판단되는 쪽을 낮추는 것이다. 오늘 당장 효과를 못 보더라도 내일부터는 펀드의 수익률 기여도 측면에서 효율성을 극대화하기 위해 하는 작업이다. 물론 펀드는 자금이 크기 때문에 수백억, 수천억의 자금을 운용하려면 필연적으로 이런 작업을 할 수밖에 없다.

그럼 개인 투자자들은 어떨까? 주변 사람들의 투자 고민을 듣다 보면, 종목이 무한정 나오는 경우가 있다. 가끔은 '어떻게 이토록 많은 종목을 알고 있을까?'라는 생각이 들 정도다. 그 모든 종목을 다 보유하고 있냐고 물어보면 그렇다고 한다. 좋다고 해서 샀는데, 계좌의 수익률은 안 올라간다는 것이다. 이런 계좌의 수익률이 기대치와 다를 수밖에 없는 이유는 너무도 자명하다.

〈표 1-1〉은 현금 100%를 기준으로 4개 종목에 대해 보유 비중을 달리한 두 가지 시나리오를 나타낸 것이다. 개별 종목의 수익률을 임의로 가정했을 때, 시나리오별 수익률이 어떻게 달라지는지 보자.

표 1-1 ** 보유 비중별 수익률 시나리오

(단위: %)

종목	종목별 수익률	시나리오 1(보유 비중)	시나리오 2(보유 비중)
A	30	30	5
B	20	20	2
C	10	20	3
D	5	30	90
합계		100	100
계좌 수익률		16.5	6.7

시나리오 1에서는 개별 종목당 20~30%로 비슷한 규모로 투자한다고 가정했는데, 이는 종목 공부가 되어 있는 투자자가 4개의 종목에 의미 있는 비중으로 투자했음을 의미한다. 이 경우 계좌 수익률은 'A(30% 비중×30% 수익률)+B(20% 비중×20% 수익률)+C(20% 비중×10% 수익률)+D(30% 비중×5% 수익률)'이므로 전체 16.5%가 된다. 어려운 것이 아니다. 학교 수학 시간에 배운 가중평균의 합이다.

시나리오 2에서는 대박 난다는 얘기를 어디선가 듣고 D 종목을 먼저 사놓고 나서, 남은 돈으로 A, B, C 종목을 산 경우를 가정했다. 이 경우 계좌 수익률은 'A(5% 비중×30% 수익률)+B(2% 비중×20% 수익률)+C(3% 비중×10% 수익률)+D(90% 비중×5% 수익률)'이므로 전체 6.7%가 된다.

약간 극단적일 수 있긴 하지만, 어쨌든 이 두 가지 시나리오에서 무엇을 느낄 수 있는가? 보유하고 있는 종목의 수가 많더라도, 보유 비중이 큰 종목의 수익률이 낮고 보유 비중이 작은 종목의 수익률이 높으면 계좌 수익률은 특별히 의미가 없는 수준의 성과를 보여준다는 것이다. 즉, 투자자 마음속의 기대 수익률에 비하면 턱없이 낮은 수준일 수밖에 없다.

1% 보유 비중의 종목이 100% 상승하더라도, 계좌 수익률의 기여도는 1%일 뿐이다. 따라서 의미 없는 비중의 편입 종목을 너무 많이 만들지 말아야 한다. 보유 종목의 개수가 늘면 늘수록 집중해야 하는 대상이 분산될 뿐이다. 그러면 개별 종목의 이벤트와 실적

등 투자에 필요한 요소들을 놓칠 확률이 높아진다.

시나리오 1과 같이 20~30%씩 살 수 있는 종목을 몇 개로 나눠 놓으면 균형이라는 측면에서 안정감을 느낄 수 있다. 물론 1개의 종목을 20~30%씩 사는 것 자체에 대해 부담을 느낄 수는 있겠지만, 개인 투자자라면 이런 연습을 많이 해보기를 권한다.

여하튼, 20~30% 보유한 종목들이므로 10%씩만 상승해도 계좌 수익률은 2~3%가 상승하게 된다. 즉, 종목당 수익률 기여도가 높아지기 때문에 전체의 합으로 표현되는 계좌 수익률 역시 높아진다. 그리고 이런 훈련이 되면, 1~2% 정도씩밖에 못 살 종목은 처음부터 매수하지 않게 될 것이다. 왜냐하면 계좌 수익률에 의미가 없기 때문이다.

펀드를 운용할 때 성과가 좋은 경우는 시나리오 1일 가능성이 매우 크다. 실제 펀드의 성과는 그해에 의미 있는 비중을 편입했던 종목 1~2개에 좌우되곤 한다. 펀드매니저들이 '몰빵' 투자를 한다는 얘기가 아니다. 운용 준칙에 따라 운용을 할 수밖에 없는데, 이를 준수하면서 의미 있는 비중을 편입하려면 자연스럽게 중대형주가 선택된다. 이렇게 의미 있는 비중에 안정적인 수익률이 결합되는 종목을 어떻게 구성했는지, 어떤 비중으로 관리해왔는지에 따라 펀드 전체 수익률이 좌우된다.

개인 투자자들도 이런 개념을 적용해서, 불필요한 개별 종목의 수를 줄이고 보다 자신 있는 종목에 비중을 싣는 투자를 했으면 한다.

- 계좌 수익률은 개별 종목이 아니라 보유하고 있는 개별 종목 전체의 가중평균 합이다.
- 보유 비중 1%가 100% 상승해봤자 계좌 수익률에는 1%밖에 도움이 안 된다.
- 보유 비중 30%가 30% 상승하면 계좌 수익률에는 9%나 도움이 된다.
- 의미 있는 비중을 담을 수 있는 주식으로 포트폴리오를 구성하자.
- 이런 투자가 숙달되면 자연스럽게 계좌가 심플해질 것이다.

≡ 투자 전략, 단순하고 직관적으로 세우자

2021년 장의 특징 중 하나가 매우 빠른 순환매다. 펀드매니저들조차도 정신을 차릴 수 없게 하는 속도전이 반복됐다. 순환매가 빠르다 보면, 투자자들이 지쳐 나중에는 아무것도 안 하게 된다. 액션을 하는 것 자체가 부담되고 의미가 없어지기 때문이다.

아마도 2021년 내내 투자자들은 무기력감과 우울감을 느꼈을 것이다. 며칠에 걸쳐 겨우겨우 10% 올랐는데, 하루 이틀 만에 수익률을 다 토해내고 오히려 마이너스가 되는 일이 비일비재했기 때문이다. 아주 가끔은 기분 좋은 상황도 있었을 것이다. 2~3주 동안 오르지도 않고 가랑비에 옷 젖듯이 슬금슬금 내려가기만 해서 어째야 할지 몰라 방치하다시피 했는데, 하루 이틀 만에 급등해서 손실을 회복한 경우도 없긴 않았을 테니 말이다.

이러다 보면, 자연스럽게 '투자를 어떻게 해야 하는가?'를 놓고 고민하게 된다. 이에 대해 나는 '단순하고 직관적으로 투자 전략을 수립하라'고 조언하고 싶다. 매크로, 정치 등 톱다운 측면에서의 다양한 이슈와 변화들은 시황을 결정하기 때문에 매우 중요한 시장 요인들이다. 하지만 사실 이것들이 개인 투자자들의 투자에 미치는 영향은 펀드매니저들의 펀드 운용에 미치는 영향과는 또 다르다. 그러니 시장 변수를 보고 전략을 짜고, 지수를 보면서 수익률을 고민하면서 머리 아프게 투자하지 말라는 뜻이다. 다만 이를 염두에 두되, 각자가 운용하는 계좌는 심플하면서도 포트폴리오의 색깔이 명확해지도록 구성하기를 권한다.

나뿐 아니라 대부분 전문가가 투자의 기준은 개인마다 다르니까 자기만의 기준을 명확히 설정하라고 조언한다. 이때 가장 많이 언급하는 것이 '투자의 기간'과 '자금의 성격'이다. 여유 자금을 가지고 장기간 투지할 수 있는 투자자라면, 성장 산업의 대표주를 의미 있는 비중으로 매수해놓고 산업이 성장하는 과정에서 시간이

표 1-2 ·· 국가별 전기차 비중 추이

국가	구분	2020년 1월	2020년 2월	2020년 3월	2020년 4월	2020년 5월	2020년 6월	2020년 7월	2020년 8월	2020년 9월
유럽	전기차 수요	77,875	71,835	87,137	32,814	48,494	96,327	115,604	99,200	164,591
	자동차 수요	1,134,898	1,066,794	853,077	292,182	623,812	1,131,895	1,281,740	884,394	1,300,048
	전기차 비중	6.9	6.7	10.2	11.2	7.8	9.0	11.2	12.7	13.4
중국	전기차 수요	54,356	15,624	62,032	70,378	82,440	102,507	98,734	107,276	134,379
	자동차 수요	1,689,161	237,848	1,101,355	1,596,161	1,724,363	1,820,147	1,718,681	1,808,737	2,152,700
	전기차 비중	3.2	6.6	5.6	4.4	4.8	5.6	5.7	5.9	6.2
미국	전기차 수요	14,762	16,052	27,676	9,962	15,606	28,096	26,922	28,986	41,541
	자동차 수요	1,135,637	1,348,947	991,345	719,306	1,127,041	1,104,990	1,236,302	1,324,247	1,340,551
	전기차 비중	1.3	1.2	2.8	1.4	1.4	2.5	2.2	2.2	3.1

※ 전기차 = BEV+PHEV+FCEV
출처: EV-volumes, ADB, 삼성증권

주는 혜택을 향유하는 것이 좋다.

〈표 1-2〉는 미국, 중국, 유럽의 전체 자동차 시장에서 전기차가 차지하는 비중을 2020년 1월 이후 데이터로 표현한 것이다. 장기적인 시계열 데이터상에서 절대금액이나 절대규모를 보고 향후 여력이 어느 정도일지를 생각해보면, 투자의 방향성과 기간에 대해 아이디어를 얻을 수 있다.

표를 보면 전기차의 비중이 미국은 5%, 중국과 유럽은 20% 수준에 다다르고 있다는 것이 확인된다. 엄청난 성장성을 보이면서 시장을 주도하고 있는 섹터가 현재 이 수준이라는 것이다. 이는 곧

(단위: 대, %)

2020년 10월	2020년 11월	2020년 12월	2021년 1월	2021년 2월	2021년 3월	2021년 4월	2021년 5월	2021년 6월	2021년 7월
151,555	171,061	287,623	116,375	119,428	233,816	165,645	184,331	247,197	134,819
1,129,223	1,047,409	1,214,581	842,835	850,170	1,387,924	1,039,810	1,083,795	1,282,503	
13.4	16.3	23.7	13.8	14.0	16.8	15.9	17.0	19.3	
161,526	209,948	235,974	179,237	108,867	224,481	189,621	212,136	254,174	235,799
2,159,902	2,360,895	2,447,340	2,125,124	1,194,339	1,928,420	1,748,722	1,686,467	1,569,000	1,551,000
7.5	8.9	9.6	8.4	9.1	11.6	10.8	12.6	16.2	15.2
34,709	35,984	48,627	24,555	35,648	65,897	41,195	49,271	74,066	52,870
1,351,092	1,193,180	1,608,875	1,094,096	1,187,298	1,599,859	1,534,108	1,583,093	1,296,517	1,288,494
2.6	3.0	3.0	2.2	3.0	4.1	2.7	3.1	5.7	4.1

전기차로 바뀔 여력이 80~95%라는 얘기다. 이처럼 데이터상으로 성장 여력이 확인되고 투자 심리에 자신감을 심어주는 섹터에 장기로 투자해야 한다.

물론 성장 산업이라고 하더라도, 성장하는 과정에서 시장 참여자나 산업 참여자 모두 처음 겪는 다양한 일들이 발생하기 때문에 변동성은 항시 존재한다. 그럼에도 위와 같은 수치에서 확인할 수 있듯이, 성장이 가능한 절대적인 폭과 방향성이 확실하므로 장기로 보유하면 편안한 투자가 될 것이다. 이런 섹터는 현재 기준에서 당장 눈에 보이는 것들이 2차전지, 미디어·콘텐츠, 게임·엔터, 바이오 등 BBIG에 더해 새롭게 성장성이 확인되는 산업들이다.

이런 섹터는 2022년에도 주요 투자 대상이 될 것이다. 따라서 우리 포트폴리오에 이런 섹터의 대표주가 의미 있는 비중으로 채워져 있으면 높은 수익률을 향유하면서도 편안한 투자를 할 수 있으리라고 생각한다.

성장주의 성장 방향성에 장기로 투자하는 것 외에 턴어라운드 주에 투자하는 방법도 있다. 턴어라운드는 말 그대로 '망할 뻔했는데 다시 살아났다'라는 뜻으로, 이런 산업과 종목을 찾으면 된다. 〈그림 1-6〉은 2019년 대비 2021년 9월 현재 회복의 정도를 보여준다. 매우 단순하고 직관적으로 코로나19 이전과 비교하여 회복이 됐느냐 아니냐만 표현했다. 이렇게 쉽게 눈에 보여야 투자에 대한 동의를 얻기도 쉽다.

우리는 턴어라운드에 의한 주가 상승으로 수익률을 창출해야 하므로, 이미 회복이 끝난 곳이 아니라 회복이 될 곳을 찾아야 한다. 〈그림 1-6〉을 보면 자동차 등 제조업은 이미 2019년 수준을 넘어섰다. 경기 부양을 위한 각종 지원책과 제조업의 정상 가동 등으로 회복이 빨랐으며, 실제로 이 부분에서 2021년 상반기 시장 주도력이 발생했다.

이제는 미국에서도 고용이 회복되고 있고, 자연스럽게 소득이 회복됐다. 백신 접종률이 상승함과 함께 '위드코로나With Corona', '리오프닝re-opening' 등이 언급되며 생활도 점차 정상화되고 있다. 그런

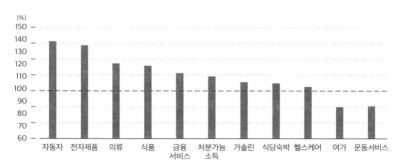

그림 1-6 ✱✱ **2019년(코로나19 이전) 대비 소비 회복률(미국)**

출처: 미국 경제분석국

데 차트의 제일 오른쪽 2개의 막대그래프에서 보이듯이, 아직 이 분야는 회복이 덜 됐다. 바로 여기서 기회가 발생한다.

콘택트^{contact} 섹터로 분류되는 여가, 운송서비스 섹터 등은 현재까진 소비 회복률이 낮지만 머지않아 본격적으로 회복될 것이다. 위드코로나 정책을 정부가 단계적으로 시행하고 있으며, 미국과 유럽의 현황(스포츠 경기에 군집한 관중, 음악 공연 시작 등)을 접하게 되면 그 속도는 더 빨라질 것이다.

물론 해당 섹터들은 최근 2년간 힘든 시기를 보냈고, 산업이 구조조정됐으며, 살아남은 업체 몇몇도 여전히 어려운 경영 환경에 처해 있는 것이 사실이다. 하지만 이제 리오프닝이 되어 여행과 레저 등을 즐길 수 있는 정상적인 생활이 가능해진다면, 당연히 해당 섹터에서 보복소비^{revenge spending}(질병 등 외부 요인으로 억눌렸던 소비가 보상심리에 따라 분출되는 현상)가 발생하면서 드라마틱한 턴어라운드가 발생하리라고 예상할 수 있다.

실제 이 글을 쓰고 있는 현재 동남아시아 지역이 관광을 허용하기 시작했고, 이에 맞춰 여행사들도 상품을 출시하고 있다. 항공편을 보면, 그간 노선이 많이 축소됐는데 수요가 점차 개선되면서 비행기 표를 구하기 어려운 상황이다. 현재의 부진한 실적은 어차피 과거의 것이며 코로나19로 이해가 되는 것이므로, 현재 수요 개선의 증거들이 미래의 실적을 창출해줄 것이다. 주가도 이에 반응해 움직이기 시작했다.

산업에서 위기가 발생한 뒤 회복 단계에 들어설 때는 '위기 이전보다 높은 수준으로 회복이 가능할 것인가, 아닌가?'만 잘 판단하면 된다. 그리고 어려운 시기에 업계 구조조정이 이뤄져 공급 과잉 등 산업의 수급 요인들이 건전하게 정리됐는지 등을 잘 살펴보는 것이 턴어라운드 주식에 투자할 때의 포인트다.

회복의 폭이 크면 클수록 높은 수익을 안겨줄 것이다. 물론 회복의 시작점이 어디인지를 비롯하여 회복 과정에서 각종 변동성이 나타나리라는 점도 염두에 두어야 한다. 하지만 회복이 될 것이 분명하고, '어느 정도까지' 그리고 '언제쯤'이라는 상식적인 선에서의 확신이 있다면 해당 섹터에서 살아남은 기업, 그중에서도 브랜드가 있는 기업에 투자하면 좋은 성과를 얻을 수 있을 것이다.

2021년에는 빠른 순환매로 혼란을 겪었으나, 이렇게 성장 산업과 턴어라운드 산업, 더 나아가 가치주로 불리는 전통 제조업도 특정 기간에는 주도주 역할을 했다. 우리는 이런 특징에서 교훈을 얻을 수 있다.

〈그림 1-7〉은 한국과 세계의 2019년 이후 성장주와 가치주의 상대강도를 보여준다. 시기별 흐름을 되짚으면서 '아, 저 국면에서는 이런 일이 있어서 성장주가(또는 가치주가) 강했지' 등을 한번 떠올려보자. 예컨대 '인플레이션이 언급되던 시점임에도 성장주의 주도권이 강했던 시기'라면 그 이유를 찾아보자. 지난 시점을 복기하면서 이런 고민을 깊이 해볼수록 시장이 주는 교훈을 내 것으로 만들 수 있다.

그림 1-7 ** 2019년 이후 가치주/성장주

출처: Quantwise, Bloomberg

- 투자 전략은 단순하면서도 직관적으로 세워라.
- 2021년의 교훈은 성장주, 가치주, 턴어라운드주 모두가 일정 기간 시세를 보여줬다는 것이다.
- 성장하는 산업, 턴어라운드하는 산업의 업종 대표주가 현재 시점에서 대안이 될 수 있다.
- 성장하는 축과 턴어라운드하는 축은 꼭 2021년 대비 2022년 만이 아니라, 투자하는 평생 효과를 볼 수 있는 전략이다.

왜 시장은
박스권에 갇혀 있었을까

●
●
●

2021년 시장에 대한 생각을 한 문장으로 표현하라고 한다면 '변동성은 크지만, 좁은 박스권 장세'라고 하겠다. 이 글을 쓰는 시점이 10월 중순이므로, 앞으로 남은 2개월 반 동안 시장이 어떻게 변화할지는 모를 일이다. 실제로 지난 2020년에도 11월부터 12월까지 지수가 2200포인트대에서 2900포인트까지 급등하면서 마무리됐다. 올해라고 그런 일이 일어나지 말란 법은 없지만, 현재까지 상황을 정리하면 박스권으로 볼 수 있다.

15%의 변동폭에 갇혀 있었던
2021년 한국 주식시장

2021년 시장에 영향을 주었던 일들을 생각해보자. 크게는 코로나 19 델타 변이의 확산, 경기 피크아웃 및 테이퍼링, 미국 바이든 대통령의 취임, 중국의 규제 등을 비롯하여 정말 다사다난했다. 이런 일들에 일희일비하면서 대응하느라 시간이 어떻게 흘러가는지도 모른 채 지냈다. 미국 시장의 신고가 행진을 부러워하면서 연초 짧은 급등 이후로는 박스권에 갇혀버린 한국 증시에 답답함을 느끼기도 하고, 지치기도 했다.

〈그림 1-8〉은 2021년 시장을 단순화해서 보여준다. 2020년부터 2021년 8월까지의 코스피 지수 차트인데, 이를 보면 2020년과 2021년이 정말 대비된다는 걸 알 수 있다.

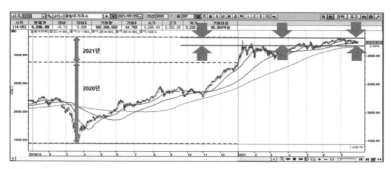

그림 1-8 ·· **코스피 지수 추이(2020~2021)**

출처: DS자산운용

2020년을 보면, 1400포인트 수준까지 하락했던 지수가 3월 하순부터 드라마틱한 반등을 보이면서 8월까지 급상승했고, 약 3개월간의 기간 조정을 거친 이후 연말 2개월간 2900포인트를 돌파하면서 마감했다. 코로나19의 여파로 2월부터 약 1개월 반 동안 급락했던 시장이 급반등하는 과정에서 투자자들은 지옥과 천국을 모두 경험했다. 2020년을 종합하면 코스피 지수의 종가 기준으로는 전년 대비 30.7% 상승했으나, 연간 저점 대비 고점의 폭은 정확히 99.95%로 지수가 100% 가까운 변동폭을 보였다.

그런데 2021년을 보면 저점 대비 고점의 폭이 현재까지 15%이며, 연초 이후의 지수 수익률은 10% 이내에서 지루한 정체 흐름을 보이고 있다. 변동폭 기준으로 말하자면 2020년 대비 약 6분의 1 수준이며, 수익률 측면에서도 정말 재미없다고 할 만큼 2020년과 너무도 다른 흐름이다. 2021년도 시장에는 어떤 요인들이 영향을 주었기에 이런 흐름이 나타났을까?

▬ 지수 상승을 가로막는 네 가지 요인

〈그림 1-8〉에서 2021년 구간에 위로 올라가는 화살표와 아래로 내려오는 화살표를 추가했더니 얼핏 장마전선처럼 보인다. 장마

전선을 형성한 채 지수의 북상을 가로막는 요인으로는 델타 변이 바이러스의 확산, 경기 피크아웃 논란, 테이퍼링 이슈, 중국 규제 및 에너지 대란 등을 대표적으로 꼽을 수 있다. 그 외에도 여러 가지가 있지만 이 굵직한 사안들만이라도 하나씩 자세히 살펴보자.

델타 변이 바이러스

코로나19는 2020년 내내 시장을 괴롭힌 대표적인 이슈였는데, 2021년에는 변이 바이러스를 통해 다시금 시장에 영향을 미쳤다. 모든 것이 그렇듯 경험해보지 않았다는 공포가 시장을 지배했고, 이에 대응하는 과정에서도 무수히 반복되는 시행착오 탓에 시장의 변동성 요인으로 작용했다.

그러다가 시간이 지나면서 백신 접종률이 올라가고, 미국·유럽을 중심으로 백신 접종 완료에 따른 리오프닝이 현실화되면서 힘을 많이 잃었다. 이제 사실상 코로나19는 '아무도 신경 안 쓴다'라고 표현해도 될 정도의 악재가 됐다. 확진자 수는 증가하더라도 치명률이 낮아지면서 우리가 코로나19를 충분히 컨트롤할 수 있다는 것을 경험했고, 각국 정부의 위드코로나 정책이 본격화되면서 일상으로의 복귀가 시작됐다.

이와 함께 코로나19로 큰 낙폭을 보였던 주식들이 턴어라운드의 기회를 맞이하고 있다. 2021년도 상반기까지는 코로나19 변이 바이러스가 위세를 떨치면서 새로운 형태의 악재로 작용했지만,

시장은 이를 이미 가격에 반영했고 오히려 이제는 주요한 투자 섹터가 된 것이다. 2021년도에는 희망만 주던 리오프닝 수혜주들이 2022년도에는 본격적인 턴어라운드에 따른 실적 회복을 보여줄 것으로 판단한다.

악재로 인해서 산업 전체적으로 피해를 입은 섹터에서는 악재 발생과 실적 악화가 동시에 일어난다. 주가는 일정 기간 지속적으로 하락하다가, 이후 악재가 완화되는 국면에서는 더 이상 하락하지 않고 저점을 형성한다. 그리고 악재가 해소된다는 뉴스에 반응하면서 반등이 나오기 시작하는데, 이때는 실제 실적 개선은 나타나지 않고 기대감만으로 상승하므로 펀더멘털로는 설명이 되지 않는 주가 흐름을 보이게 된다.

따라서 이런 종목에서는 실적이 정말 중요하다. 기대에 미치지 못하는 실적이 발표되거나 악재가 해소되지 않았다는 사실이 밝혀지면, 당연하게도 주가는 힘을 잃고 하락한다. 하지만 실제로 악재가 해소됐고 실적도 든든히 뒷받침된다는 사실이 확인되면, 그간의 악조건에서 살아남은 기업은 본격적인 상승을 이어간다.

2021년도에 이런 과정을 거친 리오프닝 관련 섹터에서 2022년도에 실제 실적이 회복돼 주도주로 등장할 기업, 생존 이후에 시장을 장악하게 될 대표 기업이 어디인지를 찾아내야 한다.

경기 피크아웃 논란

피크아웃은 정점을 통과한다는 뜻이다. 그런데 정점을 통과했으므로 이제는 하락만 남았다고 접근하면서 피크아웃이 곧 역성장을 뜻하는 것으로 받아들이면, 시장은 하락으로 반응하게 된다. 하지만 과연 피크아웃했다고 해서 성장이 멈췄다고 할 수 있을까? 반드시 그렇진 않다.

피크아웃의 기준은 전년 대비 증감률이므로, 2020년 대비 2021년은 당연히 기저효과가 작용할 수밖에 없다. 2020년은 전례 없는 바이러스의 공격으로 세계 경제가 큰 타격을 입은 시점이니까. 하지만 이 정점을 통과한 이후 증감률의 하락세가 완만하거나 증감률은 하락하더라도 절대레벨이나 기준치 이상에서 지속되는 기간이 길면, 펀더멘털 측면에서는 양호한 흐름이 이어지므로 경기 악화가 아닌 호황의 지속이라는 새로운 체감을 하게 될 것이다. 이런 상황이라면 피크아웃만 보고 주가가 하락한 것은 성급한 반응일 수도 있다. 물론 정점이 생기고 이제까지와는 다른 증감률이 나타난다면, 지속되어온 증가세에 익숙한 상황에서는 부정적으로 느낄 수밖에 없겠지만 말이다.

실제 예를 통해 위의 사실을 확인해보자. 〈그림 1-9〉는 2000년 이후 우리나라 일평균 수출 증가율과 코스피 지수를 함께 보여준다. 2000년 이후 네 번의 피크아웃이 발생했는데 2004년, 2010년, 2017년 그리고 2021년이다. 피크아웃했는데도 2004년과 2010

그림 1-9 ** 일평균 수출 증가율과 코스피 지수

(%, 전년 대비) ── 일평균 수출 증가율(선박 제외, 좌) ── 코스피 지수(우) (포인트)

출처: 산업통상자원부, Refinitiv, 메리츠증권

년 이후 코스피는 수년간 상승했고, 2017년에는 1년 정도 상승한 이후 하락세를 보였다.

왜 이런 차이가 발생한 것인지 알아보기 위해 〈그림 1-10〉을 보자. 피크아웃 시점(M+0)을 기준점으로 하여 2004년, 2010년, 2017년, 2021년 등 각 시점의 일평균 수출 금액 추이를 나타낸 것이다. 2004년과 2010년은 'M+0' 이후에도 3년 이상 일평균 수출 금액이 지속적으로 상승했다. 즉 증감률은 피크아웃했으나 수출액이라는 절대금액이 높은 상태를 유지하면서 장기간 지속됐고, 이때 주가도 동행해서 상승했다(그림 1-11). 결국 주가는 실적의 함수다. 수출 실적이 좋다는 것은 당연히 수출 기업들의 실적이 좋다는

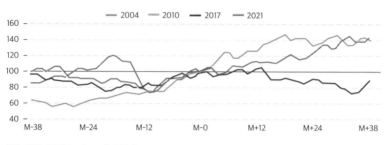

그림 1-10 ** 피크아웃 기준 일평균 수출 금액 추이

출처: 산업통상자원부, Refinitiv, 메리츠증권

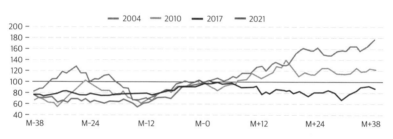

그림 1-11 ** 피크아웃 기준 코스피 추이

출처: 산업통상자원부, Refinitiv, 메리츠증권

것을 의미하므로, 경기 피크아웃 논란이 있었음에도 펀더멘털의 유지가 주가 상승을 이끈 것이다.

그렇다면 2017년은 어땠을까? 2017년도에는 피크아웃 이후 수출액의 감소세가 확연했다. 체력이 약했기 때문에 당연히 주가도 하락세를 보인 것이다. 물론 2018년부터는 당시 미 대통령 트럼프에 의해 미·중 무역분쟁이 시작됐다는 사실도 영향을 줬을 것이다. 하지만 기본적으로 경기 피크아웃 이후 수출이 견인하지 못했기 때문에 나타난 당연한 결과라고 생각한다.

지금은 어떨까? 수출 금액 기준으로는 증감률 측면에서 2021년 7월에 정점을 형성했다. 당시 언론에는 '사상 최고 수출액'이라는 문구가 도배됐고, 그와 함께 경기 피크아웃을 걱정했다. 그러다가 8월 수출 금액이 발표됐는데, 예상치보다 높게 나왔다. 언론에서는 '8월 기준 사상 최대 실적'이라는 문구가 대대적으로 보도됐다. 이때부터 주가가 반등했을 뿐만 아니라, 공교롭게도 8월 수출액이 발표된 9월 1일부터 외국인 순매수가 확인됐다. 9월은 2021년 들어 처음으로 외국인이 순매수한 기간이 됐다. 피크아웃이 반드시 '성장이 다했다'라는 사실을 의미하지 않는다는 걸 이상의 사례에서 충분히 확인했을 것이다.

당연한 얘기 같겠지만, 앞의 2004년과 2010년도처럼 수출액이 절대적으로 높은 레벨을 유지하면서도 장기간 지속되려면 수출을 이끄는 섹터가 많아야 한다. 〈그림 1-12〉와 〈그림 1-13〉에서 볼 수 있듯이 2004년과 2010년도에는 수출을 이끈 섹터가 다수였다. 하지만 2017년에는 상대적 강세를 보인 섹터의 개수도 적었고, 기간도 짧았다(그림 1-14). 이렇게 확연하게 드러나는 차이가 주가의 상승과 하락을 결정지었다고 생각한다.

이를 현재 기준에 대입해보면, 다행히 수출을 이끄는 섹터가 다수 존재한다(그림 1-15). 한국 전통의 수출 산업에 이제는 2차전지, 바이오 같은 신규 산업이 더해지고 있다. 이들은 제품의 단가(P)도

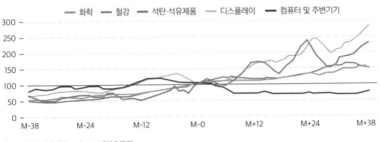

그림 1-12 ·· 피크아웃 기준 2004년 품목별 수출액

출처: 산업통상자원부, Refinitiv, 메리츠증권

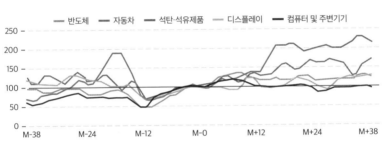

그림 1-13 ·· 피크아웃 기준 2010년 품목별 수출액

출처: 산업통상자원부, Refinitiv, 메리츠증권

높고 물량(Q)도 많다. 따라서 이런 섹터들이 절대금액을 높게, 길게 유지한다면 향후 한국의 수출액이 어찌 될 것인지는 쉽게 예측이 될 것이다.

물론 이를 아직은 확인할 수 없고, 매월 수출액이 발표되는 시점마다 후행적으로 확인하게 될 것이다. 특정 월만 보면 예상치보다 많이 나올 수도 있고 적게 나올 수도 있다. 그러면 당연히 주가가 반응할 것인데, 우리는 추세적인 방향성을 예측하고 이를 바탕

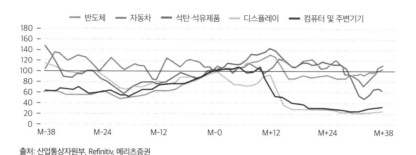

그림 1-14 ** 피크아웃 기준 2017년 품목별 수출액

출처: 산업통상자원부, Refinitiv, 메리츠증권

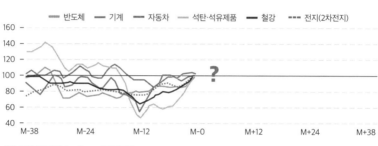

그림 1-15 ** 피크아웃 기준 현재 품목별 수출액

출처: 산업통상자원부, Refinitiv, 메리츠증권

으로 투자해야 한다.

　2021년도가 수출액의 강세와 피크아웃에 반응했던 구간이라면, 2022년도는 예상치보다 '많거나 적음'에 변동성을 보이면서 수출을 이끄는 '찐 섹터'가 어떤 것인지 판가름 나는 구간이 될 것으로 보인다. 그리고 이 섹터가 당연히 시장을 주도할 것이며, 지수는 좁은 박스권을 형성하더라도 수출이 늘어나는 섹터는 차별적인 주가 흐름을 보일 수 있을 것으로 판단된다. 따라서 2022년에는

어떤 장세가 전개될지 예상하기 힘든 현재 시점에서도 최소한 지수와 상관없이 수출을 주도하는 섹터의 대장주는 투자 대상으로 눈여겨봐야 할 것이다.

테이퍼링 이슈

이 문제는 경기 피크아웃 우려와도 연결된다. 테이퍼링은 실제로는 중앙은행이 지원해주던 유동성을 조금씩 줄여가겠다는 것을 의미한다. 즉, 위기가 극복됐으니 이제는 정상화하겠다는 얘기다. 그런데 시장이 테이퍼링을 긴축으로 해석하는 바람에 테이퍼링 이슈가 나올 때마다 주가가 하락했다.

경기가 개선된 것 같아서 테이퍼링을 하려고 하는 중앙은행과 아직은 위기 국면이 마무리된 것 같지 않다는 시장의 견해가 대립하는 지점이다. 현재 시점에서 테이퍼링은 공식화됐고, 이제 남은 건 실제 테이퍼링의 속도가 어떻게 될 것인가 하는 문제다. 왜냐하면 테이퍼링이 끝나면 금리 인상이 이어질 것으로 생각하기 때문이며, 실제 이렇게 전개될 가능성이 크다. 다만 연준Fed 의장은 테이퍼링은 긴축이 아니며, 금리 인상은 모든 지표가 안정화된 이후라는 입장을 유지하고 있다. 물론 제롬 파월 연준 의장의 임기도 마무리 국면이므로 2022년에 재선임이 되어야 이런 기조가 좀더 강하게 유지될 것이다. 2021년 현재로서는 아직 변수가 존재한다.

다만, 테이퍼링은 긴축이 아니라 지원하던 자금을 축소하는 것이라는 점에서 결국 경기가 위기를 탈출해서 정상화됐다는 것을 의미하므로, 연준이 경기 회복에 대한 자신감을 보여줬다고 해석할 수 있다. 따라서 이제는 공식화된 테이퍼링이 더는 악재가 아니라고 생각한다.

실제로 테이퍼링이 공식화되고 나서부터 미국 증시는 오히려 강세를 보였다. 이제부터 우리 시선은 금리 인상 속도로 향할 것이고, 이것은 자연스럽게 인플레이션에 대한 걱정으로 이어질 것이다. 연준이 지원책을 중단하고 금리를 인상한다고 해서 증시가 약세였던 것은 아니다.

이 점을 확인하기 위해 연준이 자산 매입을 축소했거나, 아예 매입을 하지 않았던 구간의 지수 추이를 살펴보자. 〈그림 1-16〉부터 〈그림 1-19〉까지는 2008년 이후 연준의 보유자산 증감 추이와 S&P500, 나스닥, 코스피, 코스닥 지수의 추이를 보여준다.

리먼브러더스 사태가 발발하고 그 위기가 극복된 이후 연준의 보유자산이 감소하기 시작했을 때도 미국과 한국 지수는 모두 상승세를 유지했다. 그리고 실제 테이퍼링이 실행된 2014년 이후를 보더라도 미국의 증시는 강세를 유지했고, 한국은 코스닥 중심으로 강세를 보였다. 2014년 테이퍼링 당시 선진국이 신흥국보다 높은 성과를 보였는데, 이는 연준의 테이퍼링이 위험자산 선호심리를 위축시켜 신흥국 주식시장에 부정적 영향을 주었기 때문이다.

섹터별로 보면, 코스피에서는 방어주의 수익률이 좋았으

그림 1-16 ** 연준 보유자산 증감 추이 vs. S&P500

(포인트)
━ S&P500(좌) ━ 연준 보유자산 전년 대비 증감(우)
(조 달러)

출처: NH투자증권

그림 1-17 ** 연준 보유자산 증감 추이 vs. 나스닥

(포인트)
━ 나스닥(좌) ━ 연준 보유자산 전년 대비 증감(우)
(조 달러)

출처: NH투자증권

며 경기 영향을 받는 수출주의 수익률은 그 반대였다. 그에 비해
S&P500에서는 경기주 대비 방어주의 수익률이 좋았다. 테이퍼링

그림 1-18 ** 연준 보유자산 증감 추이 vs. 코스피

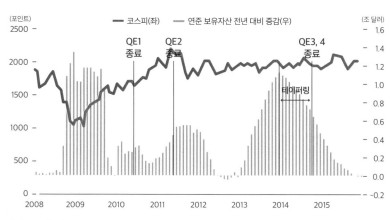

출처: NH투자증권

그림 1-19 ** 연준 보유자산 증감 추이 vs. 코스닥

출처: NH투자증권

이 주식시장에 미치는 영향을 좀더 깊이 들여다보면, 글로벌 경기 둔화에 대한 우려의 측면이 컸던 것으로 해석된다. 그리고 코스닥 대비 코스피의 성과가 부진했던 것은 성장주 전반의 강세라기보다는 당시 코스닥 시가총액 1위였던 카카오의 폭발적인 성장 덕분이었다고 할 수 있다. 2014년 당시 카카오의 다음 인수, 카카오페이 출범 등의 이벤트가 코스닥 시장의 호재로 작용했었다(카카오는 2017년 7월 코스피로 이전했다).

　과거 테이퍼링 구간의 4대 지수 수익률을 정리하면 〈표 1-3〉과 같다. 이 표를 보면 테이퍼링을 실시하더라도 펀더멘털의 개선이라는 측면에서 주가의 대세 상승을 반대 방향으로 돌리지는 않았다는 사실을 알 수 있다. 그리고 부정적인 우려가 있더라도, 성장 산업이 존재하는 이상 적어도 차별적인 종목 장세를 통해 투자 수익을 거둘 기회는 항상 있었다는 점 역시 알 수 있다.

표 1-3 •• 테이퍼링 구간의 4대 지수 수익률

(단위: 포인트, %)

	S&P500	나스닥	코스피	코스닥
2013. 12. 18	1810.65	4070.06	1974.63	485.65
2014. 10. 29	1982.3	4549.23	1961.17	561.03
수익률	9.48	11.77	- 0.68	15.52

　〈그림 1-20〉은 2014년 테이퍼링 기간에 대해 선언 후 시행 직전까지의 구간과 시행 이후 종료까지의 구간을 구분해서 해당 구간 증시의 수익률을 보여준다. 그리고 〈그림 1-21〉과 〈그림 1-22〉에서는 미국과 한국의 주요 섹터들에 대해서 동일한 형태로

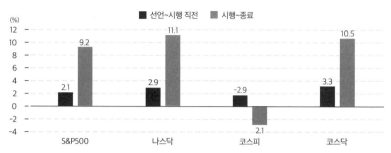

그림 1-20 ·· **증시별 테이퍼링 반응(수익률)**

출처: NH투자증권

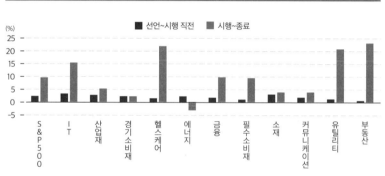

그림 1-21 ··**미국의 업종별 수익률**

출처: NH투자증권

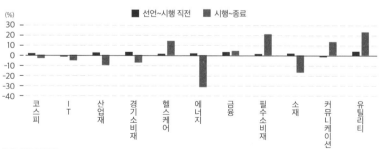

그림 1-22 ·· **한국 업종별 수익률**

출처: NH투자증권

수익률을 구분했다. 대체로 시행 이후 종료까지의 수익률이 월등히 높다는 것을 알 수 있다.

여기서 우리는 테이퍼링이 '긴축'이 아니라 '경기가 회복되니까 지원책을 줄이는 것'이라는 점을 확인할 수 있다. 테이퍼링은 경기가 정상화됐기에 할 수 있는 것이다. 물론 지원책을 없앤다고 하니까 시장은 걱정하겠지만, 실제 시행했더니 수익률이 압도적으로 좋았다. 이 기간에 경제가 개선돼 자신감이 생겼기 때문이다.

이것이 우리가 2022년에 확인하게 될 과정이라고 생각한다. 이러면 최소한 되는 섹터의 종목 장세는 지속될 것이고, 위기가 과거와 같은 형태로 극복된다면 강세장도 기대해볼 수 있다.

〈그림 1-23〉과 같이 해당 기간에 EPS 증가율을 상위, 중위, 하위 업종으로 나누고 이를 지수(S&P500) 수익률과 비교하더라도

그림 1-23 ·· S&P500 24개 업종의 주가수익률(연준 자산 증가율 정체 연도)

출처: 하나대투증권

확실히 실적이 주가에 반영된다는 점을 확인할 수 있다. 〈그림 1-24〉를 보면, 한국 역시 마찬가지임을 알 수 있다.

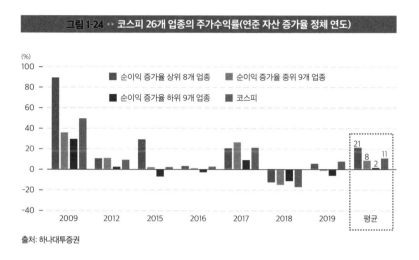

그림1-24 ·· 코스피 26개 업종의 주가수익률(연준 자산 증가율 정체 연도)

출처: 하나대투증권

2021년에는 테이퍼링 이슈가 시장의 변동성 요인이었다. 그에 비해 2022년에는 연준의 금리 인상에 대한 기조의 변화와 연준의 유동성 공급이 축소되는 과정에서 펀더멘털에 의한 우려를 극복할 수 있느냐가 관전 포인트가 될 것이다. 우려는 크겠으나 앞서 정리한 경기 피크아웃 논란에서 봤듯이 수출을 견인하는 산업의 수가 많고, 지속성이 길고, 레벨이 높게 유지된다면 지수는 좋을 것이다.

그림 1-25 ** 코스피의 12개월 예상 영업이익

(조 원)   (포인트)

— 코스피 12개월 예상 영업이익(좌)   — 코스피(우)

출처: 하나대투증권

그림 1-26 ** 코스피의 12개월 예상 영업이익 증가율(전년 대비)

(%)   (포인트)

— 코스피 12개월 예상 영업이익 증가율(좌)   — 코스피(우)

출처: 하나대투증권

중국 규제 리스크

중국 규제는 투자자에게는 부담스러운 이슈다. 중국인이 아닌 외국인 입장에서 보면 시스템 리스크(개별 기업의 리스크가 아닌 시장 전체의 리스크)일 수 있기 때문이다. 게다가 이 이슈는 정치적 문제로 연결되기에 예측하기도 어렵고, 공산주의 국가인 중국의 정치를 예상한다는 것은 더더욱 어려운 문제이기 때문이다.

나는 항상 어려운 문제일수록 단순하게 접근하자고 생각하면서 투자해왔다. 중국 문제? 사실 모르겠다. 하지만 '어떻게 대응할 것인가?'라고 한다면, 단순하게 대답할 수 있을 것 같다.

규제라는 것은 정부가 목적을 가지고 시행하는 것이다. 따라서 중국 정부가 의도하는 바가 있을 것이다. 부동산 규제, 플랫폼 규제 등 각종 규제는 그 목적을 단순하게 생각해보면 인플레이션 규제라거나 신산업의 구조조정(성장하는 과정에서 발생하는 부정적 이슈들을 정리하는 것) 등으로 다르게 표현할 수 있다. 물론 중국이라는 특수성 탓에 시장 질서가 파괴될 수 있다는 점은 존재하지만, 결국 중국도 경제의 메커니즘 내에서 작동할 것이므로 인플레이션을 걱정하고 신산업이 빠르게 성장하고 있음을 반증하는 것일 수도 있다.

2021년에는 중국의 규제라는 이슈가 끝을 알 수 없는 데다가, 과거의 악몽을 떠올리게 하는 악재로 등장해서 변동성을 야기했다. 그렇지만 가장 큰 문제였던 헝다그룹(중국의 부동산 업체) 이슈부터 컨트롤할 수 있다는 전제하에 질서 있는 파산으로 진행되고 있고, 증시에는 단기 급락 이후 반등이라는 형태로 반영됐다. 이런 점에서 새로운 문제들로 확장되지 않고 통제가 된다는 것을 보여주는 범위라면 추가적인 악재는 아닐 것이다. 오히려 2022년에는 이런 부분에서 성장성이 인정되는 산업, 정부가 지원해주는 산업을 파악해 개별적으로 대응한다면 좋은 기회를 찾을 수 있을 것이다.

추가로, 중국 규제 리스크에는 헝다그룹 외에 전력난 문제도 있다. 이 또한 신재생 에너지 정책으로 전환하려는 중국 정부의 목표, 수요가 강세를 보이면서 제조업 가동률이 높아진 데 따른 전력 수요 증가, 정치적인 이슈로 중국 석탄의 25%를 차지하는 호주산 수입의 제한이라는 예상하지 못했던 부분에서 야기된 문제가 결합하면서 발생한 리스크라고 생각한다. 신재생 에너지 정책은 방향을 틀 수 없을 것이다. 따라서 이 부분에서 발생하는 문제는 경험이 없었다는 점에서 성장통으로 이해할 수 있을 것이다.

비슷한 구조로 최근 영국에서 풍력 에너지 효율이 떨어진다는 기사가 나왔다. 하반기가 되니 계절적인 이유로 풍량이 감소해서 에너지 효율이 떨어진다는 것이다. 중국에서의 전력난은 사실 이런 문제와 같은 맥락이라고 생각한다. 새로운 산업이 성장하는 과정에서 발생하는 자연스러운 성장통인 것이다.

2021년에는 중국 이슈가 시스템 리스크라는 부담을 시장에 던

져줬는데, 여기에서 파생되는 성장 산업의 문제점과 이를 극복하는 과정에서 두드러지는 새로운 투자 포인트를 2022년도에 잘 파악했으면 한다. 주식적 사고에서 생각해보자. 에너지 효율이 줄어들고 신재생 에너지의 안정성에 대해 문제가 제기된 것이라고 하면 이 에너지를 축적하는 연료전지나 여타 신재생 에너지의 보완, 해당 신재생 에너지의 기술 발전, 정부의 추가적인 지원책 등이 나오지 않을까? 그럼 결국 정책 모멘텀이 산업의 성장성을 더 가속화하지는 않을까? 이런 추론이 맞는다면, 2022년에도 해당 종목의 주도력은 유지될 것이다.

2022년 시장에서
놓쳐서는 안 되는 관전 포인트

-
-
-

2021년에 우리가 겪은 각종 이슈는 현재진행형이 대다수다. 즉 이 이슈들이 어떤 형태로든지 주가에 반영되는 과정을 거치고 있다는 얘기다. 시장을 억누르던 요인은 극복이 되면 호재가 될 것이고, 시장을 지지해주던 요인일지라도 새로운 것을 보여주지 못하면 오히려 악재가 될 것이다.

이런 요인들이 2022년도 시장을 맞이하는 우리에게 관전 포인트를 제공한다.

- 코로나19가 극복된다고 할 때 리오프닝 수혜주들은 저마다의 역할을 할까?
- 경기 피크아웃 논란이 극복됐을 때 성장 산업이 추세적인 상

승세로 시장을 이끌어줄까?

- 테이퍼링을 전후로 펀더멘털이 확인되면 시장의 상승 탄력이 활황 분위기를 다시금 만들어줄까?
- 중국 등 각국 정부의 에너지 관련 정책에 따라 신재생 에너지 산업에서 또 어떤 변화가 생길까?

바로 이런 것들에서 투자 대상이 발굴되고, 이렇게 한 문장으로 표현이 가능한 곳에서 직관적인 투자 전략이 형성된다. 어떻게 보면, 2022년에도 우리가 투자할 종목은 너무 뻔해서 식상하다고 느껴질 수도 있다. 물론 지금은 예상하지 못한, 완전히 새로운 것이 갑자기 등장할 수도 있지만 말이다.

어쨌든 이 모든 것은 결국 미스터 마켓이 우리에게 주는 여러 가지 의미에서의 기회가 될 것이다. 우리는 또 이 시장을 경험하고 또다시 2022년을 복기하게 될 것이며, 그때 우리는 또 다른 레벨의 투자자가 되어 있을 것이다.

내가 볼 때, 그래도 지금은 최소한 실적 성장주에 따른 투자수익은 충분히 확보할 수 있는 시장이다. 쉽게 죽지도 않을 것이고, 큰 시장을 열기 위해 우려를 지속적으로 확인하고 극복해가는 과정으로 판단한다.

2022년에는 개개인의 투자자로서 생각하는 시대의 1등주를 포트폴리오에 의미 있는 비중으로 편입하여 좋은 성과를 거두었으

면 한다. 미스터 마켓은 절대 호락호락하지 않을 것이다. 그렇다
고 우리의 열정을 꺾지도 못한 것이다. 어제보다 나은 내일 그리고
2021년보다 나은 2022년이라는 기치로, 이 글을 읽은 모든 이들의
성공 투자를 기원한다.

2장

∴

리얼 포스트 코로나를 향한
마지막 진통

김효진 _ KB증권 리서치센터 매크로 팀장

∴

복기: 선반영과 상고하저로
고전했던 2021년

●
●
●

2021년을 힘들었던 한 해로 기억할 투자자들이 많을 것 같다. 주
가지수의 하락폭은 10% 남짓으로 2020년이나 2008년 등에 비하면
훨씬 작았지만, 코스피 지수가 2020년 연말부터 2021년 초까지 무
서운 기세로 상승한 이후 박스권에서 벗어나지 못했기 때문이다.
호재로 분류될 만한 재료는 많았다. 그럼에도 투자자들을 박스권
에 가둬놓은 것은 바로 '선반영'이라는 세 글자였다. 한국 수출도
최고치를 경신했다. 그렇지만 선반영 이후 2021년 봄부터 주식시
장이 맞닥뜨린 것은 물가 상승과 통화정책 정상화 위험이었다.

2021년에 우리를 힘들게 한 것들을 먼저 되짚어보는 이유는 단
순히 실수를 되풀이하지 말자는 것 때문만은 아니다. 미국의 테이
퍼링, 코로나19 장기화, 중국 규제 등 2022년을 내다보는 지금의

시야는 쾌청하다고 말하기 어렵다. 나는 희망적이었던 2020년 말보다 비관이 좀더 힘을 얻고 있는 2021년 겨울 현재가 오히려 다행으로 여겨진다. 2022년에는 선반영이 오히려 투자자들을 가뿐하게 해주리라고 기대할 수 있기 때문이다.

쉽게 쓰던 '선반영'이라는 말을 곱씹어보자. 경제와 기업 실적이 제아무리 좋아도 시장이 이미 그것을 충분히 알고 반영한 상태라면 가격은 더 이상 상승하지 않는다. 반대로 기업 실적이 정말 안 좋아도 시장이 이미 그것을 잘 알고 있다면 주가는 오히려 반등하기도 한다.

그렇다면 선반영됐는지 아닌지는 어떻게 알 수 있을까. 경제지표 중 이코노믹 서프라이즈 인덱스Economic Surprise Index를 활용해볼 만하다. 기업 실적이 예상을 웃돌았을 때 '어닝 서프라이즈Earning Surprise'라고 하는데, 그때의 서프라이즈와 똑같다. 이코노믹 서프라이즈 인덱스는 실업률, 물가, 성장률, 소비 등 다양한 경제지표에 대한 이코노미스트들의 예상치와 실제 경제지표 결과를 비교하는 지표다. 이코노믹 서프라이즈 인덱스가 플러스라는 얘기는 금융시장의 예상치보다 실제 경제지표 결과가 좋았음을, 반대로 마이너스라는 얘기는 실제 경제가 예상보다 안 좋았음을 뜻한다.

가장 경계해야 하는 시점은 이코노믹 서프라이즈 인덱스가 플러스권에 있지만 시장이 더 이상 상승하지 못하고 하락할 때다. 이럴 때는 경제가 충분히 좋지만 이미 눈높이가 높아진 터라 투자자들의 반응은 뚱할 수밖에 없다. 투자자들은 '더' 좋아야 움직이기 때문이다. 반대로 투자에 가장 좋은 시점은 이코노믹 서프라이즈 인덱스가 마이너스권에 있지만 시장이 더 이상 하락하지 않고 낙폭을 조금씩 줄일 때다. 경제는 여전히 고전 중이지만 더 나빠지기보다는 바닥에 근접했다는 신호이기 때문이다.

2021년 세계 경제는 회복세를 이어갔지만 이미 높아진 투자자들의 눈높이는 맞추지 못했다. 봄 이후 투자자들은 실망 속에 경제와 기업이익의 회복 속도에 대한 눈높이를 낮춰야만 했다. 눈높이를 낮춰야 했던 그 시간은 결코 유쾌하지 않았다. 다만 한 가지 긍정적인 점이라면, 낮아진 눈높이와 실제 경제 체력이 곧 만나게 되리라는 것이다. 투자자들이 고통스럽게 눈높이를 낮추는 동안 세계 경제는 다시 일어설 준비를 하나씩 하고 있다. 아직 많은 분이 코로나19로 생업에 어려움을 겪고 있지만 백신 접종률은 전 세계적으로 빠르게 높아지고 있으며, 위드코로나 논의도 활발하게 진행 중이다. 세계 금융시장은 경기 모멘텀에 김이 빠지고 있다는 것은 반영했지만, 2022년 이후 회복세가 다시 시작되리라는 부분은 아직 선반영하지 않았다. 2022년에는 마음 졸이며 업데이트했던 코로나19 확진자 데이터와 백신 접종률 데이터를 더 이상 신경 쓰지 않아도 되기를, 투자에서도 출발은 어두울 수 있지만 마무리는 개운하기를 소망한다.

세 가지 키워드로
미리 훔쳐본 2022년

2022년을 3개의 키워드로 미리 훔쳐봤다. 2022년을 관통하는 하나의 키워드를 뽑아내지 못한 데는 나의 부족함도 있지만, 단어 하나로 경제와 금융시장을 논하기에는 상황이 복잡하기 때문이기도 하다.

'비정상에서 정상으로', '디커플링에서 커플링으로', '부채와의 전쟁'은 모두 만만치 않은 문제들이다. 하지만 하나하나 뜯어보면 결과적으로 경기 회복과 달러 약세로 이어질 것이며, 경기 회복과 달러 약세의 조합은 한국 투자자들에게 좋은 환경을 제공할 것이다. 퍼즐을 하나씩 맞춰보자.

≡ 비정상에서 정상으로

한 가지 질문을 던져보자. 경제 상황이 어떨 때가 주식 투자에 좋을까? 2020년에 주식시장에 있었던 사람이라면 어렵지 않게 답할 수 있을 것이다. 가장 좋은 시점은 경제가 침체의 나락으로 빠지고, 중앙은행이 유동성을 공급하며 구원투수로 나설 때다. 2020년 봄이 바로 그런 시점이었다. 경제는 어려웠지만 바닥, 즉 저점에 가까워진 상태에서 풍부해진 유동성은 위험자산의 가파른 반등으로 이어졌다. 문제는, 문제라기보다 아쉬운 점은, 2020년 봄과 같이 배포를 크게 가지고 주식 비중을 확 늘려야 할 때는 10년에 한 번 정도밖에 오지 않는다는 점이다. 물론 앞으로도 경제는 크고 작은 어려움을 겪겠지만, 주요국 경제 성장률이 마이너스를 기록한 것은 2008년 이후 12년 만의 일이었음을 기억하자.

그렇다면 경제가 좋을 때가 주식 투자에 좋을까? 주가가 기업이익, 즉 펀더멘털을 따라간다는 점을 생각하면 경제가 빠르게 성장할 때가 주식 투자에 더 좋을 것 같다. 하지만 실제로 꼭 그렇지만은 않다. 경제가 빠르게 성장하는 시점에는 기업이익이 동반 성장함과 동시에 중앙은행의 긴축이 반대급부로 등장하기 때문이다. 실제로, 2020년 말부터 2021년 초여름까지 미국 경제는 그야말로 뜨거웠다. 재닛 옐런 미 재무부 장관은 향후 미국 경기의 과열을 보게 될 수도 있다고 말했다. 저성장·저물가를 뜻하는 뉴노멀

New Normal이 이미 노멀이 되어버린 현실을 고려하면 '과열'은 놀라운 단어가 아닐 수 없었다. 재무부 장관 입에서 과열이라는 단어가 등장한 이후 주식시장의 주요 관심사는 바로 '긴축'이었다. 2021년 봄 미국 금리가 급등하며 투자자들을 혼란케 했던 상황을 기억할 것이다.

주식 투자에 좋은 경제는 바로 뜨뜻미지근한 경제다. 차지도 뜨겁지도 않은 수프, 즉 골디락스goldilocks다. 세계 경제는 2020년 냉탕에서 2021년 열탕으로, 2022년에는 적당한 온탕으로 옮겨가게 될 것이다. 2020년은 물론 2021년도 정상적인 경제와는 거리가 있었다. 급격한 침체와 이후 빠른 회복은 자주 경험하는 것이 아니라는 점에서 비정상에 가까웠는데, 그런 경제가 이제야 정상으로 돌아간다고 볼 수 있다. 중앙은행은 종종 인플레 파이터inflation fighter나 디플레 파이터deflation fighter 역할을 하지만, 본연의 목적은 물가를 안정시키는 것이다.• 2020년과 2021년은 안정과는 거리가 멀었다. 혀가 델 정도로 뜨겁지 않으면 이가 시릴 정도로 차가웠다.

경제가 어떤 상황인지는 어떻게 알 수 있을까? 세계 경제가 어디쯤 있는지를 하나의 선으로 가늠할 수 있는 글로벌 경기선행지수를 보면 열탕과 냉탕이라는 표현이 와닿을 것이다(그림 2-1). 평상시에는 100을 내외로 완만히 움직이던(OECD에서 발표하는 글로벌 경

● 한국은행 통화정책 목표, https://www.bok.or.kr/portal/main/contents.do?menuNo=200288

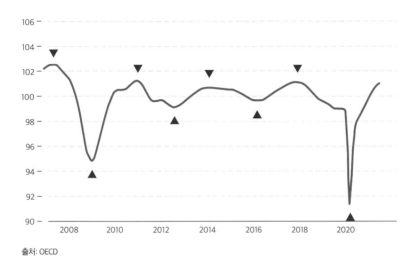

출처: OECD

기선행지수는 '세계 경제의 장기 평균=100'으로 계산한 것이다) 세계 경제가 2020년 초에는 그야말로 급락했으며, 이후 또 빠르게 회복했다. 정상이 아닌, 즉 비정상 상황에서의 경제는 투자자들을 종종 놀라게 했다. 글로벌 경기선행지수의 월평균 변동폭이 0.1p 내외임을 고려하면 2020~2021년 경제는 10~30배속으로 움직이는 롤러코스터였다. 기저효과가 경제지표에 크게 영향을 미친다는 것을 알면서도 매번 깜짝 놀라며 주가가 상승하기도, 하락하기도 한 것이 지난 2년간의 흐름이었다. 2022년에는 안정, 즉 정상에 가까운 뜨뜻미지근한 경제가 펼쳐질 것이다.

═ 디커플링에서 커플링으로

2022년 경제가 뜨뜻미지근한 상태, 즉 비정상에서 정상으로 돌아가리라고 생각하는 이유는 네 가지로 요약된다. 정부와 민간, 상품과 서비스, 주문과 생산, 국가 간 회복 속도에서 나타났던 디커플링이 점차 해소되며 커플링이 나타날 것이기 때문이다. 디커플링이 꼭 나쁘기만 한 것은 아니다. 하지만 주식시장에서도 52주 신고가를 경신하는 종목의 개수가 줄어들기 시작하면 전체 지수가 오르더라도 주식시장에 힘이 빠지는 것으로 해석한다. 모두 다 같이 좋을 때 주식도 힘이 좋다. 경제도 마찬가지다. 어느 한 부분이 전체 경제를 끌고 가기는 쉽지 않다.

2021년에는 다음의 네 가지 디커플링이 경제와 주식시장을 어지럽게 했다.

- 정부와 민간의 디커플링
- 상품과 서비스의 디커플링
- 주문과 생산의 디커플링
- 국가 간 디커플링

위의 네 가지 디커플링 또는 시차가 경제와 주식시장에 어떤 영향을 미쳤는지를 살펴보고, 2022년에는 과연 커플링될 수 있을지를 뜯어보겠다.

① 정부와 민간의 디커플링

경제가 침체에 빠지면 정부는 통화정책과 재정정책을 사용해 경기 회복을 유도한다. 통화정책은 연준·한국은행 등이 기준금리를 인하하고 국채 등을 매입해서 돈을 푸는 것을 의미하며, 재정정책은 재난지원금이나 세금 감면 등을 뜻한다. 1980년대 이후 각국 정부가 경기 침체에 주요 대응 무기로 앞세운 것이 통화정책이었다. 가장 가까운 경기 침체기였던 2008년에도 유례없는 제로금리와 양적완화를 활용했다.

이번 팬데믹이 가져온 큰 변화 중 하나는 바로 재정정책의 확대다. 그동안 각국 정부는 재정정책을 통한 경기 부양에 적극적이지 않았다. 상대적으로 유연하게 조정할 수 있는 통화정책과 달리 재정정책은 한번 확대하면 줄이기 어려우며, 효과가 나타나는 데에도 상대적으로 더 많은 시간이 걸리기 때문이다. 예를 들어 다리를 건설하는 것은 고용 창출, 각종 자재 수요, 교통 인프라 확충으로 인한 부가 효과 등이 기대되지만 최소 몇 년이 걸린다. 이에 비해 금리를 내리면 당장 자금난을 겪는 기업과 가계의 이자 부담이 거의 즉각적으로 낮아진다.

아울러 탄탄한 복지정책을 자랑하던 유럽 국가들이 2010년대 초반 재정위기를 겪는 것을 지켜보며 재정을 늘리는 것에 대한 두

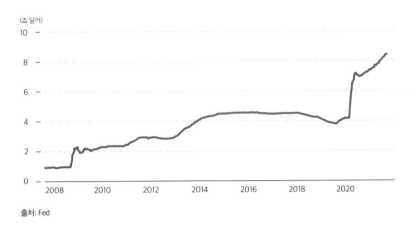

그림 2-2 ** 연준 총자산

(조 달러)

출처: Fed

러움이 커진 것도 한몫했을 것이다. 금융회사들의 탐욕이 문제의 발단이었다는 평가를 받은 2008년 금융위기와는 달리 이번 팬데믹 사태에서는 어찌할 수 없는 재난으로 전 세계에서 많은 사상자가 발생했다. 각국 정부는 실업수당, 재난지원금 등 그야말로 과감한 재정정책을 구사했다(그림 2-3). 미국은 연준을 통해 4.2조 달러의 유동성을 공급하는 동시에, 재정정책을 통해 5.8조 달러(GDP의 28%)를 가계와 기업에 지급했다. 둘을 합치면 10조 달러로 미국 GDP의 약 50%에 달한다. 그야말로 막대한 금액이다.

짐작했겠지만, 경제가 좋아지면 재정지출은 줄이는 것이 당연하다. 경제도 좋고 유동성도 푸는 것이 주식에 가장 좋겠지만, 경제가 좋아지면 중앙은행이 조금씩 돈줄을 죄기 시작하는 것과 같은 맥락이다. 가장 적극적으로 지원금을 지급했던 미국의 경우에

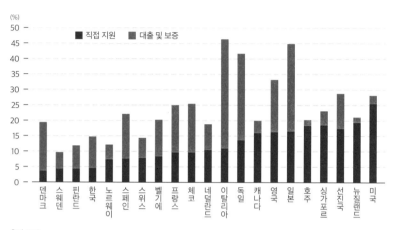

그림 2-3 ** 각국 정부의 재정지원(GDP 대비 비율)

(%)

■ 직접 지원 ■ 대출 및 보증

덴마크 스웨덴 핀란드 한국 노르웨이 스페인 스위스 벨기에 프랑스 체코 네덜란드 이탈리아 독일 캐나다 영국 일본 호주 싱가포르 선진국 뉴질랜드 미국

출처: IMF

도 2021년 연초에 지급된 것이 마지막 지원금이었다. 이후 백신 접종이 빠르게 진행되고 경제가 차츰 체력을 회복해나가자 재정지출은 자연스레 줄어들었다.

일견 자연스러워 보이지만 급격하게 늘어났던 재정지출이 줄어드는 과정은 순탄치 않았다. 내구재 소비를 폭발적으로 늘렸던 미국의 가계는 추가 실업수당 지급 종료에 앞서 소비를 더는 늘리지 못하게 됐다. 중국도 상황이 크게 다르지 않았다. 이번 팬데믹 이후 재정지출에 가장 소극적이었던 국가 중 하나가 중국인데, 중국 정부는 수출을 선봉으로 경제가 회복하자 재정지출을 오히려 엄격하게 관리해나갔다. 2021년 상반기 중국 정부의 재정수지는 흑자다. 즉, 쓴 돈보다 걷은 돈이 많다는 얘기다. 중국 정부가 의도

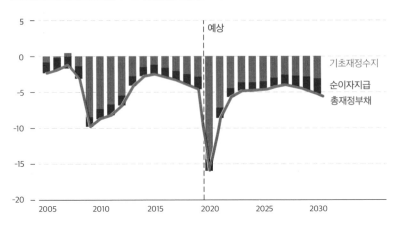

그림 2-4 ·· 미국 GDP 대비 재정수지

예상

기초재정수지
순이자지급
총재정부채

※ 2021년 이후는 CBO(의회 예산처) 전망치임
출처: CBO

했든 의도하지 않았든, 2021년 중국 경제는 수출을 제외하면 투자도 소비도 부진한 흐름을 이어갔다.

만약 민간, 즉 가계와 기업이 온전히 체력을 회복했다면 정부지출이 줄어들어도 경제는 회복세를 이어갈 수 있었을 것이다. 하지만 현실은 종이에 써서 계산할 수 있는 산수처럼 단순하지 않다. 2021년 하반기에는 재정지출의 둔화와 코로나19 재확산이 맞물리며 각국 경제가 고전했다. 코로나19 자체만 놓고 보면 2021년 연초에 비해 확산세가 심하지 않았음에도 2020년과 달리 경제가 고전했던 이유는 바로 재정지출 둔화와 코로나19 확산이 동시에 나타났기 때문이다. 즉, 조합이 문제였다.

2022년에도 정부와 민간의 디커플링은 완전히 해소되지 않을 것이다. 코로나19로 오히려 빠르게 성장한 산업도 있지만, 아직은 많은 기업과 가계가 어려움을 겪고 있기 때문이다. 다만 각국 정부는 재정지출을 빠르게 줄였을 때 나타나는 부작용도 경험했다는 사실을 기억하자.

미국은 사회보장이나 인프라 등 다양한 분야의 포괄적인 부양책을 양당이 협의 중이며, 중국은 안정적인 성장을 위해 금리를 인하하고 재정을 풀 여력이 남아 있다. 여력 측면에서 보자면 가장 여유가 있는 것이 중국이다. 미국과 유럽이 여전히 제로금리에 자산을 매입하고 있는 데 비해, 중국의 기준금리 역할을 하는 대출우대금리는 3.85%이며(지준율은 인하했어도 12%로 높은 수준에 머물러 있다) 재정 여력도 충분하다. 재정지출에 깐깐하게 굴었던 독일 등 유럽 국가들도 다음 세대를 위해 재정을 활용한 투자에 나서고 있다(유럽이 2020년 틀을 만든 이후 1년 만에 각 유럽 국가에 분배되기 시작한 펀드 이름은 거창하게도 차세대 부흥기금, 즉 Next Generation Fund다).

한국도 여러 논란은 있지만 지난 9월 5차 재난지원금을 지급했다. 2021년이 재정지출 둔화와 코로나19 재확산의 조합이었다면, 2022년에는 선별적인 재정정책 확대와 위드코로나의 조합이 될 것이다.

② 상품과 서비스의 디커플링: 산업 간 불균형

재정과 민간의 디커플링과 함께 두드러졌던 것은 상품과 서비스의 디커플링이었다. 코로나19 이전에는 록다운lockdown(봉쇄)이라는 단어를 알지 못했다. 한국에서도 1970년대까지 야간 통행금지가 있었다는 것은 책으로 보아 알고 있을지 모르지만, 감염병 때문에 집 밖으로 나가지 못하게 되는 영화 같은 시간을 보내게 될 줄은 아무도 몰랐을 것이다. 한국은 재택근무나 원격수업 이외에 전면 록다운은 다행히 피했지만, 서비스업 위축은 피할 수 없었다. 록다운과 보조금 지급은 상품과 서비스의 격차를 더욱 크게 벌려놓았다. 상품과 서비스를 더한 전체 경제의 위축은 실제 서비스업이 입은 타격에 비하면 훨씬 작은 숫자였다. 대부분 국가에서 서비스업의 비중과 고용 창출은 제조업보다 훨씬 크다. 〈그림 2-5〉는 미국의 소비를 상품과 서비스로 나누어 보여준다. 숫자로 보니 격

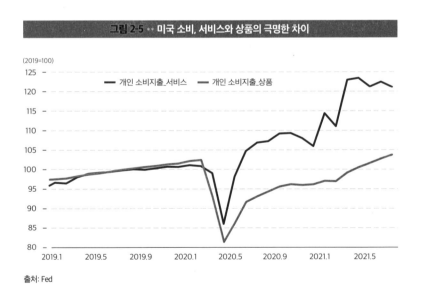

그림 2-5 ** 미국 소비, 서비스와 상품의 극명한 차이

출처: Fed

차가 더욱 극명하다.

앞서 얘기했듯이, 문제는 정부의 지원이 줄어들면서 나타났다. 보조금을 바탕으로 냉장고, 컴퓨터, 자동차 등 금액이 크고 오래 쓰는 내구재 소비를 크게 늘렸던 미국인들은 더 이상 소비를 늘리지 못하고 있다. 숫자를 계산해보면 미국의 내구재 소비가 얼마나 많이 늘어났는지가 더욱 와닿는다. 코로나19 이후 세 차례에 걸친 지원금 지급을 바탕으로 미국의 상품 소비는 2020년 4월 이후 40%, 코로나19 이전과 비교해도 20% 급증했다. 2018년 미국 상품 소비가 정체됐고 2019년 연간 3.7% 성장했던 것을 고려하면, 2020년 이후 미국의 상품 소비가 폭발적으로 성장했다는 표현이 어울린다. 미국의 저축률이 10% 내외의 높은 수준에 머물러 있고 고용 회복이 이어지고 있기에 미국 소비는 완만한 증가세를 이어갈 것이다. 하지만 지원금을 바탕으로 한 상품 소비의 급증은 일단락됐다.

지금까지 상품 소비가 홀로 급성장했다면, 2022년에는 서비스업의 부활이 기대된다. 코로나19 이전으로 온전히 돌아가려면 상당한 시간이 걸릴 것이나, 서비스업 회복의 발목을 잡아온 코로나19 상황이 바뀌고 있다. 정확히 말하면 코로나19 상황 자체보다는 이에 대응하는 자세가 달라지고 있다. 코로나19 신규 확진자 수를 집계하지 않거나 매일 발표하지 않는 국가들이 늘어나고 있다. 즉 위드코로나로 점차 옮겨가고 있는 것이다.

위드코로나에서 수혜를 볼 분야는 단연 서비스업이 될 것이다. 한국은 여전히 외식이나 모임 등에 제한을 둘 수밖에 없는 아쉬운 상황이지만, 영국 등 일부 국가는 마스크 착용을 비롯해 거의 모든 활동을 이미 자유화했다.

팬데믹이 종식되지 않는 이상 단점 없는 해결책은 나오기 어렵다. 다만 그럼에도 사람들은 적응할 방법을 찾아나가고 있다. 서비스업 회복으로 함께 기대되는 것은 고용이다. 주요국의 고용 중 70% 내외를 서비스업이 담당하고 있다. 최근 50여만 명에 달하는 사람들이 매월 일자리로 돌아가고 있는 미국의 경우에도 접객·레저, 즉 레스토랑, 극장 등 일반 서비스업의 고용은 코로나19 이전과 비교해 10명 중 1명이 아직 일자리로 돌아오지 못하고 있다. 무엇보다 몇 명 고용이니 몇 퍼센트니 하는 숫자를 떠나 고생하시는 서비스업 관련 종사자분들의 고통이 덜어지기를 기대해본다.

③ 주문과 생산의 디커플링: 병목현상

정부와 민간, 상품과 서비스업보다 할 말이 많은 것이 주문과 생산의 디커플링, 바로 병목현상이다. 앞서 언급한 록다운도 마찬가지였지만 병목현상이라는 단어를 경제 보고서에 적은 것도 처음이었다. 일부 산업 보고서에서는 병목현상이 등장했을 수 있겠지만, 마스크와 휴지에서부터 목재·철강·사람에 이르기까지 모든

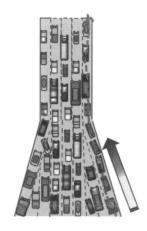

그림 2-6 ·· 병목현상

것이 부족한 상황은 내 경험상으로는 처음이었다. 나에게만 처음이었다면 좋았겠지만, 실제 사업을 하는 대부분의 사람이 이런 정도의 병목현상을 겪는 것은 처음이었다고 말한다. 결과적으로 병목현상은 사람들을 우왕좌왕하게 만들었다.

병목현상은 생산을 못 함과 동시에 가격을 올리는, 최악의 결과를 낳았다. 그간 우리가 경험해온 인플레이션은 물건이 잘 팔려서 공급도 늘지만, 공급보다 수요가 많아서 가격이 오르는 것이었다. 하지만 부족에서 오는 병목현상은 주문은 늘어나는데 정작 생산은 하지 못하고, 생산은 못 하는데 가격은 오르게 했다. 미국의 ISM 제조업지수는 주문, 생산, 가격, 고용 등과 같은 기업경영의 주요 부문을 빠르게 알 수 있어 투자자들도 많이 참고하는 지표 중 하나다. 2021년 ISM 제조업가격지수, 즉 투입가격지수는 1970년대 이후 최고치를 기록했다. 보도자료를 자세히 보니 50개가 넘는 조사 대상 사업에서 모두 자재난을 호소하고 있었으며, 자재가 풍부하다고 응답한 산업의 개수가 '0'일 때도 있었다. 자재를 가진 사람이 왕이었다.

병목현상을 온전히 이해하기 위해서는 전후 시기를 짚어봐야 한다. 실제 제1차 세계대전은 물론 제2차 세계대전 이후에도 희소,

즉 공급 부족이 물가 상승으로 이어졌었다. 1900년대 중반 이전의 세계대전을 언급하니 멀어 보일 수도 있지만, 팬데믹 분석도 100여 년 전의 스페인 독감에서 시작됐다. 최대한 과거에서 답을 찾아야 하는 상황이다. 제1·2차 세계대전 직후와 현재는 세 가지 면에서 비슷하다. 바로 빠른 수요 회복과 완전하지 않은 경제활동(즉, 생산) 정상화, 부진한 설비투자(또는 생산시설 파괴)가 병목현상으로 이어졌다는 점이다. 같으면서도 다른 점이 바로 설비투자 부족과 생산시설 파괴다. 파괴를 동반하는 전쟁의 경우에는 생산능력을 온전히 복구하는 데 많은 시간이 걸린다. 그렇지만 팬데믹의 경우는 파괴가 아닌 일시 멈춤이었다는 점을 떠올리자. 병목현상이 해소되진 않은 상황이지만, 영원한 악화는 없다. 시간이 지나면서 자재난이 해소되고 사람들이 일자리로 복귀하면, 관련된 병목현상은 차차 해소될 것이다.

병목현상이 가장 늦게까지 발목을 잡을 것으로 보이는 국가는 역설적으로 미국이다. 미국은 상당 기간 설비투자가 부진했다. 글로벌 밸류체인에서 가장 수혜를 본 국가가 미국인 만큼 글로벌 밸류체인이 제대로 돌아가지 않음으로써 가장 큰 피해를 입은 국가도 미국이다. 미국 대통령 후보들의 단골 공약 중 하나가 리쇼어링일 만큼 미국의 생산설비는 해외로 많이 이전됐다. 리쇼어링까지 가지 않더라도 2018년 이후 미·중 무역분쟁이 격화되며 기업들의 설비투자는 더욱 부진할 수밖에 없는 상황이었다. 구호는 리쇼

어렁이었지만, 수요가 더 크게 줄어들 수 있다는 걱정에 정작 설비투자 증가율은 더 둔화됐다.

다소 생소하겠지만, 자본스톡capital stock이라는 개념으로 미국의 설비투자를 훑어보자. 설비의 종류에 따라 30여 년 이상 오랜 시간 가동이 가능한 것부터 매년 교체해야 하는 품목까지 다양한데, 설비투자에 들어간 단순 금액이 아니라 한 나라가 가지고 있는 생산능력을 추정한 것이 바로 자본스톡이다. 자본스톡은 소득을 창출할 수 있는 유형의 고정자산 투자를 의미한다. 미국에 걸맞은 '적정' 자본스톡이 얼마인지에 대해서는 학자마다 의견이 갈린다. 다만 〈그림 2-7〉과 같이 미국의 자본스톡은 꾸준히 증가율이 낮아져 왔으며, 2015년을 기점으로 중국의 자본스톡이 미국을 추월

그림 2-7 ** 미국 경제 성장률과 자본스톡 증가율 비교

※ 3년 평균 데이터
출처: Feenstra, Robert C., Robert Inklaar and Marcel P. Timmer(2015), "The Next Generation of the Penn World Table"

했다. •

중국이 미국의 자본스톡을 추월한 것보다 더 주목되는 것은 지난 2008년 경기 침체 이후 미국의 자본스톡 증가율이 매우 부진했다는 점이다. 전체 GDP 성장률과 자본스톡 증가율은 대체로 비슷한 흐름을 보여왔지만, 2010년대 이후 미국의 자본스톡 증가율은 성장률을 크게 밑돌며 부진한 흐름을 지속했다. 여기에는 소프트웨어, R&D, 콘텐츠 등의 무형 투자(지식재산생산권 투자)가 확대된 것이 일부 영향을 미쳤을 것이다. 새로운 성장 동력인 무형 투자에 가용한 자금을 집중하는 것은 미국의 개별 기업만이 아니라 국가적인 차원에서도 합리적인 선택이었을 것이다. 다만 이는 글로벌 밸류체인이 정상적으로 작동할 때의 이야기였다. 팬데믹으로 글로벌 밸류체인이 제대로 돌아가지 않자, 최근 미국 기업들은 오히려 부족하지 않은 자재를 찾는 것이 쉽다고 할 정도로 공급 부족을 호소하고 있다.

병목현상 하나를 놓고 얘기가 길었지만, 병목현상의 해소는 우리를 고생시켰던 생산 부진과 물가 상승의 조합을 생산 정상화와 가격 하락의 조합으로 바꾸어놓을 것이다. 반도체 등의 공급 부족은 앞으로도 상당 기간 지속될 것이라는 우려도 제기되고 있다. 다만 코로나19가 재확산되며 각국의 설비시설이 가동과 중단을 반

●   Feenstra, Robert C., Robert Inklaar and Marcel P. Timmer(2015), "The Next Generation of the Penn World Table", American Economic Review

복해야 했던 흐름에서는 점차 벗어날 것이다. 병목현상은 2022년에도 완전해 해소되기 어렵겠지만, 병목현상이 심화되는 것과 점차 풀리기 시작하는 것은 다르다. 제1·2차 세계대전 직후에도 병목현상 탓에 글로벌 물가가 급등했었다. 계속 올라갈 것만 같았던 물가는 2~3년 이후 병목현상이 개선되며 진정됐다. 지금 우리를 괴롭히고 있는 물가 상승 역시 2022년 이후에는 한층 안정될 것이다.

④ 국가 간 디커플링 해소

병목현상의 개선으로 공급 문제가 어느 정도 해결된다고 하더라도, 수요가 줄어든다면 힘이 빠지는 결론이 될 것이다. 하지만 2022년에는 유럽과 신흥시장국이 힘을 내서 글로벌 경기 회복에 기여하리라는 점에서 기대를 걸어볼 수 있다.

2022년의 키워드로 커플링을 꼽은 가장 큰 이유는 백신 접종이다. 2021년 봄에는 전 세계에서 백신 접종 인구 10명 중 4명이 미국인일 정도로 미국의 백신 접종 속도가 빨랐다. 이후 코로나19가 재확산을 반복하면서 각국의 백신 접종도 속도를 내기 시작했다. 아직 다수의 저소득 국가가 백신 접종에서 소외되고 있지만, 전 세계 백신 접종 인구는 50%를 넘어섰다. 백신 접종률이 올라갔음에도 코로나19가 확산되고 있는 것을 생각하면, 백신 접종률이 높아지는 것이 무슨 의미가 있다는 건지 회의적일 만도 하다. 다만, 백신 접종률이 높아지고 코로나19 대처 능력도 좋아지면서 국가별 치명률이 낮아지고 있다는 점은 고무적이다.

백신 접종에만 기대는 것은 아니다. 그동안 글로벌 경기 회복을 이끈 나라가 미국이었다면, 앞으로는 유럽과 신흥시장국의 회복이 기대된다. 특히 기대되는 것은 유럽이다. 첫째 상대적으로 안정된 코로나19 재확산 현황과 높은 백신 접종률, 둘째 재정정책 본격화, 셋째 여행 등 경제활동 정상화에 따른 추가 경기 회복, 넷째 안정된 고용 상황 등이 최근 유럽의 경기 회복세를 가속하고 있다. 2022년에 유럽은 미국보다 높은 성장률을 기록할 것이다. 미국보다 높은 성장률을 기록한 적이 거의 없었던 곳이 유럽이었음을 고려하면 그야말로 선전이라고 하겠다.

미국 등 다른 주요 선진국에 비해서도 EU의 코로나19 상황은 양호하다. 최근 중국 등 아시아 지역 다수 국가와 미국 등에서는 코로나19가 재확산되며 다시 한번 경제의 발목을 잡고 있지만, EU는 상대적으로 안정된 코로나19 상황이 경기 회복으로 이어지고 있다. 여기에는 EU 지역의 백신 접종이 상당히 균등하게 이루어졌다는 점이 도움을 주고 있다. 여타 지역에서는 국가별로 백신 접종 격차가 두드러졌던 것과 달리 유럽에서는 EU 협약하에 국가별로 균등한 백신 접종을 진행했다. 경제와 재정건전성이 우수한 독일에서부터 재정부채 부담으로 유럽의 골칫덩어리였던 그리스, 포르투갈의 백신 접종 속도가 거의 같았다. 정치적인 대의는 빼놓고서라도 유럽은 EU 안에서 물자 및 인력의 이동이 많으며, 그로 인한 경제 성장 역시 상당하다는 점에서 균등한 백신 접종이 경기 회복으로 이어질 것이다.

또한 유럽은 2022년 이후 단계적 여행 정상화를 시도하고 있는데, 이에 따른 경기 회복도 기대된다. 팬데믹 이후 이뤄진 경제활동 정상화는 등교, 출근, 외식 등 팬데믹 이전과 비교하면 여전히 제한된 수준에 머물러 있다. 팬데믹으로 행동반경이 제한되는 시간이 길어지자 사람들이 가장 벼르고 있는 것이 아마 해외여행이 아닐까 싶다. 팬데믹 종식까지는 아직 시간이 더 필요하지만 각국 정책은 점차 위드코로나로 전환되고 있다. 2022년에는 해외여행도 단계적 정상화 흐름을 밟아나갈 것으로 기대된다.

여행 및 관광은 전 세계 GDP에서 10.4%(2019년 기준, 4.7조 달러), 고용에서 10.6%를 차지하는 거대한 산업이다. 팬데믹 이후인 2020년 세계 여행 관련 GDP 성장률은 -49.1%였다. 1년 만에 절반으로 쪼그라든 셈인데, 지금까지의 팬데믹을 생각해보면 위축폭이 50%라는 점이 오히려 선방한 것으로 느껴지기도 한다. 여행 관련 기업의 주가는 향후 회복을 선반영해 오르기도 했지만, 실제 여행 산업은 아직 전혀 회복하지 못했다.

유럽 경제에서 여행 비중은 9.5%(2019년 기준)로 선진국 중에서도 높은 편에 속한다. 유럽 전체의 여행 관련 GDP가 절반가량 위축된 가운데, 스페인과 그리스에서는 60%가 넘는 여행 GDP 감소가 나타났다. 이런 위축을 만회하기 위해 EU는 여행 정상화에 적극적으로 나설 것으로 기대된다. EU 회원국들은 'EU 디지털 코로나 증명서EU Digital COVID Certificate'를 이미 도입했으며, 해당 백신 여권을 소지한 여행객은 EU권역을 자유롭게 이동할 수 있고 격리 기간도 면제받는다. 역내 및 해외여행에 EU가 적극적으로 나서고 있는 점도 여행 관련 산업이 경제에서 큰 비중을 차지한다는 것과 무관하지 않을 것이다. 단계적이나마 해외여행이 재개될 경우 산업 성장 및 관련 고용 회복이 기대된다.

2022년에 유럽이 미국 대비 양호한 성장을 지속할 것이라는 배경에는 안정된 고용도 중요 요인이다. '물가 안정'이라는 말은 들어봤어도 '고용 안정'이라는 말은 거의 들어본 적이 없을 것이다. 고용은 회복이 좋지 안정이 더 좋은 적은 없었기 때문이다. 하지만 지금 고용 회복보다 고용 안정이 중요한 이유는 다음과 같다.

팬데믹 이후 미국이 대량 해고와 실업수당 지급으로 대응했던 것과 달리, 유럽은 일자리 나누기 등 실업을 극히 제한하는 정책으로 대응했다. 문화 및 제도적 차이가 반영된 것이었는데, 결과적으로 미국 실업률이 3%대에서 15%로 치솟는 동안 EU 실업률은 6.6%에서 7.7%로 상승하는 데 그쳤다(그림 2-8). 유럽의 실업률 그림을 보면 팬데믹의 흔적은 미미하다. 록다운 및 매출 급감 기간에 고용을 유지하기 위해 유럽 기업들은 어려움이 많았을 것이다. 매출은 거의 제로로 낮아졌는데 인건비 같은 고정비는 계속 지출돼야 했기 때문이다. 팬데믹 당시 인건비 지출도 부담이었을 것

그림 2-8 ·· 미국과 유럽의 실업률 비교

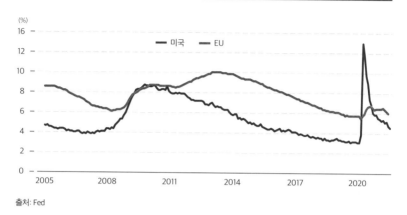

출처: Fed

이다. 유럽 기업은 최근 미국 기업이 겪고 있는 구인난에서는 자유
로울 것이다.

　최근 미국의 구인난은 심각한 수준으로 알려졌다. 미국의 다수
기업에서는 구인난으로 인한 경영의 어려움을 토로하고 있다. 최
근 미국의 주택 가격은 전년 동월 대비 20%에 가까운 상승세를 보
이고 있지만, 주택 착공 및 허가 건수는 크게 늘지 않고 있다. 집을
사려는 사람이 부족한 것이 아니라 집을 지을 사람이 부족하기 때
문이다. 자재 및 인력 수급난이 건설경기 회복을 지연시키는 주요
배경으로 지목될 정도로 미국 현지의 구인난은 경기 회복의 발목
을 잡고 있다. 건설업뿐 아니라 레스토랑 서빙, 스쿨버스 운전사에
서 실리콘밸리까지 구인난은 다양한 산업에서 나타나고 있다. 실
제 미국의 구인자 수는 최고치를 계속 경신 중이지만, 실제 고용은

그보다 낮은 수준의 회복에 그치며 구인난을 반영하고 있다.

실업률을 보면 미국이 유럽보다 낮지만, 미국에 비하면 유럽 기업들의 고용이 안정된 것으로 나타난다. 실업률 하나로 현지의 고용 사정을 모두 파악하기는 어려우나 유럽의 고용 상황은 안정되어 있다. 어떤 대응이 더 효과적이었느냐와는 별개로 유럽의 안정된 고용은 경기 회복을 뒷받침할 것이다. 아울러 월간 고용지표 결과가 발표될 때마다 미 연준의 통화정책에 대한 전망에 변화가 나타나고 있는 것과 달리, 안정된 유럽 지역의 고용 상황은 통화정책에도 변수를 덜어주는 효과를 가져올 것이다.

유럽과 함께 회복이 기대되는 곳은 신흥시장국이다. 지금까지 신흥시장국의 경기 회복을 이끈 주요 동력은 수출이었다. 선진국 내구재 수요 급증 및 원자재 가격 상승을 바탕으로 중국, 브라질 등의 수출은 2019년과 비교해도 각각 50% 이상 늘어났다. 수출이 방패막이 역할을 해주었으나, 상대적으로 더딘 백신 접종으로 신흥시장국의 소비 회복은 부진한 상황에 머물러 있다. 중국은 백신 접종률이 이미 상당한 수준으로 높아졌지만 코로나19가 재확산되면서 부분 이동제한 등이 계속돼 소비는 여전히 부진하다. 국내 생산은 부진한 데 비해 소비가 급증한 미국과는 대비된다.

2022년에는 신흥시장국의 소비 회복이 기대된다. 보조금을 바탕으로 폭발적인 회복세를 보인 미국과 비교하면 작게 보이겠지만, 이미 높아진 백신 접종률이 신흥시장국의 소비 회복으로 이어질 것이다. 세계 경제 및 한국 수출에는 미국, 유럽 등의 선진국 소비가 분명 중요하다. 다만 신흥시장국의 경제가 점차 수출에서 국내 소비로 성장의 무게중심을 옮겨가고 있음도 함께 볼 부분이다.

①+②+③+④ = 달러 약세

유럽과 신흥시장국의 회복이 기대된다면, 미국을 팔고 유럽과 신흥시장국으로 가야 할까? 물론 견조한 경기 회복은 투자 대상으로서의 매력을 높일 것이다. 앞에서 미국 이외 국가들의 경제가 얼마나 성장할 수 있을지를 얘기한 이유도 바로 달러 때문이었다.

2021년에는 달러가 강세 흐름을 나타냈다. 한국과 같은 신흥시장국에는 투자에 우호적이지 않은 환경이었다. 연초 89 내외였던 달러지수는 10월 초 94 내외로 상승했다. 상승폭은 크지 않지만, 2020년 달러지수가 3월 103에 근접한 수준으로 상승한 이후 연말에는 9% 가까이 하락했었음을 떠올리면 반대 방향으로 움직인 셈이다. 주식보다 외환 자체에 투자하는 사람은 적을 텐데, 달러 방향이 그렇게 중요할까? 달러지수는 단순히 달러의 가치, 달러/원 등만이 아니라 위험선호에 영향을 미친다는 면에서 중요하다.

달러는 미국의 화폐가치를 뜻한다. 미국의 화폐가치인 만큼 달러를 전망하는 데 미국의 성장률과 실업률, 미 연준의 통화정책이 중요함은 두말할 것이 없다. 하지만 동시에 중요한 것이 미국 이외 국가인 유럽과 신흥시장국의 동반 성장 여부다. 〈그림 2-9〉는 세계 경제에서 미국이 차지하는 비중과 달러지수를 비교한 것이다. 눈으로 확인되듯이 달러 추세를 가장 잘 설명하는 지표 중 하나가 바로 세계 경제에서 미국이 차지하는 비중이다.

〈그림 2-9〉를 한번 주욱 훑어본 뒤 글을 읽는다면 흐름을 잡는 데 도움이 될 것이다. 1980년대 이후 상황을 보면 세계 경제에

그림 2-9 ·· 세계 경제에서 미국이 차지하는 비중과 달러지수 비교

■ 세계 GDP 중 미국 비중

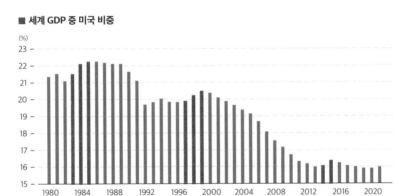

■ 미 달러지수

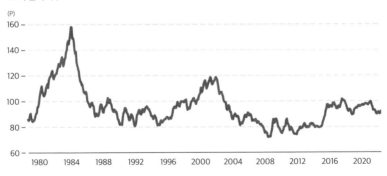

출처: IMF, Fed

서 미국이 차지하는 비중은 꾸준히 하락해왔다. 미국 경제는 이미 오래전 성숙 단계에 진입한 데 비해 중국 등 신흥시장국이 고도성장을 지속했기 때문이다. 세계 경제에서 미국이 차지하는 비중이 감소하는 것이 오히려 당연해 보이기도 한다.

문제는 미국의 비중이 조금이라도 높아질 때 등장한다. 달러 지수는 대체로 하락 추세를 이어왔으나, 세계 경제에서 미국이 차지하는 비중이 커지는 시기에는 거의 예외 없이 달러가 강세로 전환됐다. 1984년에는 주요 5개국의 재무부 장관이 플라자 호텔에 모여야 할 정도로 달러가 강세를 보였으며, 1990년대 중반부터 2000년대 초까지는 거의 50% 강세, 2014년에도 20% 이상의 강세를 나타냈다. 달러만 강세로 갔다면 저 그림이 주식 투자에 그렇게 큰 의미를 가지지는 않을 것이다. 달러 강세가 지속된 이후에는 주식시장에도 탈이 났었다는 것을 기억하자. 한국은 주식 분류상 신흥시장국에 포함되어 있으며, 달러가 강세였을 때는 끝이 좋지 않았다.

미국 비중이 작아질 때 달러가 강세를 나타낸 것은 1987년 블랙먼데이와 2008년 글로벌 금융위기 등 위험에 대한 공포가 극도로 심화됐던 시기에 국한된다. 다만 이때도 1980년대 초반, 1990년대 말, 2014~2015년 등에 비하면 폭도 기간도 작다. 추세적인 달러 강세를 위해서는 미국의 압도적인 성장과 미국 이외 국가들의 상대적 부진이라는 조합이 필요하다.

직관적인 이해를 돕기 위해 '세계 경제에서 미국이 차지하는 비중'이라는 비교적 단순한 지표를 사용했지만, '미국 GDP/세계 GDP'라는 단순한 산수 안에는 많은 의미가 녹아 있다. 노동·자본·기술(총요소생산성)이 모두 담긴 것이 바로 성장이며, 금리와 자산 가격은 물론 그 나라의 통화가치에도 영향을 주기 때문이다.

그렇다면 세계에서 미국이 차지하는 비중이 줄어들지, 아니면 다시 커질지를 판단하는 것으로 달러 예측의 범위가 압축된다. 2021년, 정확히는 2020년 4분기부터 2021년 상반기까지는 미국이 세계 경제에서 차지하는 비중이 오랜만에 늘어난 시기였다. 막대한 부양책과 빠른 백신 접종을 바탕으로 미국 경제는 다른 국가에 비해 빠른 회복세를 이어갔다. IMF(국제통화기금)는 팬데믹으로 인한 중기 경제 손상이 전 세계적으로 3%에 달할 것으로 추정했는데, 미국은 유일하게 오히려 성장하는 국가가 될 것이라는 전망을 내놓은 바 있다. 미국의 코로나19 확진자 수가 다른 나라보다 적었던 것도 아닌데, 코로나19 이후 경제가 오히려 커진다는 점이 이상하지 않은가? 미국이 그만큼 부양에 적극적이었다는 사실을 단적으로 보여주는 대목이다.

2022년에도 미국은 높은 성장률을 이어나갈 것이다. 경제활동 정상화가 추가로 진전될 것이며, 급증한 상품 소비와 달리 상대적으로 부진했던 서비스 소비가 경제 회복을 주도할 것이다. 인프라 투자 등의 부양책도 2022년에는 본격화될 것으로 예상된다.

달러가 약해질 것이라고 얘기하면 '미국 경제가 별로일 것으로 생각하나요?'라는 질문을 자주 받는다. 하지만 2022년 달러의 약세를 가져오는 것은 미국의 부진이 아니라 유럽과 신흥시장국의 회복일 것이다. 바로 경제의 커플링이다.

≡ 빚과의 싸움으로: 저금리와 구조조정

유럽과 신흥시장국이 미국과 비교해 상대적으로 빠르게 성장한다고 하더라도, 미국이 빠른 금리 인상에 나선다면 상황은 달라질 수 있다. 다만 2022년 예상되는 미국 고용 상황이나 늘어난 부채에 대응하는 각국의 대응 방법을 생각해보면, 미국의 금리 급등과 이로 인한 달러 강세 가능성은 작다.

미국의 고용은 회복세를 이어갈 것이나 속도는 더뎌질 가능성이 크다. 이는 미국 경제가 좋지 않아서 그런 것이 아니라 고용 회복 속도가 이제 느려질 때가 됐기 때문이다. 즉 정상으로 돌아갈 때가 됐다는 얘기다. 미국 기업의 구인자 수는 최고치를 계속 경신하고 있음에도 첫째 이미 진행된 회복, 둘째 높은 저축률, 셋째 기술·교육·임금 수준의 미스매치 등이 고용 회복 속도를 차츰 더디게 할 것이다.

팬데믹 직후 14%를 넘어섰던 실직률(실직자 수/전체 고용자 수)은 3% 수준까지 회복했다. 경제활동 정상화에 따라 고용 회복은 지속될 것이나, 이미 상당 부분 진행된 회복을 고려할 때 향후 고용 회복 속도는 완만할 것이다. 직원이 14명 부족할 때 사장님의 마음과 3명 부족할 때 사장님의 마음이 같을 수는 없다. 후자가 훨씬 덜 조급할 것이다.

아울러 높은 저축을 바탕으로 당장 구직에 나서지 않는 근로자들도 여전히 많다는 것이 현지 고용시장의 온도다. 여기에 더해 기술, 교육, 임금 등의 미스매치 역시 고용 회복 속도를 낮출 것이다. 미스매치란 말 그대로 딱 들어맞지 않는다는 뜻이다. 미국의 구인 현황을 보면 해고가 많았던 접객·레저 및 여가 등의 산업에 구인 수요가 집중된 가운데, 제조 및 사업 서비스 등에도 구인 수요가 상당한 것으로 나타난다. 상대적으로 적은 기술로도 취업이 가능한 접객·레저와 달리 제조업 및 사업 서비스(세무, 회계, 전산 등) 분야는 일정 수준의 기술이 훈련되어 있어야 한다. 예를 들어 문과생인 나는 하루 이틀의 교육을 거쳐 식당에서 일할 수는 있겠지만, 공장이나 전산팀에서 일하기는 어려울 것이다. 사람이 필요하다고 해서 기술이 전혀 없는 사람을 채용하기는 어려운 제조업, 사업 서비스업 등의 고용 회복에는 시간이 더욱 소요될 것이다.

아울러 미국은 지금 팬데믹으로 늘어난 부채 처리로 정책의 타깃을 점차 옮겨가야 하는 상황이 됐다. 팬데믹 이후 각국의 부채는 급격하게 늘어났다. 특히 부채가 많이 늘어난 것은 미국이다. 좀 이상하지 않은가? 미국이 주요국 중에서도 가장 좋은 회복률을 나타내고 있는데 왜 부채가 많이 늘었을까? 이유는 바로 다른 국가보다 직접 지원을 많이 했기 때문이다.

정부는 위기에 대응하기 위해 재정지출을 늘리는데, 지출 방식은 크게 두 가지다. 직접 지원과 대출 및 보증의 방법이다. 두 가지 방식이 부채 규모에 미치는 영향은 다르다. 직접 지원, 즉 재난지원금의 경우는 회수를 목적으로 하는 것이 아니기 때문에 거의 그대로 정부부채로 이어진다. 물론 소비 진작에 따른 경제 활성화와 세수 증가가 부가적인 효과로 돌아올 수 있겠지만 정부부채 부담이 커진다는 것을 감수하고 집행하는 정책이다. 이에 비해 대출과 보증은 부채가 늘어나는 규모가 상대적으로 적다. 대출은 갚으면, 보증은 기한이 끝나면 정부 부담이 없어지기 때문이다. 물론 대출이 회수되지 않을 가능성, 보증에 문제가 생겨 돈을 물어줘야 하는 상황도 많을 것이다. 그럼에도 전체로 보면 정부 부담은 직접 지원의 경우가 더 크다. 그래서 지금까지의 정부지출은 직접 지원보다는 대출 및 보증의 방법을 주로 활용했었다. 직접 지원해줄 경우 도덕적 해이에 빠질 가능성도 늘 경계해야 하기 때문이다. 직접 지원을 영어로는 'above the line measures'로 표기한다. 약간의 오역을 섞어보자면 '선을 넘는 조치'인 셈이다.

재정부채에 늘 시달리는 유럽에서는 직접 지원보다는 대출 및 보증과 같은 유동성 지원에 집중했다. 정부부채를 원하는 대로 늘릴 수 없게 한 EU 협약도 직접 지원을 줄인 배경으로 작용했다. 여기에 옳고 그른 것은 없다. 나라마다 자국의 상황에 맞는 지원 방법을 고심했기 때문이다. 다만, 결과적으로 미국의 GDP 대비 정부부채는 제2차 세계대전 직후 수준까지 높아졌다(그림 2-10).

2011년 미국의 신용등급 강등과 이후 나타났던 혼란을 기억하는 투자자라면 '미국의 부채 때문에 또 한 번 골치 아프겠구나' 하는 생각이 들 것이다. 미국 의회 예산처는 2050년까지 미국의 부채가 계속 빠르게 증가할 것으로 전망했다. 따라서 미국의 정부부채는 긴 안목에서 고민해야 하는 주제가 됐다. 부채가 저리도 늘었으

그림 2-10 ** 미국 정부부채(GDP 대비, 1900~2050)

출처: CBO

니, 이제 위험자산에는 더 이상 기회가 없는 걸까? 그렇진 않다. 지금은 금리가 낮아지면서 오히려 부채 부담이 낮아져 있음에 더욱 주목한다.

부채 부담은 산수로 보면 '(부채×금리)/성장'이다. 따라서 부채 부담을 낮추려면 성장을 높이든지, 아니면 부채의 절대규모를 줄이든지, 그것도 아니면 금리를 낮게 유지해야 한다. 물론 세 가지 방법을 동시에 쓸 수 있다면 좋겠지만, 이는 트릴레마와도 같다. 부채의 절대규모를 줄이면서도(즉 쓰는 것보다 세금을 많이 걷으면서도) 성장을 높이고 금리도 낮게 유지하기는 어렵기 때문이다. 유럽은 2010년대 초 재정위기를 겪은 이후 성장 둔화를 감수하고 부채 규모를 줄이는 방법을 선택했다. 결과적으로 세계 경제가 회복하는 가운데 유럽 경제는 고전했으며, 2015년 이후 미국이 기준금리를 인상한 것과는 반대로 오히려 양적완화를 해야 했다. 부채를 줄이는 방법은 잘 먹히지 않는다는 점이 드러난 셈이다.

다시 부채 부담으로 돌아오자면, 결국 당장 선택할 수밖에 없는, 선택해야만 하는 것은 낮은 금리다. 부채는 아무리 노력해도 줄어드는 속도가 느릴 수밖에 없지만, 금리는 단시간에 오를 수도 내릴 수도 있기 때문이다. 물론 물가가 상당히 오르는 상황에서 부채 부담만 줄이자고 금리를 낮게 유지할 수는 없다. 금리가 의도한 대로만 움직여주는 것도 아니다. 하지만 늘어난 부채를 고려하지 않고 금리를 많이 올릴 가능성이 작아진 것은 분명하다.

테이퍼링을 시작하는 연준을 보며 투자자들은 연준이 매파적
hawkish이라고 느꼈을지도 모르겠다. 하지만 물가에 엄격하게 대응
해온 유럽과 달리 미국은 성장, 즉 고용에 더 무게를 두어 통화정
책을 펼쳐왔다. 실제 2015년 말 이후 미 연준은 그간의 제로금리를
마무리하고 기준금리를 지속 인상해나갔다. 2018년에는 미 국채
금리가 3%를 상향돌파하며 본격적인 긴축에 대한 우려도 상당했
다. 하지만 이후 연준은 2019년 여름 인슈어런스 컷insurance cut(보험
성 금리 인하)이라는 생소한 단어를 들고나오며 다시 기준금리를 인
하했다. 미·중 분쟁과 반복적인 관세 인상이라는 변수가 있었지만,
면이 서지 않는 번복이었음에는 분명하다.

연준이 맞고 틀렸고를 논하자는 것이 아니다. 금리를 낮게 유
지하는 것이 단순히 주식, 부동산 등의 자산시장을 겨냥한 결정이
아닐 것이라는 점을 얘기하는 것이다. 앞으로 연준의 기준금리 결

그림 2-11 ·· 연준 기준금리 추이

출처: Fed

정에는 늘어난 부채 부담이라는 어려운 변수가 하나 추가됐다. 성장을 이끌면서도 금리를 낮게 유지하는 것은 달성하기 어려운 과제임에는 분명하다. 성공 여부는 알 수 없지만 노력조차 하지 않을 수는 없지 않은가.

2021년은 1년 내내 테이퍼링을 이슈로 그야말로 지지고 볶은 해였다. 1년 내내 테이퍼링을 하네 마네, 늦춰지네 당겨지네 혼란스러웠지만 연준은 시장의 충격을 최소화하면서 테이퍼링을 시작했다(한국 등 신흥시장국 주식시장은 흔들리기도 했지만, 미국 주식시장은 연일 최고치를 경신했다. 미 연준이 신경 써야 하는 대상은 야속하게도 당연히 미국 금융시장과 경제다). 최근 미국 물가가 여전히 높은 수준에 머물러 있어 2022년 기준금리 인상에 대한 우려도 남아 있다. 다만 금리 안정, 즉 부채 위험관리 측면에서라도 미 연준이 기준금리 인상에 서둘러 나설 가능성은 매우 작다고 본다.

부채에 적극적으로 대응해야 하는 또 다른 나라는 중국이다. 부채가 GDP 대비 270%(2020년 기준)로 주요국 중 최고 수준이기 때문이다. 부채가 가장 많이 늘어난 곳에서 탈이 나게 마련이다. 일본, 멕시코, 태국, 미국 등 부채가 빠르게 늘어난 국가들의 다음 순서는 경기 침체였다. 예외는 없었다는 점이 무섭게 느껴질 정도다. 최근 부채가 두드러지게 급증한 국가가 바로 중국이다. 중국의 부채 문제는 앞으로도 오랫동안 금융시장의 리스크로 남아 있을 것이다. 실제로, 신용평가기관들도 중국에 대한 평가등급을 낮추는

그림 2-12 ** 각국의 GDP 대비 부채

(%)

— 미국 — 유럽 — 중국 — 한국

출처: BIS

작업을 진행 중이다.

미국이 정부부채와의 전쟁을 치러야 한다면, 중국이 맞서야 하는 대상은 기업부채다. 중국의 기업부채는 GDP의 160% 수준으로 중국 전체 부채의 60%를 차지한다. 대부분 주요국이 정부부채가 가장 많고, 기업이나 가계부채는 상대적으로 작은 비중을 차지하는 것과는 다른 중국만의 특징이기도 하다. IMF, BIS(국제결제은행) 등에서 중국의 기업부채가 다음 경제위기의 트리거^{trigger}(촉발 요소)가 될 것이라고 경고의 목소리를 높이고 있다.

이쯤 되면 궁금해진다. 부채가 많아진 것은 하루 이틀의 문제가 아닐 텐데, 왜 지금까지 조용했을까? 완다그룹·하이항그룹 등 디폴트 우려가 불거졌던 기업들이 있긴 했지만, 부채 규모에 비하

면 중국은 물론 세계 금융시장에 미치는 영향은 미미했다는 표현
이 어울릴 정도다. 높은 부채 부담에도 중국 기업부채 관련 이슈
가 크게 불거지지 않았던 가장 큰 이유는 대외부채 비중이 작기 때
문이다. 대외부채 비중이 커 외환위기를 피하지 못했던 아시아 국
가와 달리 중국의 대외부채는 GDP 대비 16.3%에 불과하다. 미국
102%, 독일 163% 등에 비하면 크게 낮을 뿐 아니라 태국 36.7%, 한
국 33.3%, 인도 20.6% 등에 비해서도 낮다. 빚의 규모도 중요하지
만 누구 빚인지가 더욱 중요하다. 벨기에, 스위스, 그리스의 GDP
대비 외채 비중이 200%를 훌쩍 넘는 데 비해 중국은 16%에 불과하
다. 중국의 빚은 중국 내에서의 교통정리(?)로 감내할 수 있는 문제
라는 뜻이다.

중국의 대외부채가 GDP 대비 낮은 수준이라는 점은 중국 기업

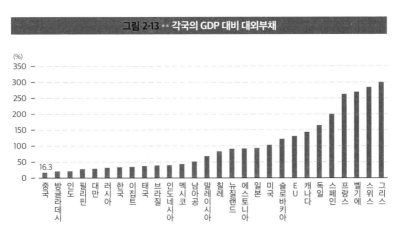

그림 2-13 ** 각국의 GDP 대비 대외부채

출처: BIS

부채 문제가 중국 및 세계 금융시장의 시스템 리스크로 확산될 가능성을 크게 낮추는 요인임에는 분명하다. 쉽게 말하면 중국의 빚은 분명 문제이지만, 중국 밖으로 문제가 불거져 나올 가능성은 작다는 뜻이다. 최근 중국 기업 헝다의 디폴트 우려를 놓고 중국판 리먼브러더스가 되지는 않을지에 대한 우려의 목소리가 나오기도 했다. 다만 미국 밖에서도 투자금이 많이 들어가 있는 미국의 부동산이나 투자은행의 각종 상품과 달리, 중국의 부동산 및 금융시장에 들어가 있는 외국 자본은 아직 미미한 수준이다.

아울러 중국이 강조하고 있는 공동부유共同富裕(인민이 함께 부유해지자)를 위해서는 안정적인 성장이 필수적이라는 점도 함께 봐야 할 것이다. 지금까지 기업과 수출을 내세워 진행된 빠른 성장을 더는 기대하기 어려워졌지만, 중국 정부가 경제를 경착륙에 빠지게 할 가능성 역시 더욱 작아졌다. 중국에 필요한 것은 배분을 해나가기 위한 안정적인 성장이다.

중국 기업부채 문제가 모두 괜찮다고 얘기하는 것은 아니다. 중국 정부는 팬데믹으로 미뤄놓았던 기업부채 디레버리징 작업을 재개하고 있다. 자국 고유의 모델로 성장하고 있는 만큼 서구의 시각으로는 완전히 이해하지 못한다는 것이 그간 중국 정부의 접근법이었다면, 최근에는 기업부채 축소를 우선 과제로 삼고 있음을 얘기하고 있다. 정부가 관리·감독을 강화하는 만큼 디폴트와 관련된 노이즈도 불거져 나올 수밖에 없을 것이다. 중국의 기업부채는 늘어난 규모만큼이나 세계 금융시장의 리스크 요인으로 남아 있을 것이다.

지금까지 얘기한 커플링, 달러 약세, 중국의 안정적인 성장은 위험자산에는 꽤 우호적인 환경을 제시할 것이다. 너무 긍정적인 부분만 얘기하는 것 같은가? 비관적인 마음에 무게가 실릴 때는 오히려 긍정적인 부분을 꺼내 봐야 한다.

여기까지 읽은 독자라면, '한국 얘기는 왜 하나도 없지?'라고 생각할 것이다. 지금부터 한국 수출이 새로운 장을 펴고 있음을 함께 살펴볼 것이다.

한국 수출,
또 한 번 최고치를 경신할 것

●
●
●

최근 한국 수출은 최고치를 기록 중이다. 미·중 무역분쟁과 팬데믹으로 급감했던 부분을 회복했음은 물론이고, 2017년에 세웠던 이전 최고치도 경신해나가고 있다. 2021년 연간 수출이 역대 최고치를 기록하리라는 전망도 가시권에 들어왔다. 수출은 기업 입장에서 보자면 매출이다. 가격 결정력이 높은 기업들이야 매출이 늘지 않아도 이익을 낼 수 있겠지만, 다수의 기업은 매출이 늘어야 이익도 늘어나는 구조에서 벗어날 수 없다. 따라서 수출이 늘어난다는 것은 한국 기업의 매출은 물론 이익도 늘어날 가능성이 커진다는 것을 의미한다.

═ 코로나19 상황에서도 최고치를 경신한 수출 실적

2010년 이전이라면 한국 수출이 최고치를 기록하는 것은 열두 달이 지나고 새해가 오는 것처럼 당연한 일이었다. 한국 수출이 매년 두 자릿수 이상 성장하는 것이 당연하게 여겨지던 때도 있었다. 실제로 1960년 이후 2010년까지 한국 수출이 역성장한 연도는 외환위기를 맞았던 1998년과 리먼브러더스가 파산했던 2009년뿐이었다. 성장 가도를 달리던 한국 수출이 정체되기 시작한 것은 2010년 이후였다. 2000년부터 2010년까지 12%를 웃돌았던 연평균 수출 증가율이 2011년 이후에는 평균 1%대로 낮아졌다.

그러던 것이 2021년에 다시 최고치로 올라선 것이다. 이렇게 되기

그림 2-14 ** 한국 수출액 추이

(십억 달러)

출처: 통계청

까지 여정이 순탄하진 않았다. 거의 10년이 걸린 것도 그렇지만, 간간이 수출이 최고치로 올라섰다가 이내 다시 감소하며 실망감을 안기곤 했다.

실제 2017년, 2018년에는 월간 수출 금액이 550억 달러 가까이 높아지며 일시적으로 최고치를 기록했다. 하지만 '일시적' 최고치라는 점이 문제였다. 최고치를 기록했지만 이후 바로 다시 감소하며 기대가 실망으로 바뀌었다. 수출 금액이 최고치에 안착하는 데 실패한 이유는 반도체 혼자 이끄는 수출이었기 때문이다.

2010년에는 전체 수출에서 11%였던 반도체 비중이 2017년에

표 2-1 ·· 연도별 수출 금액 및 증감률

(단위: 억 달러, %)

구분		2005년			2010년			2018년			
수출 증감률		12.0			28.3			5.4			
상위 수출 품목		품목명	금액	비중	품목명	금액	비중	품목명	금액	비중	증감률
	1위	반도체	299.9	11	반도체	514.6	11	반도체	1,267.1	21	29.4
	2위	자동차	295.1	10	선박	471.1	10	석유 제품	463.5	8	32.3
	3위	무선통 신기기	275.0	10	유무선 전화기	375.7	8	자동차	408.9	7	-1.9
	4위	선박	177.3	6	석유 제품	318.6	7	평판디 스플레 이 및 센서	248.6	4	-9.8
	5위	석유 제품	153.7	5	자동차	317.8	7	자동차 부품	231.2	4	-0.1

출처: 산업통상자원부

는 17%로, 2018년에는 21%로 높아졌다. 반도체의 업황 회복과 수출 호조는 물론 좋은 일이다. 하지만 반도체가 전체의 5분의 1가량을 이끌어가다 보니 반도체 업황에 따라 수출이 너무 좌우되는 것이 문제라면 문제였다. 2018년만 해도 연간 수출액이 5.4% 늘고 반도체 수출이 30%에 달하는 증가율을 기록했지만, 자동차·PDP 등 다른 수출 품목들에서는 오히려 수출이 감소하는 흐름이 나타났다. 결과적으로 2017년과 2018년에 수출 최고치를 기록했지만 이는 한 달 기록에 그쳤고, 그 이후에는 다시 급감하는 흐름이 반복됐다.

═ 2021년 15개 품목이
두 자릿수 수출 증가율 기록

2021년에도 반도체는 여전히 제1의 수출 품목이다. 2021년 1월부터 9월까지 반도체 수출 비중은 19%로 가장 높으며, 반도체 업황이 여전히 한국 수출 및 성장률에 많은 영향을 주고 있다. 다만 지금이 2017~2018년과 다른 것은 반도체 이외에 다른 산업들의 수출도 동시에 늘어나고 있다는 점이다. 주요 15개 수출 품목 중 15개가 1~9월까지 두 자릿수의 수출 증가율을 기록했다. 석유화학, 조선, 자동차, 기계, 철강 등 다양한 품목에서 수출 최고치에 힘을 보

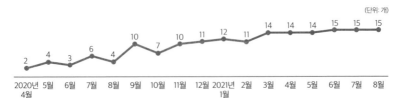

그림 2-15 ▪▪ 15대 주력 수출 품목 중 플러스 품목의 수

(단위: 개)

2   4   3   6   4   10   7   10   11   12   11   14   14   14   15   15   15

2020년 5월 6월 7월 8월 9월 10월 11월 12월 2021년 2월 3월 4월 5월 6월 7월 8월
4월   1월

출처: 산업통상자원부

태고 있다. 15대 품목 모두 3개월 연속 플러스 성장을 기록한 것은 2007년 이후 14년 만의 일이다. 주요 15개 수출 품목과 더불어 바이오·헬스, 2차전지, 화장품 등 신산업 수출도 선전 중이다.

우리가 한국에 살다 보니 반도체에서부터 조선, 화장품 등 거의 전 산업을 수출한다는 점이 당연하게 여겨질지도 모른다. 선진국 중에서 수출 비중이 큰 국가 중 하나는 독일이다. 그런데 독일조차 자동차, 기계, 제약 등을 제외하면 이렇다 할 수출 품목이 눈에 띄지 않는다. 오랜 기술을 쌓아온 만큼 굳건한 수출 실적을 보여주는 독일도 대단하지만, 다양한 제품을 수출 중인 한국 역시 높은 평가를 받을 만하다.

아울러 한 가지 더 기대되는 것은 2022년에도 수출이 증가하리라는 점이다. 2021년 수출 증가율이 20%에 달할 것이라는 점을 고려하면, 2022년 수출 증가율은 한 자릿수로 크게 낮아질 것이다. 모멘텀이 둔화되는 것이니 힘이 빠져 보일 수도 있다. 하지만 2010년 이후 한국 수출이 연속 성장을 이어간 적이 거의 없었음을 생각하면 의미 있는 성장으로 평가할 수 있다.

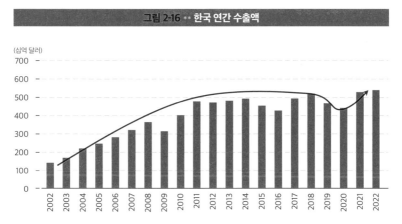

그림 2-16 ** 한국 연간 수출액

(십억 달러)

출처: 통계청, 2022년은 필자 예상치

앞으로
주시해야 하는 리스크

·
·
·

 2022년이 투자에 좋은 해가 될 것이라는 사실을 짚어봤다면, 듣기는 싫지만 리스크 요인도 짚어봐야 한다. '예상한 것은 더 이상 리스크가 아니다'라는 말도 있지만, 그럼에도 점검할 필요가 있는 것들을 추려봤다.

 부동산 가격, 미·중 분쟁 이외에 인플레이션, 중앙은행의 긴축, 지정학적 리스크, 변이 바이러스 등이 2022년에 주시해야 할 주요 리스크로 꼽힌다.

≡ 부동산 가격:
글로벌 주요국의 부동산 가격 급등

부동산이라면 이제 모두 고개를 절레절레 흔들 정도로 무섭게 느껴지는 대상이 됐을지도 모르겠다. 미·중 분쟁, 팬데믹 등 경제를 크게 휘청이게 할 만한 사건들이 연이어 터졌는데도 부동산 가격은 오히려 더욱 가파른 상승세를 이어갔기 때문이다. 한국은행이 금융 불균형을 언급하며 기준금리 인상에 나섰지만 부동산 가격은 여전히 상승하고 있다. 한국뿐 아니라 미국, 뉴질랜드, 호주, 독일 등 열거하면 두세 줄이 넘어갈 정도로 많은 국가에서 부동산 가격이 상당히 큰 폭으로 상승했다. 급등이라는 표현이 어울릴 정도다. 저금리, 풍부한 유동성 등을 바탕으로 다수 국가에서 부동산 가격이 급등했다.

〈그림 2-17〉은 BIS에서 발표하는 국가별 부동산가격지수다. 2010년 이후 뉴질랜드의 부동산 가격은 2.2배, 캐나다·독일·미국도 80%에 가까이 상승했다. 통계를 내놓는 기관마다 발표하는 수치에 차이는 있지만, 한국을 포함해 대부분 국가의 부동산 가격이 급등했다는 점은 분명한 리스크 요인이다. 2008년 리먼브러더스 파산 이후 각국은 은행의 파생상품 투자 및 부동산 관련 대출 증가 등에 상당한 규제를 지속했다. 2000년대 후반과 같은 주택 관련 파생상품이 경기 침체를 일으킬 가능성은 크지 않다. 다만 그럼에도

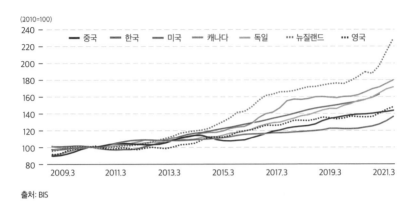

그림 2-17 ▶▶ 주요국 부동산가격지수

(2010=100)

─ 중국 ─ 한국 ─ 미국 ─ 캐나다 ─ 독일 ⋯ 뉴질랜드 ⋯ 영국

240
220
200
180
160
140
120
100
80

2009.3   2011.3   2013.3   2015.3   2017.3   2019.3   2021.3

출처: BIS

주택 가격 상승이 인플레로 이어지고, 중앙은행의 긴축으로 이어질 가능성이 있다는 점을 유의해야 한다.

아울러 가끔 체크해야 하는 것은 뉴질랜드, 호주 등 부동산 가격이 가장 크게 상승한 국가들의 현황이다. 한국과 멀어도 너무 먼 국가들이고 교역도 활발하지 않지만, 그래도 체크해야 한다. 그 이유는 글로벌 부동산 가격에 동조화 현상이 나타나고 있기 때문이다. 쉽게 말해서 뉴욕, 시드니, 서울, 상하이 등 글로벌 주요 도시의 부동산 가격이 함께 상승하는 흐름이 나타나고 있다는 얘기다.

연기금 등 글로벌 투자자들이 해외 부동산 투자를 늘리면서 이와 같은 현상이 나타나고 있다. 내 눈에 좋아 보이는 물건은 남의 눈에도 좋아 보이는 법이다. 비슷한 시각으로 투자를 검토하고 결정하다 보니 주요 도시의 부동산 가격이 함께 상승했다. 물론 주택

보다는 상업용 부동산 투자가 더욱 큰 비중을 차지하고 있지만, 금리 및 가격 매력도에 더욱 민감하게 반응할 수 있는 것이 글로벌 투자자들임을 떠올리자.

만약 자산 대부분을 주식에 투자하는 사람이라면 부동산 경기의 영향에서 벗어날 수 있을까? 주가가 하락할 때 부동산 가격이 계속 상승한 경우는 있지만, 부동산 가격이 하락할 때 주가가 홀로 상승한 적은 없다. 부동산이 경제 및 금융시장에 미치는 영향이 절대적인 만큼 내가 사는 동네를 벗어나 글로벌 주요국의 부동산 가격에도 관심을 기울이자.

═ 미·중 재격돌:
이전과는 다른 양상으로 전개될 것

미국과 중국이 다시 부딪히는 시나리오도 세계 금융시장에는 리스크 요인이다. G2 분쟁이 이제 더는 변수가 아니라 앞으로 쭉 남아 있을 상수라고 보는 시각도 있지만, 불편한 상수임은 부인하기 어려울 것이다.

최근 중국은 '공동부유'를 기치로 내걸고 있으며, 중국 내 기업들의 관리·감독에 정책의 우선순위를 두고 있다. 한꺼번에 두 가지 전쟁을 할 수는 없다. 미국의 중간선거가 2022년 가을에 예정되어 있는 만큼 미·중 관계에서 껄끄러운 마찰음이 들릴 가능성도 커 보인다. 다만 그럼에도 2018~2019년과 같이 중국과 미국 간에 분쟁이 재차 격화될 가능성은 현재로선 높지 않다. 관세를 반복적으로 인상하던 당시와 달리 기술, 안보 등을 둘러싼 양국의 신경전이 계속될 것이다.

한 가지 얘기하고 싶은 것은 기술 패권을 둘러싼 분쟁과 금융시장에서 분쟁의 온도가 다르다는 점이다. 중국은 2021년 초 14차 5개년 계획을 통해 제조업 및 기술 자립화를 발표했으며, 지난 7월 중국 공산당 100주년 기념식에서도 기술의 자립자강을 강조했다. 이에 대응해 미국 상원은 미래 기술, 과학 등에 향후 5년간 최소 2,000억 달러를 투자하는 '미국 혁신 경쟁법'을 발의했고 현재 검토 중이다. 여기에는 중국 도전 대응법 등 중국 견제를 겨냥한 세부 법안도 포함되어 있다. 꽤 노골적인 법안 이름이 아닐 수 없다.

그런 한편으로, 중국이 금융개방을 함으로써 미국 금융회사들이 진출할 때의 문턱은 더욱 낮아지고 있다. 최근 중국 정부는 외국인 채권 투자 규모를 늘려주고 있으며, 이미 진출한 기업들도 중국 시장에서 사업을 활발히 영위하고 있다. 블랙록은 중국에서 처음으로 뮤추얼펀드를 판매하기 시작했으며, 67억 위안(10억 달러)을 모집하는 데 당초 목표했던 것보다 기간을 일주일이나 앞당겨 마무리했다.

2022년 키워드:
리오프닝, 커플링, 테이퍼링, 한국 수출

·
·
·

글을 마무리하려 하니 너무 많은 재료를 함께 버무린 것이 아닌가 걱정이 앞선다. 원래 맛집은 메뉴 한두 가지로 승부하는데, 2021년 투자자들의 한 해가 쉽지만은 않았으리라는 생각에 여러 재료를 함께 넣어봤다는 것으로 변명을 대신한다.

다시 한번 정리해보자면 2022년 관전 포인트는 네 가지다.

· 팬데믹으로 모든 것이 비정상이었던 흐름에서 벗어나 정상으로의 복귀가 예상된다. 성장률이나 기업이익 증가율 모두 밋밋하게 보이겠지만, 이제 정상으로 돌아가는 것임을 잊지 말자. 아울러 위험자산에 투자하기 좋은 시점은 경제의 온도가 높을 때보다는 뜨뜻미지근한 온탕일 때라는 점도 기억

하자.

- 지난 2년은 모든 것이 디커플링이었다. 정부와 민간, 상품과 서비스, 주문과 생산 등 대비할 수 있는 거의 모든 것의 연결이 끊겼다. 다만 2022년에는 그동안 벌어져 있던 것들의 격차가 점차 줄어들면서 글로벌 경기를 완만한 회복세로 돌려놓을 것이다. 커플링을 가능케 할 배경은 백신 접종이다. 백신 접종에도 코로나19가 재확산되고 있다는 점은 실망스럽지만, 접종률이 올라가면서 코로나19가 경제에 미치는 영향은 확실히 줄고 있다. 미국 위주의 회복에서 유럽, 신흥시장국의 경제 회복이 더해지며 달러는 약세로 선회할 것이다. 동반 회복과 달러 약세는 위험자산 투자에 우호적인 조합이다.

- 2021년에는 1년 내내 미 연준의 테이퍼링이 시장의 메인 이슈였다. 2022년에는 더욱 많은 국가가 통화정책 정상화에 나설 것이다. 부담스러운 물가에 대응해야 함과 동시에 늘어난 부채에도 대응해야 함을 잊지 말자. 미국은 재정지출로 인한 정부부채 증가에, 중국은 기업부채 부담에 대응해야 한다. 미국은 정부부채 부담을 낮추기 위해 저금리가 필요하며, 중국은 기업부채의 디레버리징과 동시에 분배를 위한 안정적인 성장이 필요하다.

- 앞의 세 가지가 대외적인 요인이었다면, 2022년 한국에서

는 다시 한번 수출 최고치 경신이 기대된다. 2021년에 비해 2022년 수출 증가율은 크게 낮아질 것이나 실망하지 말자. 반도체에 기대어 수출 최고치를 기록한 이후 오히려 역성장했던 지난날과 달리, 이번에는 주요 수출 품목이 고르게 선전 중이다.

뭐든지 샀으면 2~3배는 너끈했던 2020년 같을 수는 없겠지만, 2022년 매크로 환경은 테이퍼링 우려와 국가 간 디커플링이 발목을 잡았던 2021년보다 훨씬 나을 것이다. 낙관이 지배적이었던 2020년 연말과는 달리, 비관이 좀더 우세해 보이는 2021년 연말이 오히려 마음 편한 시작점임을 잊지 말자.

3장

·
·
·

장세의 특징을 찾아내면
대응 전략이 보인다

이다솔_메리츠증권 부장

·
·
·

주식시장의
4계절

．
．
．

『미스터 마켓 2021』을 통해 '주식시장의 사계절'을 소개한 바 있다. 우라가미 구니오가 『주식시장 흐름 읽는 법』에서 언급한 개념인데, 언뜻 제멋대로 움직이는 것처럼 보이는 주식시장의 움직임도 장기적으로 보면 일정한 특징을 가진 네 가지 국면을 반복하고 있다는 내용이다. 『미스터 마켓 2021』에서 나는 주식시장이 사계절 중 봄인 금융 장세를 거쳐 여름인 실적 장세로 접어들었다고 언급했다.

그렇다면 2022년 우리가 맞이하게 될 주식시장은 어느 계절에 해당할까? 이를 파악하기 위해 먼저 주식시장의 사계절을 다시 살펴보자.

━ 금융 장세: 주식시장의 봄

금융 장세는 '불경기의 주가 상승'이라는 말로 요약할 수 있다. 실물경기 측면에서는 경기가 하락하면서 기업의 실적이 악화되는 시기다. 기업의 실적이 나빠지면 국가의 경기가 나빠지기 때문에 이를 방지하기 위해 중앙은행은 금리를 인하하여 경기 부양에 나선다. 중앙은행의 통화정책 외에 정부 역시 예산을 증액하여 재정 부양에 돌입한다. 이를 통해 정부는 공공 투자를 확대하는 동시에 민간 투자의 활성화를 위해 기업을 독려한다. 그럼에도 기업의 실적은 여전히 나쁜 시기다.

경기 상황과는 다르게 주가는 경기 대책과 함께 단숨에 반등한다. 통화의 유동성이 확대되면서 민간의 투자 가능 자금이 늘어나고, 투자 심리가 회복되면서 주가는 경기 상황을 선행하여 상승한다. 일부 투자자는 주가가 오르면 일회성 회복으로 받아들이고 주식을 매도한다. 하지만 주가가 계속해서 상승하면 매도했던 이들마저 당황하여 주식을 다시 매수하게 되고, 이는 주가를 더욱 상승시킨다.

══ 실적 장세: 주식시장의 여름

실적 장세는 경기 부양의 효과가 나타나면서 기업의 실적이 개선되는 시기다. 정부가 공공 부문의 투자 확대를 통해 수요를 창출하던 금융 장세와는 달리, 민간 부문의 투자가 활성화되기 시작한다. 실적 장세 중에 금리는 상승세로 전환되면서 기업에 부담을 줄 수 있지만, 기업의 실적 개선이 이를 상쇄하고 남기 때문에 주가 상승은 지속된다.

일반적으로 실적 장세의 진행 기간은 금융 장세보다 길다. 경기가 회복되면서 물가 역시 안정적으로 상승한다. 기업들은 개선된 실적을 바탕으로 적극적인 설비투자에 나서고, 소비도 증가 흐름으로 돌아선다.

══ 역금융 장세: 주식시장의 가을

역금융 장세는 경기가 최고조에 달하면서 과열 국면으로 진입하게 되는 시기다. 과하게 풀린 유동성 탓에 물가 상승 속도가 빨라진다. 따라서 중앙은행은 인플레이션을 억제하기 위해 금융긴축 정책을 펼친다. 이 시기에는 자산 가격 버블로 인한 외부 경제 충격의 가능성도 증가한다.

증시의 특징으로는 신고가 종목의 숫자가 급감하고, 역사적 고점을 기록한 이후 횡보하던 종목들의 하락이 본격화된다는 것이다. 기업 실적은 여전히 좋지만 정부의 긴축으로 통화량이 감소하면서 주가가 하락하기 시작한다. 따라서 밸류에이션 측면에서 저평가된 주식들이 다수 발생하게 되고, 이를 매수하려는 자금이 들어오면서 주가는 다시 회복을 시도한다. 그러나 회복하던 주가가 기존 고점을 넘어서지 못한 채 두 번째 천장을 만들게 되고, 이후 주식시장은 강세장의 종말을 확인하게 된다.

═ 역실적 장세: 주식시장의 겨울

역실적 장세는 경기 순환으로 말하면 경기의 후퇴기, 불황기다. 금리가 상승하는 와중에도 기업의 실적이 여전히 좋았던 역금융 장세와 달리, 기업의 본격적인 실적 하락이 나타난다. 자금 수요가 감소하고, 시장금리가 하락 기미를 보이는데도 경기는 더욱 나빠진다.

증시의 특징으로는 신저가 종목의 숫자가 지속적으로 증가하고, 주식시장의 투자자들이 공포에 휩싸여 있기 때문에 악재가 주가에 쉽게 반영된다는 것이다. 최종적으로는 투자자들의 무차별적인 투매가 발생하곤 한다.

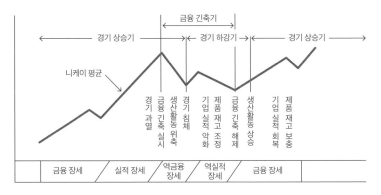

그림 3-1 •• 경기 순환과 주식시장

출처: 우라가미 구니오, 『주식시장 흐름 읽는 법』 한국경제신문사

현재 시장은 어디쯤 있을까

현재 주식시장은 '여름'에 해당하는 특징을 보여주고 있다. 확대된 유동성이 유지되는 가운데, 기업들의 실적 개선이 진행되고 있기 때문이다. 물론 유동성 측면에서 보면 과연 확대된 유동성이 유지되고 있는가에 대한 의심을 할 수 있다. 미국의 테이퍼링 조치가 예정돼 있고 한국·뉴질랜드 등 일부 국가에서 금리 인상이 시작됐기 때문이다. 그러나 테이퍼링은 통화량이 확대되는 속도를 조절하는 것이지, 통화량 자체를 축소하는 정책은 아니다.

또한 일부 국가에서 금리 인상 조치를 취했음에도 해당 국가에서 통화량 자체가 축소됐다는 데이터는 보이지 않는다. 주식시장

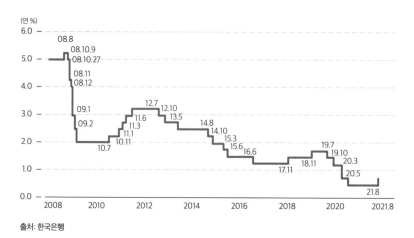

그림 3-2 ** 한국은행 기준금리 추이

(연 %)

출처: 한국은행

관점에서도 2020년 이후 증가한 고객예탁금은 70조 원 전후에서 유지되고 있고, 신용잔고 역시 확대된 수준에서 유지되고 있음을 관찰할 수 있다.

기업들의 실적 개선 역시 진행 중이다. 코스피 기준 상장기업들의 영업이익을 살펴보면 2020년 대비 2021년에 확연하게 개선된 모습을 확인할 수 있다. 사회적 거리두기 등의 영향으로 여행·관광·소매판매업 등의 기업 실적은 여전히 부진하지만, 해당 기업들의 실적 추정치에 따르면 2022년에는 2021년 대비 개선될 것으로 예측된다. 각국 정부가 목표한 백신 접종률을 달성하면서 '리오프닝'을 준비하고 있기 때문이다.

다만, 2022년 하반기에는 주식시장의 계절이 여름에서 가을로

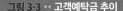

그림 3-3 ** 고객예탁금 추이

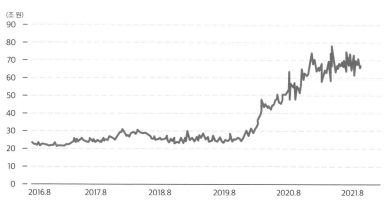

(조 원)

출처: DS투자증권

그림 3-4 ** 신용잔고 추이

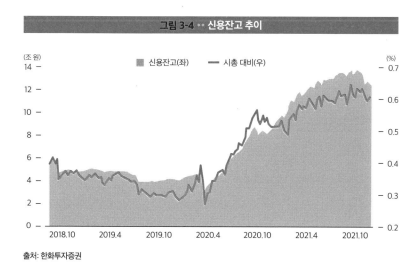

(조 원)　　■ 신용잔고(좌)　── 시총 대비(우)　　(%)

출처: 한화투자증권

접어들 수 있음을 염두에 둬야 한다. 따라서 2022년 주식시장은 코스피 지수 자체가 레벨업한다기보다는 '박스권'이라고 불리는 횡보장이 될 가능성이 커 보인다.

주식시장의 봄이라고 불리는 유동성 장세에서는 투자 경험이 많지 않은 투자자도 비교적 쉽게 수익을 낼 수 있다. 대표적인 유동성 장세가 펼쳐졌던 2020년의 경우에도 주식시장에 참여한 사람이라면 수익을 내는 것 자체는 어렵지 않았을 것이다. '수익을 냈는가'보다는 '수익을 얼마나 냈는가'가 중요한 시장이라고 할 수 있다. 하지만 '박스권'이라고 불리는 횡보장에서는 수익을 낼 확률이 상대적으로 감소한다. 따라서 유동성 장세에 비해서 보다 많은 준비와 공부가 필요할 것이다.

2008년 금융위기 이후 2009~2011년 주식시장은 전형적인 유동성 장세였고, 그때부터 2014년까지는 '박스권'이라고 불리는 횡보장이었다. 현 상황을 이해하기 위해 그 시점을 복기해보자.

2011년의 기억,
박스권은 어떻게 탄생했는가

•
•
•

2011년 4월 코스피 지수는 2231.47포인트를 기록하며 사상 최고치를 경신했다. 그러나 이후 하락이 지속되면서 2011년 9월 고점 대비 26.3% 하락한 1644.11포인트를 기록했다. 이후 코스피가 2011년 4월의 최고점을 경신한 시점은 2017년 5월로 무려 6년 1개월의 시간이 흐른 뒤였다.

해당 기간에 코스피 지수는 2150포인트와 1750포인트를 상·하단으로 아홉 차례의 등락을 거듭했다. 결과적으로 해당 기간에 코스피 지수를 추종하는 ETF를 매수한 투자자의 수익률은 6년간 제자리에 머물렀을 것이다. 만약 레버리지를 활용하기 위해 레버리지ETF를 매수한 투자자가 있다면, 파생 비용까지 고려했을 때 6년간 누적으로 손해를 봤을 가능성이 크다.

그렇다면 과연 2011년 4월에서 9월 사이에는 어떤 일이 발생했을까?

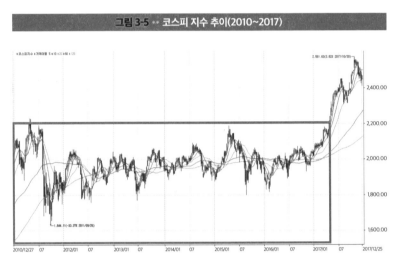

그림 3-5 ** 코스피 지수 추이(2010~2017)

출처: 메리츠증권

≡ 박스권 장세의 시작 ①: 2차 양적완화 종료

2011년 중반부터 진행된 박스권 장세는 유동성 공급의 축소 논의에서 시작됐다. 당시 대표적인 유동성 공급 정책은 양적완화QE였다. 양적완화란 금리 인하를 통한 경기 부양 효과가 한계에 봉착했을 때, 중앙은행이 국채 매입 등을 통해 유동성을 시중에 직접 공급함으로써 신용경색을 해소하고 경기를 부양하는 통화정책을 말한다.

다시 말해, 정책금리가 0에 가까운 초저금리 상태여서 더는 금리를 내릴 수도 없고 재정도 부실할 때 경기 부양을 위해 사용되는 방법이다. 이는 중앙은행이 기준금리를 조절하여 간접적으로 유동성을 조절하는 기존 방식과 달리, 보다 직접적인 방법으로 시장에 통화량 자체를 늘리는 통화정책이다. 미국은 2008년 리먼브러더스 파산 사태 이후 그해 11월과 2009년 3월 그리고 2010년 11월 등 두 차례의 양적완화를 시행한 바 있다.

2011년 6월 30일 미국 연방준비제도는 49억 900만 달러 규모의 국채 매입을 끝으로 6,000억 달러 규모의 자산을 매입하는 2차 양적완화QE2 프로그램을 종료했다. 당시 미국 연방준비제도는 2차 양적완화의 종료 이후에 3차 양적완화 프로그램을 시작하지 않을

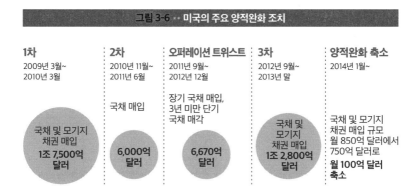

그림 3-6 ·· 미국의 주요 양적완화 조치

1차	2차	오퍼레이션 트위스트	3차	양적완화 축소
2009년 3월~ 2010년 3월	2010년 11월~ 2011년 6월	2011년 9월~ 2012년 12월	2012년 9월~ 2013년 말	2014년 1월~
	국채 매입	장기 국채 매입, 3년 미만 단기 국채 매각		국채 및 모기지 채권 매입 규모 월 850억 달러에서 750억 달러로
국채 및 모기지 채권 매입 1조 7,500억 달러	6,000억 달러	6,670억 달러	국채 및 모기지 채권 매입 1조 2,800억 달러	월 100억 달러 축소

출처: 언론 보도 정리

것이라고 강조했다. 2차 양적완화 종료는 미국뿐 아니라 세계 금융시장에도 직접적인 영향을 미쳤다. 특히 그리스에서 시작된 재정위기가 남유럽 재정위기로 확산되면서 안전자산 선호 현상이 생겨났다.

▬ 박스권 장세의 시작 ②: 그리스 위기

미국에서 시작된 유동성 축소 논의는 세계 금융시장에 다양한 파급효과를 안겼다. 그중 가장 대표적인 것이 그리스의 재정위기가 다시 부각된 것이다. 사실 그리스의 재정위기는 2011년에 시작된 것은 아니다. 중앙은행이 유동성을 지속적으로 공급할 것으로 기대했을 때는 금융시장에서 그리스의 재정위기를 큰 리스크로 받아들이지 않았다. 그러나 유동성 축소 논의가 본격화되자 금융시장은 이를 새로운 리스크로 받아들이기 시작했다. 그렇다면 그리스의 재정위기는 어떤 과정을 거쳐서 진행됐을까?

그리스가 국가부도 사태에 이른 것은 2010년 5월이다. 당시 EU와 IMF는 그리스의 파산을 막기 위해 철저한 재정개혁을 조건으로 1,100억 유로를 지원하기로 결정했다. 그리스 문제가 비슷한 처지에 있는 아일랜드, 포르투갈 등으로 전염되는 것을 우려했기 때문이다. 당시 EU와 IMF는 1,100억 유로의 구제금융이면 그리스가 국채를 상환하고 재정수입의 부족 문제를 충분히 해결할 수 있을 것으로 생각했다. 또한 그 기간에 그리스 정부가 재정개혁에 성공한다면 2012년부터는 정상적인 자금조달 활동이 가능할 것으로 전망했다.

그러나 2011년 3월, 그리스 재무장관은 1,100억 유로는 그리스의 상황을 개선하기에 부족하다고 밝혔다. 이로 인해 그리스 재정위기는 시장의 큰 리스크로 다시 부각되기 시작했다. 또한 그리스뿐만 아니라 아일랜드·포르투갈 등 그리스와 마찬가지로 재정 상황이 좋지 않은 국가로 우려가 확산됐고, 남유럽 국가 전반으로 확산될 것이라는 공포감이 커져 갔다.

그림 3-7 ·· 그리스 국채수익률 추이

※ 2008년 기준
출처: OECD

▬ 박스권 장세의 시작 ③: 남유럽 위기로 확산

PIGS는 포르투갈Portugal, 이탈리아Italy, 그리스Greece, 스페인Spain의 앞 글자를 따서 만든 용어다. 이들 국가는 2010년대 초부터 경제위기를 겪었던 남유럽 4개국이다. 당시 남유럽 국가들은 과도한 재정지출에 따른 정부부채 증가로 정부의 부채상환 능력이 약화됐다는 공통점을 가지고 있었다.

남유럽 재정위기는 세 번의 커다란 불안정 국면을 거치면서 세계 금융시장의 뇌관이 됐다. 먼저 1차 위기 국면을 살펴보자. 2009년 9월에 그리스의 재정수지 적자 비율이 수정 발표됐다. 이는 2010년 4월에 그리스의 1차 구제금융 신청으로 이어지며 세계 금융시장에 충격을 주었다.

2차 위기 국면은 그리스 외에 추가적인 구제금융 신청 국가가 나오면서 발생했다. 2010년 11월 아일랜드, 2011년 4월 포르투갈에 이어 2011년 6월에는 그리스가 추가 구제금융을 신청했다.

3차 위기 국면은 2012년 5월 그리스의 연정 실패 이후 2012년 6월 스페인이 구제금융을 신청하면서 발생했다. 1차 위기가 그리스만의 국가적 위기라고 인식됐던 것과 달리, 2차와 3차 위기부터는 그리스의 위기가 남유럽을 거쳐 EU 전체 금융시장의 위기로 확산될 가능성이 크다고 인식되기 시작했다.

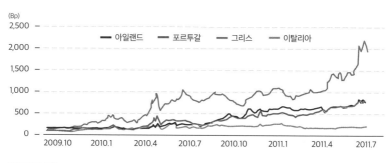

그림 3-8 ·· 남유럽 재정위기 국가들의 CDS 프리미엄 추이

(Bp)

— 아일랜드　— 포르투갈　— 그리스　— 이탈리아

※ 2008년 기준
출처: OECD

PIGS 국가 중에서도 이탈리아와 스페인은 유럽에서도 경제 규모가 큰 국가에 속한다. 그래서 이들 국가의 재정위기가 지속될 경우 독일을 비롯한 유럽 국가 전체의 금융위기가 올 수도 있다는 공포감이 시장을 지배했다. 당시 해당 국가들의 CDS 프리미엄● 추이를 살펴보면 당시 상황이 얼마나 긴박했는지 알 수 있다.

표 3-1 ·· 남유럽 재정위기 전개 과정	
날짜	주요 사건
2009년 10월	그리스 정부, 재정수지 적자 비율 수정 발표(4% → 16%)
2009년 12월	신용평가사, 그리스 신용등급 하향조정 시작
2010년 1월	PIGS 국가 국채수익률 CDS 프리미엄 급등 시작
2010년 4월 23일	그리스 정부, EU·IMF에 구제금융 신청
2010년 5월 2일	EU·IMF, 그리스에 1,100억 유로 구제금융 결정

● 국가나 금융회사 등 채권 발행기관의 신용위험을 반영한 금리 수준. 채권을 발행할 때 리보(LIBOR) 금리에 가산되는 금리를 말하는 것으로, 이 수치가 높을수록 부도 위험이 크다는 의미다.

날짜	주요 사건
2010년 5월 10일	유럽금융안정기금(EFSF) 설립. 4,400억 유로 규모
2010년 9~10월	아일랜드 정부, 앵글로 아이리시 뱅크(Anglo Irish Bank)에 340억 유로 구제금융 지원
2010년 11월 21일	아일랜드 정부, EU·IMF에 구제금융 신청
2010년 11월 27일	EU·IMF, 아일랜드에 850억 유로 구제금융 승인
2011년 4월 8일	포르투갈 정부, EU·IMF에 구제금융 신청
2011년 5월	EU·IMF, 포르투갈에 780억 유로 구제금융 지원
2011년 6월	그리스 정부, 2차 구제금융 신청
2011년 7월 21일	EU·IMF, 그리스에 1,090억 유로 추가 구제금융 지원 결정
2012년 1월 30일	EU 신재정협약 합의(영국, 체코 불참)
2012년 3월	그리스 민간채권단 국채교환 협상 완료, 국채 1,050억 유로 탕감 효과
2012년 5월 6일	그리스 총선 연정 구성 실패, 급진좌파 시리자당 급부상, 긴축협정 무효화 주장
2012년 5월 6일	프랑스 대선, 사회당 올랑드 후보 당선, 신재정협상 재협상 주장
2012년 6월 10일	스페인 정부, 구제금융 신청(1,000억 유로, 금융기관 부실처리 지원)

출처: 한국은행, 대외정책연구원

═ 박스권 장세의 시작 ④:
미국의 신용등급 강등

2011년 여름에 찾아온 위기의 하이라이트는 미국의 신용등급 강등이었다. 2011년 8월 5일, 미국의 신용평가기관 S&P는 미국이 발행하는 채권의 신용등급을 AAA에서 AA+로 한 등급 낮췄다. S&P가 미국 국채를 최고 등급에서 강등한 것은 71년 만에 처음 있는 일이었다.

2011년 당시 미국의 국가부채는 15조 달러 수준이었다. 이에

S&P는 미국의 국가부채 문제가 해결되지 않을 경우 신용등급 강등 가능성이 있다고 언급하면서 10년 동안 4조 달러 규모의 재정 적자 축소가 필요하다고 언급한 바 있다.

2011년 8월 1일 미국에서 국가부채 한도 협상이 타결됐는데, 문제는 10년 동안 재정적자를 축소하기로 합의한 규모가 2.1~2.4조 달러 수준이었다는 점이다. 결국 S&P는 2011년 8월 5일 미국 장기 국가 신용등급을 AAA에서 AA+로 한 단계 하향하고 신용등급 전망을 부정적으로 유지했다.

미국 국채는 달러화가 세계 경제를 지탱하는 기축통화로 등장한 이래 글로벌 자산 중에 가장 안전한 자산으로 여겨졌다. 이런 미국 국채의 신용등급이 강등됐으니, 이 사태가 주식시장에 미친 영향은 그야말로 쇼크 수준이었다. 그렇지 않아도 유럽에서는 그

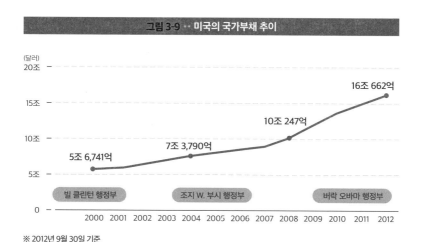

그림 3-9 ·· 미국의 국가부채 추이

(달러)

16조 662억

10조 247억

7조 3,790억

5조 6,741억

빌 클린턴 행정부   조지 W. 부시 행정부   버락 오바마 행정부

2000 2001 2002 2003 2004 2005 2006 2007 2008 2009 2010 2011 2012

※ 2012년 9월 30일 기준
출처: 미국 재무부

리스에 이어 이탈리아, 스페인, 포르투갈의 국채 가격이 폭락하여 전 세계 금융시장이 불안하던 때였다. 이로 인해 코스피 지수는 2주 동안 25% 이상 하락했고, 나스닥 지수 역시 같은 기간에 20% 이상 하락했다.

▬ 2021년 중국의 헝다 사태는 그리스의 데자뷔일까?

앞에서 정리한 것처럼 2011년부터 이어진 한국 주식시장의 박스권 장세는 글로벌 유동성 축소 논의에서부터 시작됐다. 이후 그리스라는 취약고리를 거쳐 남유럽 재정위기, 미국 신용등급 강등 등의 이벤트를 거치면서 한국 주식시장의 횡보가 지속됐다.

2021년 현재 세계 금융시장은 유동성 축소 논의가 진행 중이다. 앞서 언급했듯이, 미국의 테이퍼링 조치가 예정돼 있고 한국 등 일부 국가의 금리 인상이 시작됐기 때문이다. 테이퍼링이 통화량 자체를 축소하는 정책은 아니지만, 그럼에도 유동성의 확산 속도가 둔화되는 흐름은 되돌리기 어려워 보인다.

2021년 기준으로 유동성 조절에 가장 적극적인 국가는 중국이다. '주택은 투기 수단이 아니라 살기 위한 것'이라는 슬로건하에 적극적인 대출 규제를 통한 주택시장 안정화 방안을 펼치고 있다. 유동성 조절을 통해 부동산 분야뿐만 아니라 산업 전반에 걸친 과잉 유동성의 부작용을 해결하겠다는 중국 정부의 의지가 확고해 보인다.

문제는 이런 유동성 조절 과정에서 헝다그룹 같은 위기 기업이 증가하고 있다는 사실이다. 헝다그룹은 중국에서 두 번째로 큰 부동산 개발 업체다. 부동산 사업이 잘되자 다양한 분야로 사업을 확장했는데, 중국 정부의 대출 규제로 자금조달에 문제가 생기면서 약 350조 원 규모의 채무 압박에 시달리고 있다. 헝다그룹의 사례에서 볼 수 있듯이, 향후 중국 정부의 유동성 조절 과정에서 이런저런 불협화음이 불거져 나올 것이고, 주식시장은 그 여파를 받게 될 것이다. 2022년 시장에 대응하기 위해 더 많은 공부와 노력이 필요해 보이는 이유다.

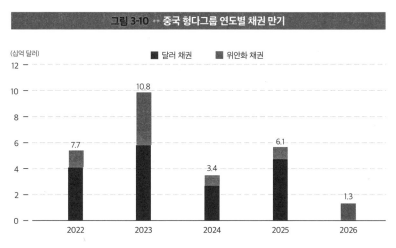

그림 3-10 ▸▸ 중국 헝다그룹 연도별 채권 만기

※ 위안화 표시 채무는 미국 달러로 변환함(2021.9.23)
출처: Bloomberg, 유진투자증권

박스권에 핀 꽃:
화려한 개별 종목 장세

．
．
．

앞에서 2011년 이후 6년간 진행된 박스권 장세를 살펴봤다. 먼저 중앙은행이 유동성 회수에 대한 고민을 하기 시작했고, 이로 인해 과도한 부채를 가지고 있던 국가에서 재정위기가 발생했다. 거시 경제의 불안감이 지속되면서 코스피 지수는 6년간 전고점을 돌파하지 못하는 박스권에 갇히게 됐다.

여기까지만 읽는다면, '박스권 장세에서는 주식 투자를 하지 않는 것이 좋겠는데?'라는 생각을 할 수도 있을 듯하다. 그러나 내 경험에 따르면 2011~2017년은 코스피 지수 기준으로는 박스권이었지만 개별 종목들의 수익률이 가장 화려했던 기간이기도 하다. 시가총액 대형주 중심으로 수급이 쏠리던 유동성 장세(2009~2011년 '차화정(자동차·화학·정유)' 장세)와 달리, 실적 장세 중·후반기와 역금융 장세 초반기에는 시가총액 중소형주 중심으로 수급이 쏠리는 현상이 나타나면서 화려한 개별 종목 장세가 펼쳐졌다.

2012년에 주도주로 활약했던 산업과 종목들을 다시금 살펴보면서 유동성 회수 논의가 있었던 시기에 주식시장이 어떤 투자 포인트에 주목했는지 정리해보고자 한다. 그 특징을 잘 찾아낼 수 있다면 주식시장의 여름뿐만 아니라 곧 다가올 가을에도 충분히 대응할 수 있을 것으로 생각한다.

≡ 중국 내수 소비 확대:
소비재 기업

2012년 당시 중국 지도부의 새로운 정책 기조는 산업고도화 및 소비 확대에 초점이 맞춰졌다. 이에 따라 중국의 성장에서 내수 소비가 차지하는 비중이 본격적으로 확대될 것으로 전망됐다. 이를 바탕으로 중국의 소비력이 커지면서 아시아 시장의 소비가 본격화될 것이라는 기대감이 컸다. 매출액이 국내 시장에 한정되어 있던 내수주 중에서 세계 시장, 특히 아시아 시장에 진출해서 성공한 기업들을 중심으로 재평가 움직임이 활발했다. 특히 이런 성공이 일회성이 아니라 한류 열풍을 바탕으로 한 패러다임 변화라고 인식되면서 EPS 증가뿐만 아니라 밸류에이션 리레이팅까지 동반됐다.

화장품 OEM, 카지노, 여행, 음식료 등이 주도 섹터로 등장했다.

코스맥스: 2012년 주가 상승률 247.15%(최고점 기준)

2004년 중국 시장에 진출한 코스맥스는 현지 로컬 업체들을 주 고객사로 공략한 현지화 전략이 성공을 거두면서, 2011년 매출액이 전년 동기 대비 61.5% 성장한 407억 원을 기록하며 투자의 결실을 거두기 시작했다. 코스맥스차이나는 고객의 80%가 중국 로컬업체로 구성되어 있을 정도로 철저하게 현지화에 성공했다. 특히 2012년 상반기에 상하이 공장 증설을 완료한 것은 물론, 2013년부터 광저우 공장의 CAPA(생산능력) 증설이 예정되어 있어 2012년 당시 향후 2~3년간 고속 성장을 할 것으로 기대됐다.

그림 3-11 ·· **코스맥스(현 코스맥스비티아이) 주가 추이(2011~2012)**

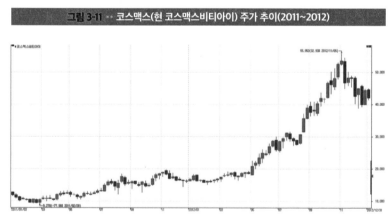

출처: 메리츠증권

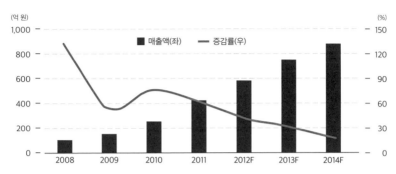

그림 3-12 ·· 코스맥스차이나 매출 추이

출처: 신한금융투자

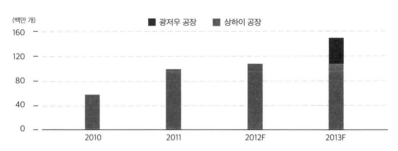

그림 3-13 ·· 코스맥스차이나 CAPA 추이 및 증설계획

출처: 신한금융투자

한국콜마: 2012년 주가 상승률 402.65%(최고점 기준)

한국콜마는 국내 화장품 위탁생산 1위 기업으로 해외 우량 고객사의 수주 확대를 추진 중이었다. 2011년 코티의 캘빈클라인 마스카라 및 암웨이의 선크림 납품을 개시했고, 2012년 당시 전 세계 상위 화장품 기업 2~3곳과 신제품 개발을 진행 중이었다. 특히 중

국 화장품 시장 공략을 위해 2007년에 중국 생산법인 북경콜마를 설립하여 운영 중이었는데, 당시 시장에서는 북경콜마의 성장 가능성을 높게 평가했다.

사실 한국콜마의 중국 사업은 당시 경쟁사인 코스맥스 대비 규모가 작았다. 그러나 향후 성장 가능성에 대한 재평가와 지주사 전환을 위한 주식분할 이벤트가 맞물리면서 코스맥스보다 높은 주가 상승률을 기록했다.

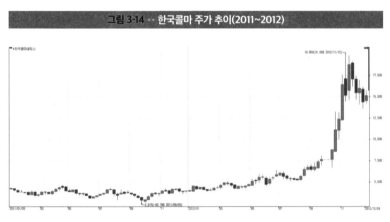

그림 3-14 ·· 한국콜마 주가 추이(2011~2012)

출처: 메리츠증권

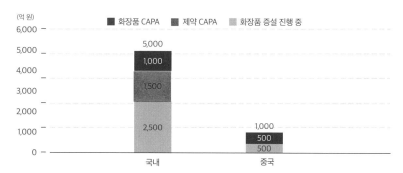

그림 3-15 ·· **한국콜마 CAPA 현황(2012년 기준)**

(억 원)

■ 화장품 CAPA ■ 제약 CAPA ▨ 화장품 증설 진행 중

출처: LIG투자증권

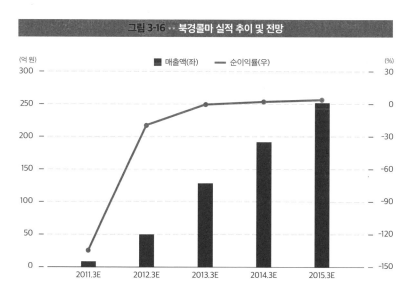

그림 3-16 ·· **북경콜마 실적 추이 및 전망**

(억 원)　　　　■ 매출액(좌)　── 순이익률(우)　　　　(%)

출처: LIG투자증권

파라다이스: 2012년 주가 상승률 157.7%(최고점 기준)

파라다이스는 2012년 당시 주력인 중국인 고객들의 고성장에 힘입어 견조한 실적 성장이 지속되고 있었다. 당시 중국인 인바운드 수요는 전년 대비 21% 증가한 269만 명 수준으로 추정됐으며, 2015년까지 400만 명에 육박하는 수준으로 성장하리라고 전망됐다. 특히 2013년 하반기 워커힐 카지노 매장면적이 영업면적 기준 100% 성장할 것으로 기대됐다. 또한 2013년 부산 카지노 인수, 2014년 인천 카지노 인수, 2016년 영종도 복합단지 완공 등 중장기적인 매장 확대가 기대되면서 시장의 주도주로 자리매김했다.

그림 3-17 ·· 파라다이스 주가 추이(2011~2012)

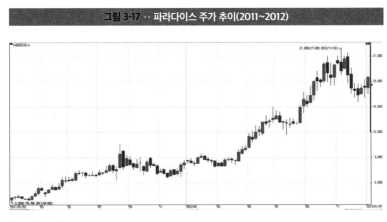

출처: 메리츠증권

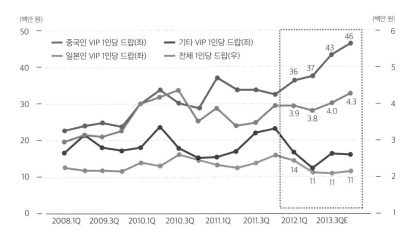

그림 3-18 ** 파라다이스 고객 1인당 드랍액 추이

※ 드랍액: 고객이 칩으로 바꾼 금액
출처: KB투자증권

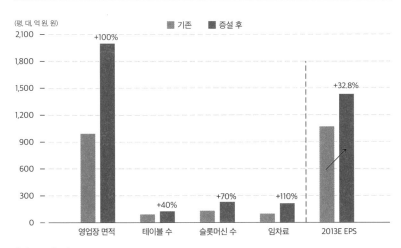

그림 3-19 ** 파라다이스 영업장 증설 계획(2012년 기준)

출처: KB투자증권

빙그레: 2012년 주가 상승률 126.51%(최고점 기준)

빙그레는 2012년 당시만 해도 전형적인 내수 음식료 기업이었다. 그런데 바나나맛 우유가 중국 소비자들에게 인기가 많다는 사실이 알려지면서, 오리온처럼 수출 기업으로 재평가받을 것이라는 기대감이 커졌다. 당시 바나나맛 우유는 2012년에 방영된 드라마 〈옥탑방 왕세자〉 등 한국 드라마를 통해 중국에 노출되면서 중국 관광객들의 인기를 끌었다. 빙그레의 주력 제품인 바나나맛 우유와 메로나는 맛이 보편적이어서 중국에서도 확장성과 고객 충성도를 갖출 수 있는 제품이라고 평가받았다.

2012년 당시 빙그레의 수출 비중은 매출의 6.8% 수준이었는데, 매년 50% 이상 성장해서 2013년에는 매출의 8%, 영업이익의 10% 수준을 차지할 것이라는 전망이 많았다.

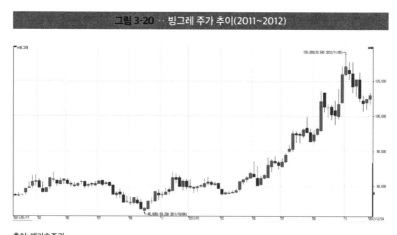

그림 3-20 ·· 빙그레 주가 추이(2011~2012)

출처: 메리츠증권

그림 3-21 ·· 빙그레 제품별 수출 추이

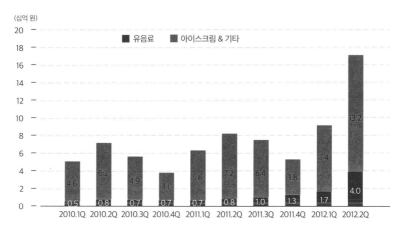

출처: 삼성증권

신성장 산업: 바이오

2011년부터 한국의 바이오산업은 줄기세포 치료제 시판, 분자진
단 업체들의 해외 진출, 인간 유전자 분석 시장의 확대, 바이오시
밀러 산업의 발전 가능성 등 호재성 이슈가 지속되면서 주식시장
의 큰 관심을 받았다. 한국 사회도 본격적인 고령화사회 진입이 예
상되는 가운데 바이오 제품에 대한 수요가 늘었고, 산업 측면에서
도 선진국형 차세대 산업으로 바이오산업을 육성해야 한다는 사
회적 요구가 커지기 시작했다.

코오롱생명과학: 2012년 주가 상승률 155.87%(최고점 기준)

코오롱생명과학은 연골세포에 재생 유전자를 직접 삽입해 퇴행성관절염을 치료하는 유전자 치료제 '티슈진-C'를 개발 중이었다. 유전자 치료제는 잘못된 유전자를 정상 유전자로 바꾸거나 치료 효과가 있는 유전자를 환부에 투입해 증상을 고치는 차세대 바이오 의약품이다. 2021년 현재에도 혁신적인 기술로 평가받을 정도이니 2012년 당시에는 어느 정도였을지 짐작이 갈 것이다.

2012년에 코오롱생명과학은 티슈진의 국내 임상 2b상 환자 추적관찰을 완료하고 데이터를 분석하고 있었다. 2b상 결과가 긍정적일 것으로 예상되면서 이 기업에 대한 투자자들의 관심이 커졌다. 2b상 결과는 2013년 상반기에 발표할 예정이었는데 결과가 발표되면 당장이라도 대형 기술 수출 계약이 나올 것으로 기대됐다. 또한 API(원료의약품) 부문의 실적 개선과 CMO(의약품 전문 생산 사업)

부문 수주 증가 등의 영향으로 코오롱생명과학은 2012년의 주도
주로 자리 잡았다. 코오롱생명과학의 주가 상승은 황우석 줄기세
포 사태 이후 주춤했던 국내 바이오산업에 대한 관심을 불러일으
키기에 충분했다.

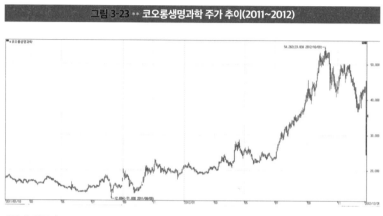

그림 3-23 ✱✱ **코오롱생명과학 주가 추이(2011~2012)**

출처: 메리츠증권

표 3-2 ✱✱ **티슈진 임상 일정**

2006.12	국내 임상 1상 승인
2007.1	한국 임상 시험 기관 IRB 승인 획득
2007.2	한국 임상 1상 시험 개시
2008.1	임상 1상 완료
2009.2	국내 임상 2상 승인
2010.12	국내 임상 2b상 승인
2012.12	임상 2b상 완료
2013.3	3상 승인, 아시아 판권 이전
2014.12	임상 3상 완료
2015.3	출시 기대

출처: 언론 보도 정리

메디톡스: 2012년 주가 상승률 299.19%(최고점 기준)

메디톡스는 국내 시장에서 보툴리눔톡신 '메디톡신'을 허가받은 이후 2012년 당시 시장점유율 20% 이상을 차지하며 고속 성장했다. 당시 보툴리눔톡신 시장은 피부미용에 대한 관심이 커지면서 2005년 200억 원대에서 2012년 800억 원 수준으로 빠르게 성장하고 있었다. 메디톡신이 허가를 받기 이전에는 미국의 엘러간이 절대적인 시장점유율을 차지하고 있었지만, 메디톡신이 좋은 품질과 상대적으로 저렴한 가격을 경쟁력으로 엘러간의 시장점유율을 빠르게 잠식했다.

이렇듯 국내 시장의 판매 증가로 실적 개선이 지속되는 가운데 차세대 메디톡신의 해외 임상 소식이 투자자들의 관심을 끌었다. 호주에서 진행 중인 차세대 메디톡신의 글로벌 임상 2상 종료가

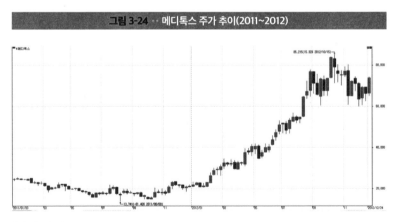

그림 3-24 ·· 메디톡스 주가 추이(2011~2012)

출처: 메리츠증권

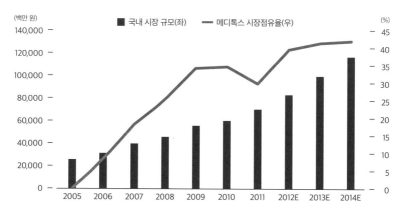

그림 3-25 ·· 메디톡스 국내 시장점유율 추이

(백만 원)

■ 국내 시장 규모(좌)　—— 메디톡스 시장점유율(우)

(%)

출처: 신한금융투자

2012년 하반기로 예상됨에 따라 2013년에 글로벌 제약사로 도약할 것이라는 기대감이 컸다. 특히 차세대 메디톡신이 글로벌 기업에 기술 수출될 가능성이 크다고 평가되면서 주식시장에서의 기대감이 점점 커졌다.

또한 메디톡신이 피부미용 목적 외에 치료용으로 적응증이 확대되면서 향후 매출도 크게 증가할 것으로 기대됐다. 당시 메디톡신은 소아뇌성마비, 안검경련 치료용의 두 가지 품목허가를 획득하고 있었다.

═ 새로운 플랫폼: 모바일게임

스마트폰의 등장과 보급 확대의 영향으로 모바일게임 시장에서는 패러다임의 변화가 나타났다. 2011년 모바일게임 시장 규모는 전년 동기 대비 33.8% 성장한 4,236억 원이었는데, 2012년에도 2011년 대비 50% 이상 성장할 것으로 전망됐다. 룰더스카이(JCE), 타이니팜(컴투스) 등의 게임이 폭발적인 인기를 끌면서 게임 산업에 대한 투자자들의 관심이 온라인게임에서 모바일게임으로 빠르게 이동했다. 카카오톡, 라인 등 메신저 플랫폼 기반의 게임들 역시 인기를 끌면서 산업의 성장을 견인했다. 특히 애니팡, 캔디팡, 아이러브커피 등이 흥행하면서 기존에 게임을 즐기지 않던 여성 및 40대 이상까지 주요 소비자로 끌어들였다.

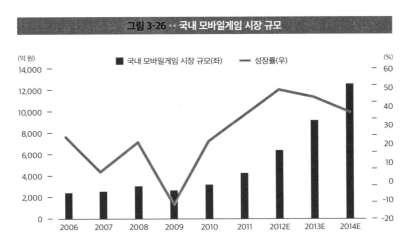

그림 3-26 ** **국내 모바일게임 시장 규모**

출처: 한국콘텐츠진흥원, 『대한민국 게임백서(2012)』

컴투스: 2012년 주가 상승률 245.46%(최고점 기준)

컴투스는 모바일게임을 전문으로 하는 게임 개발사로, 2012년 2분기에 실적 턴어라운드에 성공했다. 2012년 1분기까지는 매출액 증가가 인건비 및 수수료 상승분을 따라가지 못하면서 영업이익률이 4~10% 수준에 머물렀지만, 2분기부터 모바일게임 매출이 확대됨에 따라 실적 개선이 본격화됐기 때문이다. 당시 흥행한 게임으로는 타이니팜, 컴투스 프로야구 등이 있다. 특히 타이니팜은 당시 유행이던 SNG^Social Network Game의 대표작으로 룰더스카이와 함께 2011년 모바일게임 시장의 성장을 이끌었다.

또한 동사는 모바일게임 플랫폼으로 주목받고 있던 카카오톡과의 제휴를 통해 다수의 신작 게임 출시를 준비하면서 추가적인 외형 성장을 이룰 것으로 기대됐다. 스마트폰의 보급 확대와 메신

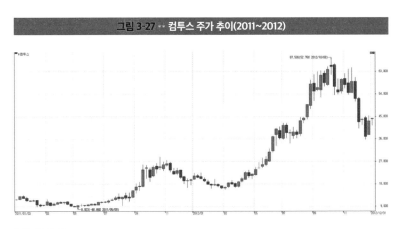

그림 3-27 ** 컴투스 주가 추이(2011~2012)

출처: 메리츠증권

저 플랫폼의 확산은 컴투스와 같은 모바일게임 업체에 최고의 성
장 환경을 제공해주었다.

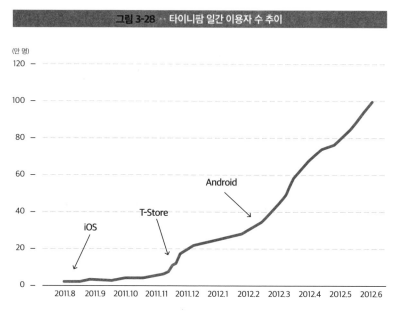

그림 3-28 ·· 타이니팜 일간 이용자 수 추이

출처: 컴투스, LIG투자증권

2022년에 주목할 만한 산업과 이슈

앞에서 코스피 지수가 박스권을 형성했던 2012년의 주도주를 살펴보면서 경기민감주보다는 소비재, 신성장 산업, 새로운 플랫폼에 해당하는 주식들이 주도주로 활약했음을 알 수 있었다.

그렇다면 2022년에 주목할 만한 산업과 이슈로는 어떤 것이 있을까? 2012년과 마찬가지로 세 가지 키워드를 가지고 살펴보고자 한다.

소비재:
그중에서도 미국에서 구매하는 소비재

주식시장의 봄이라고 불리는 금융 장세에서는 정부가 적극적으로 돈을 쓰면서 투자와 소비를 유도한다. 그러나 주식시장의 여름이라고 불리는 실적 장세에서는 투자와 소비의 주도권이 민간 영역으로 넘어오는 현상이 발생한다. 이런 현상은 경기가 정점을 향해 달려가는, 주식시장의 가을이라고 불리는 역금융 장세까지 이어진다. 따라서 CAPEX(유형자산 투자) 사이클과 관련성이 큰 경기민감주보다는 민간 소비 개선과 관련 있는 소비재 쪽에 더 많은 투자 기회가 있을 것으로 생각한다.

소비재라고 하면 유통, 패션, 화장품, 음식료, 제약 등의 업종이 먼저 떠오른다. 국내에서 소비가 개선될 때 가장 먼저 매출이 증가하는 업종이다. 그러나 2012년 주식시장을 살펴보면 국내 소비에 국한된 업종은 주도주의 역할을 하지 못했다. 당시 글로벌 소비의 중심은 중국이었다. 중국 경제가 빠른 속도로 성장하면서 중산층의 숫자가 급격하게 늘어났고, 이들의 소비 취향이 곧 글로벌 소비재 기업의 매출 증가로 이어졌다. 국내 증시에서도 화장품, 카지노 등이 국내 소비 증가는 물론 중국 소비 증가에 따른 수혜를 보면서 주도주로 자리 잡았다. 따라서 2022년에 주목해야 할 소비재는 내수 외에 수출 성장이 가능한 업종이어야 한다는 것이 내 생각이다.

그렇다면 2022년에 글로벌 소비의 중심 국가는 어디가 될까? 2022년에는 미국과 관련된 소비재 기업에 주목하는 것이 좋다고 판단한다. 미국은 현재 전 세계에서 경기 상황이 가장 좋은 국가다. 또한 대량의 백신과 치료제를 확보했고, 이를 기반으로 전 세계에서 가장 적극적인 일상생활 복귀를 추진할 것으로 예상되기 때문이다. 그러므로 2022년에 국내 소비 개선과 함께 미국 소비 개선의 수혜를 누릴 수 있는 업종이 있다면 적극적으로 공부하길 권한다.

엔터 업종: 공연의 회복, 월드투어가 가능한 기업들에 주목

엔터 업종은 2022년 민간 소비가 회복되는 과정에서 가장 우선적으로 공부해야 하는 산업 중 하나다. 엔터 업종의 주요 매출이 공연에서 발생하는데, 코로나로 사회적 격리가 지속되는 동안 공연 활동이 불가능했기 때문이다. 공연 활동이 없었음에도 아티스트를 사랑하는 팬들의 마음은 변함이 없었다. 그런 만큼 공연 티켓 구매는 일상생활로의 복귀가 이루어졌을 때 가장 먼저 민간 소비가 집중되는 분야가 될 것이다. 게다가 약 2년간 아티스트와의 소통이 제한적이었던 팬들의 입장을 생각해보면 보복소비가 나타날 가능성도 있다.

엔터 업종에 대한 공부가 필요한 또 하나의 이유는 앞에서 언급한 것처럼 미국에서 소비가 증가할 가능성이 크기 때문이다. BTS로 대표되는 K-팝K-POP 가수들에 대한 미국 시장의 관심은 과거 어느 때보다 높다고 판단된다. 과거 싸이의 '강남스타일'이 미국의 주요 음악 차트인 빌보드차트에서 2위를 기록했을 때만 해도 미국 시장의 K-팝에 대한 관심은 싸이라는 가수 개인에 대한 관심이었다. 그러나 BTS가 빌보드차트에서 1위를 차지한 이후 미국 시장의 관심은 K-팝에 속하는 전체 아티스트들에 대한 관심으로 확장되고 있다.

그 예로 BTS 이외에도 블랙핑크·트와이스·에스파 등 다수의 그룹이 빌보드차트에 진입했고, 새로운 앨범이 나올 때마다 순위를 높여가고 있다는 점을 들 수 있다. 또한 하이브의 TXT, 에스엠의 NCT와 에스파, JYP엔터테인먼트의 스트레이 키즈와 ITZY 등 주요 K-팝 회사의 차세대 아이돌 그룹들이 글로벌 콘서트투어를 할 수 있는 역량과 인지도를 갖추고 있다. 이에 따라 공연 활동이 재개될 것으로 예상되는 2022년부터 엔터회사들의 공연 매출은 과거보다 높은 강도의 회복이 나타날 것으로 예상된다.

재미있는 사실은 공연이 진행되지 못했던 2020년, 2021년에 주요 엔터회사들의 매출액과 영업이익이 시장의 우려만큼 감소하지 않았다는 사실이다. 이는 공연에서 감소한 매출액이 음반 판매 증가와 온라인 콘서트 등 온라인 콘텐츠 수요 증가로 상쇄됐기 때문이다. 특히 온라인 콘서트 등의 활동은 오프라인 공연이 재개되는

2022년 이후에도 지속될 것으로 예상되는데, 이는 시간과 공간이라는 물리적인 제약으로 공연 횟수를 늘리기 어려웠던 엔터회사들에 새로운 수익 창출의 기회를 제공할 것으로 예상된다.

마지막으로 2022년 엔터회사들은 NFT 시장에 본격적으로 참여할 것으로 예상된다. NFT란 'Non-fungible Token'의 약자로 '대체 불가능한 토큰'이라는 의미를 가지고 있다. NFT는 블록체인 기술을 활용하여 디지털 자산에 별도의 고유한 인식 값을 부여하므로 상호 교환이 불가능하다는 특징을 가지고 있다. 이런 메커니즘이기에 NFT 기반의 디지털 자산은 위·변조가 불가능하고 향후 거래 시 이전 소유자들이 누구였는지가 계속해서 기록으로 남는다. 즉, 디지털 정품 인증서와 같은 역할을 하는 것이다. 예를 들어 BTS가 음악 방송에 출연하여 공연했다고 가정해보자. 과거에는 이런 무대 영상을 TV나 유튜브 등을 통해 불특정 다수의 팬들이 동일하게 경험할 수 있었다. 그러나 그 특정한 날의 특정 무대 영상을 NFT로 제작하는 순간 해당 무대 영상은 소장 가치가 생기게 된다. 따라서 향후 BTS를 포함한 아티스트들의 사인 굿즈, 앨범, 뮤직비디오, 무대 영상 등 다양한 상품을 NFT로 만들 경우 엔터회사들의 새로운 수익원이 될 것으로 예상된다.

앞에서 2022년 민간 소비가 회복될 때 엔터 업종에 대한 공부가 필요할 것이라고 언급했는데, 그렇다면 구체적으로 어떤 포인트를 체크하면 좋을까? 글로벌 활동이 활발한 상위 4개 업체 중심으로 살펴보자. 언급하는 업체의 순서는 이 글을 작성하는 2021년 10월 현재 기준 시기총액 순서임을 미리 밝힌다.

· 하이브

하이브를 공부할 때 가장 중요한 것은 두말할 것도 없이 BTS다. 코로나 기간에 오프라인 활동에 제약이 있었음에도 BTS가 세계 시장에서 차지하는 영향력은 한층 강화됐다. 2021년 11월, 미국 LA 공연을 시작으로 오프라인 공연이 재개됨에 따라 BTS의 공연 매출과 이에 따른 굿즈 매출 등이 개선될 것으로 예상된다. 또한 TXT, 엔하이픈 등 하이브 레이블 산하 아티스트들의 역량 또한 개선되고 있으니 주목할 필요가 있다.

표 3-3 ·· 주요 엔터회사들의 오프라인 공연 일정

아티스트	소속사	날짜	국가	도시	비고
BTS	하이브	2021년 10월 24일	온라인		
		2021년 11월 27~28일	미국	LA	회당 7만 명 규모
		2021년 12월 1~2일	미국	LA	회당 7만 명 규모
악동뮤지션	YG	2021년 10월 24일	한국	부산	벡스코
		2021년 10월 31일	한국	서울	세종문화회관
세븐틴	플레디스(하이브)	2021년 11월 예정	한국	서울	올림픽 체조경기장
송민호	YG	2021년 11월 19일	한국	서울	올림픽홀
강승윤	YG	2021년 11월 21일	한국	서울	올림픽홀
에픽하이	YG	2021년 12월 17~19일	한국	서울	올림픽홀
트와이스	JYP	2021년 12월 24~26일	한국	서울	올림픽 체조경기장

출처: 언론 보도 정리

그다음으로 주목할 부분은 하이브가 인수한 이타카홀딩스다. 이타카홀딩스는 미국의 유명 가수인 아리아나 그란데, 저스틴 비버 등이 소속된 레이블을 보유한 회사다. 하이브에 투자할 때 가장 큰 리스크는 BTS의 영향력이 절대적이라는 점인데, 이타카홀딩스 인수를 통해 향후 회사 내에서 차지하는 BTS의 영향력을 낮출 수 있다면 기업가치에 긍정적일 것으로 판단된다.

마지막으로 주목할 부분은 위버스다. 위버스는 하이브의 자회사인 위버스컴퍼니에서 개발 및 운영하는 팬 커뮤니티 역할의 SNS다. 현재 위버스는 단순한 팬클럽 커뮤니티가 아닌 팬클럽 관리, 온·오프라인 행사 예매 및 굿즈 판매 등을 할 수 있는 종합 플랫폼으로 확장 중이다. 특히 네이버 V라이브와 통합을 추진하고 있어서 앞으로 영역이 더욱 확장될 전망이다. 위버스에는 하이브 소속 아티스트 외에도 하이브가 인수한 이타카홀딩스 소속의 해외 가수들과 YG엔터테인먼트 소속 아티스트들(블랙핑크, 트레저, 위너 등)이 참여하고 있다.

· 에스엠(SM)

에스엠을 공부할 때 가장 중요한 것은 NCT와 에스파의 성장이다. 에스엠은 대형 엔터회사 중에 차세대 아이돌로의 세대교체를 가장 성공적으로 이뤄낸 곳이다. NCT는 에스엠의 차세대 대표 보이그룹으로 23명의 멤버가 NCT U, NCT 127, NCT DREAM,

WayV 등의 유닛으로 구성돼 활동하고 있다.

이들 중에서 NCT 127이 2021년에 발매한 정규 3집 'Sticker'는 초동 판매 215만 장을 기록했고, 미국 빌보드 메인 앨범 차트인 빌보드200에서 3위를 차지했다. 에스파는 2020년에 데뷔한 4인조 걸그룹으로, 자신의 또 다른 자아인 아바타를 만나 새로운 세계를 경험한다는 세계관을 바탕으로 활동하고 있다. 에스파의 첫 미니앨범인 'Savage'는 발매 15일 만에 판매량 50만 장을 넘어섰고, 미국 빌보드200에서 20위를 차지했다.

그다음으로 주목할 부분은 자회사 디어유다. 디어유는 하이브의 위버스와 비교될 수 있는 아티스트 플랫폼 기업이다. 대표적인 서비스는 '버블bubble'로, 본인이 좋아하는 연예인을 구독하면 해당 연예인과 메시지를 주고받으며 소통할 수 있는 앱이다. 버블은 구독경제 기반의 서비스인데, 이용자 중 글로벌 비중이 70%를 차지하며 구독 유지율은 90% 수준이다. 2021년 11월 코스닥에 상장했으며, 시가총액은 1조 2,937억 원(11월 12일 기준)이다. 디어유에는 JYP엔터가 2대 주주로 참여하고 있는데, 이후 디어유의 기업가치 변화에 따라 에스엠과 JYP엔터의 보유지분 가치도 재평가될 가능성이 있다.

· JYP엔터테인먼트

JYP엔터테인먼트를 공부할 때 가장 중요한 것은 트와이스 이외의 그룹들이 얼마나 빨리 성장할 수 있느냐 하는 것이다. 트와이스는 2015년에 데뷔한 9인조 걸그룹으로, K-팝을 대표한다. 데뷔 이후 꾸준히 팬들의 사랑을 받았고, 지금도 정상의 자리를 지키고 있다. 하지만 트와이스가 매출에서 차지하는 비중이 커지면서 JYP엔터 전체 매출액의 성장 속도가 둔화되고 있다.

투자자 관점에서 JYP엔터의 차세대 그룹 중 가장 눈에 띄는 그룹은 스트레이 키즈다. 2018년에 데뷔한 8인조 보이그룹으로, 2021년에 발매한 이들의 정규 2집 'NOEASY'가 100만 장이 넘게 팔리면서 밀리언셀러에 등극했다. JYP엔터는 보이그룹 라인업이 취약하다는 평가를 받아왔는데, 스트레이 키즈의 성장으로 이런 약점이 보완됐다.

스트레이 키즈 이외에 주목할 그룹으로 ITZY, 니쥬^{NiziU} 등이 있다. 두 그룹 모두 트와이스의 명성을 이어갈 JYP엔터의 대표 걸그룹이다. ITZY는 현재 국내외에 걸쳐 영향력이 커지고 있다. 2021년 9월에 발매한 첫 정규앨범 'Crazy in love'의 초동 판매량은 25만 9,705장으로 자체 기록을 경신했으며 미국 빌보드200 11위에 올랐다. 니쥬는 멤버 전원이 일본인으로 구성된 걸그룹으로 JYP엔터가 참여한 일본 오디션 방송을 통해 데뷔했다. 일본 내에서는 이미 폭발적인 인기를 얻고 있으므로, 코로나가 완화된다면 2022년 일본에서 돔투어 일정이 진행될 것으로 예상된다. 니쥬의 흥행에 힘입어 JYP엔터는 일본에서 보이그룹 데뷔를 위한 오디션 방송 역시 진행할 계획이다.

앞에서 2022년 엔터회사들의 투자 포인트로 NFT 시장 참여를 언급했는데, JYP엔터는 주요 엔터회사 중에서 해당 분야 진출에 가장 적극적인 편이다. JYP엔터는 블록체인 대표 기업인 두나무와 업무협약을 통해 JYP엔터 소속 아티스트들의 IP(지식재산권)를 활용한 NFT 사업을 구상 중이다. 이를 위해 두나무는 JYP엔터의 지분 2.5%를 확보하면서 주주로 참여하고 있다.

· YG엔터테인먼트

YG엔터테인먼트를 공부할 때 가장 중요한 것은 블랙핑크다. 블랙핑크는 이미 글로벌 음악시장에서 굳건한 위치를 차지하고 있다. 최근 들어서는 그룹 활동을 넘어 소속 멤버들의 개인 활동도 활발하다. 2021년 9월에 출시된 블랙핑크 멤버 리사의 솔로 앨범 'LALISA'는 초동 판매량이 70만 장에 달했다. 리사 이외에 다른 멤버들의 개인 활동 역시 활발해질 것을 고려하면, 블랙핑크가 창출할 수 있는 기업가치는 여전히 성장 가능성이 크다고 하겠다. 블랙핑크는 2021년 8월에 위버스 플랫폼에 입점했는데 210만 명 이상의 구독자를 확보했다. 향후 위버스를 통한 굿즈 판매 등 다양한 활동이 기대된다.

블랙핑크 이외에 공부해야 할 포인트는 빅뱅의 멤버인 지드래곤GD의 활동 재개 시기다. 지드래곤은 2018년 2월에 군에 입대하여 2019년 10월에 제대했다. 이후 컴백 시기에 대한 관심이 많은데 최근 인터뷰에 따르면 음악 작업을 활발하게 진행 중인 것으로 전해진다. 빅뱅, 그중에서도 지드래곤의 흥행력은 세계적으로 이미 검증되어 있기 때문에 2022년 중에 컴백이 이루어진다면 보이그룹의 활동이 상대적으로 부진한 YG엔터의 좋은 투자 포인트가 될 수 있다.

콘텐츠: 글로벌 OTT에 납품할 역량이 있는 업체들

콘텐츠 업종은 2002년 방영된 〈겨울연가〉가 주연배우 배용준의 '욘사마' 열풍으로 아시아에서 대흥행을 한 이후 한국을 대표하는 산업 중 하나로 자리 잡았다. 한국 콘텐츠, 그중에서도 드라마 콘텐츠는 주로 아시아를 중심으로 인기를 얻었다. 1990년대 말부터 아시아에서 발생하기 시작한 한국 대중문화에 대한 관심을 '한류'라고 표현하는데, 드라마에서부터 가요·영화·음식 등 전방위적으로 확산됐다. 특히 중국 중산층의 소비가 본격화되던 2012년을 전후로 중국 자본이 한국 콘텐츠를 대상으로 대규모의 자본 공세를 펼쳤다. 대표적인 예로 2014년 콘텐츠 제작사 NEW는 〈태양의 후예〉를 중국 온라인 동영상 플랫폼인 '아이치이^{iQIYI}' 에 판매했는데, 당시 계약 금액이 회당 3억 원으로 총 48억 원에 달했다. 그러나 한국 콘텐츠 업계의 큰손이었던 중국계 자본의 활동은 '한한령'이라고 불리는 한류 콘텐츠 방영 제한 조치 이후에

뜸해졌다.

2021년에 한국 콘텐츠 업체들은 넷플릭스로 대표되는 글로벌 OTT와의 협업으로 새로운 도약의 기회를 얻었다. 넷플릭스는 미국과 유럽의 가입자 수 증가 속도가 둔화되자 새로운 성장 동력으로 아시아 시장에 주목했다. 그리고 아시아 지역의 소비자 유입을 위해 아시아 시장에서 영향력이 높은 한국 콘텐츠에 관심을 가졌다. 봉준호 감독의 영화 〈옥자〉를 시작으로 〈킹덤〉, 〈좋아하면 울리는〉, 〈인간수업〉, 〈보건교사 안은영〉, 〈스위트홈〉 등이 넷플릭스 오리지널로 공개돼 꾸준한 인기를 얻었다.

2021년 9월에 넷플릭스 오리지널로 공개된 〈오징어 게임〉은 그야말로 폭발적인 인기를 얻었다. 이정재 주연의 이 드라마는 넷플릭스가 서비스되는 83개국에서 모두 1위를 차지했고, 전체 순위에서도 1위를 차지했다. 특히 그동안 한국 콘텐츠가 큰 영향력을 발휘했던 아시아 시장 이외에 미국을 비롯한 서양 국가에서도 1위를 차지했다는 사실은 상징하는 바가 크다. 한국 콘텐츠가 아시아 시장을 넘어 미국·유럽의 시청자들도 공략할 수 있다는 사실을 입증했기 때문이다.

실제로 〈오징어 게임〉에 이어 넷플릭스 오리지널로 공개된 〈마이네임〉 역시 글로벌 순위 4위를 차지했다. 〈마이네임〉은 주연 한소희가 한류스타급 배우가 아님에도 흥행력을 발휘하여 좋은 시나리오, 좋은 연기가 뒷받침된다면 세계 시장에서 충분히 성공할 수 있다는 가능성을 보여줬다.

〈오징어 게임〉의 제작비는 253억 원 수준으로 알려졌다. 과거 드라마 제작사들이 지상파 편성에 의존하던 시기에는 100억 원만 되어도 초대형 드라마라고 불렸는데, 그에 비하면 규모가 큰 편이다. 향후 콘텐츠 업체들이 글로벌 OTT와의 협력을 통해 큰 폭의 외형 성장을 기대할 수 있는 부분이다. 재미있는 사실은 253억 원이라는 제작비는 한국 업체 입장에서는 상당히 큰 규모이지만, 미국 현지에서는 미국 제작사 대비 저렴하다는 평가를 받았다는 점이다.

넷플릭스는 콘텐츠 제작비로 1년에 21조 원을 지출하고 있으며, 한국에는 2021년 기준 5,500억 원의 제작비를 지출하겠다고 밝힌 바 있다. 지난 5년간 넷플릭스가 한국에 지출한 제작비가 7,700억 원이었다는 사실을 고려하면 놀라운 규모다. 그럼에도 5,500억 원이라는 금액은 넷플릭스 전체 제작비에서 차지하는 비중이 크지 않다. 〈오징어 게임〉, 〈마이네임〉의 흥행력을 고려할 때 향후 넷플릭스의 한국 제작비 지출 규모는 확대될 가능성이 커 보인다.

표 3-4 •• 넷플릭스 오리지널 한국 드라마 라인업

작품명	공개 예정	제작사	감독	극본	주연배우
지옥	2021년 11월	클라이맥스스튜디오 (제이콘텐트리)	연상호	연상호	유아인, 박정민 등
고요의 바다	2021년 12월	아티스트컴퍼니	최항용	박은교	배두나, 공유, 이준 등
지금 우리 학교는	2022년 1월	필름몬스터 (제이콘텐트리)	이재규	웹툰	윤찬영, 박지후 등
소년심판	2022년 1월	스튜디오드래곤	홍종찬	김민석	김혜수, 김무열 등
썸바디	2022년 1월	비욘드제이	정지우	한지완	김영광, 강해림 등
수리남	2022년 1월	스튜디오드래곤	윤종빈	권성휘	하정우, 황정민 등
종이의 집	2022년	콘텐츠지음 (제이콘텐트리)	김홍선	류용재	유지태, 김윤진 등
안나라 수마나라	2022년	콘텐츠지음 (제이콘텐트리)	김성윤	김민정	지창욱, 최성은 등
위기의 여자	2022년	바른손이앤에이	김성윤	김민정	공효진, 박하선 등
글리치	2022년	스튜디오329 (신세계)	노덕	진한새	전여빈, 나나 등
모범가족	2022년	프로덕션H (제이콘텐트리)	김진		정우, 박희순 등
블랙의 신부	2022년	이미지나인컴즈 (위지윅스튜디오)	김정민	이근영	김희선, 이현욱 등
사냥개	2022년	스튜디오N (네이버 웹툰)	김주환	웹툰	이도현, 곽동연 등
택배기사	2022년		조의석	웹툰	김우빈, 이솜 등
셀러브리티	2022년				이청아, 박규영 등
당신이 소원을 말하면	2022년	클라이맥스스튜디오 (제이콘텐트리)	김용완	조령수	지창욱, 수영 등
퀸 메이커	2022년	에이스토리	오진석	문지영	김희애, 문소리 등

출처: 넷플릭스, 언론 보도 정리

디즈니플러스가 등장하면서 넷플릭스와 경쟁 구도를 형성할 것으로 예상된다는 점도 한국 콘텐츠 업체들에는 긍정적이다. 디즈니플러스는 2021년 11월에 한국 서비스를 시작하는데, 월트디즈니가 자체 보유한 애니메이션, 마블 시리즈 등의 강력한 IP가 최고의 경쟁력이다. 자체 보유 콘텐츠 외에도 디즈니플러스는 20여 개의 아시아·태평양 오리지널 작품을 공개했는데 이 중에서 7개가 한국 작품이다.

디즈니는 2023년까지 아시아·태평양 지역에서 50개 이상의 오리지널 라인업을 확보하겠다고 밝혔으며, 한국을 포함한 아시아·태평양 시장에 대대적인 투자를 할 예정이다. 이는 한국 콘텐츠 업체들에 새로운 기회가 될 것이다.

표 3-5 •• **디즈니플러스 오리지널 한국 콘텐츠 라인업**

작품명	제작사	감독	극본	주연배우
그리드	아크미디어	리건	이수연	서강준, 이시영 등
너와 나의 경찰수업	스튜디오앤뉴(NEW)	김병수	이하나	강다니엘
런닝맨: 뛰는 놈 위에 나는 놈	월트디즈니컴퍼니	임형택		
설강화	드라마하우스(제이콘텐트리)	조현택	유현미	정해인, 지수
무빙	스튜디오앤뉴(NEW)	박인제	강풀 (웹툰)	류승룡, 한효주, 조인성 등
키스식스센스			웹툰	윤계상, 서지혜
블랙핑크 더무비				블랙핑크

출처: 디즈니, 언론 보도 정리

☰ 신성장 산업: 우주산업

우주산업은 선진국을 중심으로 빠른 속도로 성장하고 있다. 과거 우주산업에 대한 투자는 정부 중심이었다. 그러나 최근 들어 민간 기업 중심으로 투자가 활발해지고 있다. 일론 머스크가 창업한 스페이스X와 스타링크, 제프 베조스가 창업한 블루오리진, 영국 버진그룹의 버진갤럭틱, 손정의의 소프트뱅크가 투자한 원웹 등이 대표적인 민간 우주 기업이다. 이들은 우주관광과 저궤도 위성통신 사업을 중심으로 민간 우주산업 시대를 개척하고 있다.

한국에서는 정부 중심으로 한국형 저궤도 실용위성 발사체 사업 '누리호 프로젝트'가 진행 중이다. 한국은 1992년 8월에 최초의 과학위성인 '우리별 1호'를 성공적으로 발사하면서 인공위성 보유국이 됐다. 그러나 한국의 위성은 자체 개발한 발사체가 아니라 외국의 발사체를 통해 발사됐다. 누리호 프로젝트가 성공적으로 마무리된다면 한국은 세계에서 일곱 번째로 실용위성을 직접 발사할 수 있는 국가가 된다. 누리호의 1차 발사는 2021년 10월 21일에 이뤄졌는데 3단 로켓의 완전연소 실패로 위성궤도 진입에 실패했다. 누리호의 2차 발사는 2022년 5월 19일로 예정되어 있다.

물론 아직까지 우주산업은 위성과 발사체를 제작하는 데 많은 시간이 필요하고, 발사 비용이 너무 비싸다는 단점이 있다. 그러나 우리가 과거 경험했던 성장 산업의 발전 단계를 살펴보면 모두 기술의 발전으로 극복됐던 부분이다. 과거 인터넷의 보급, 무선전화기의 보급, 신재생에너지의 확산, 전기차 판매량의 증가 등 대부분의 성장 산업은 '기술의 발전 → 이로 인한 제조단가의 하락 → 수요의 증가 → 대량생산 → 더 큰 제조단가의 하락'이라는 동일한 사이클을 거치면서 주요 산업으로 자리매김했다. 우주산업 역시 아

표 3-6 ·· 누리호 개발에 참여하는 주요 업체 현황

부품명	업체명	부품명	업체명
페어링	한국화이바, 한화	고압탱크	이노컴
위성항법	덕산넵코어스	파이로락	한화
전자탑재	단암시스템즈, 기가알에프	체계총조립	한국항공우주산업
임무제어	한화	1단 추진체탱크	한국항공우주산업
추력기시스템	스페이스솔루션, 한화에어로스페이스	엔진총조립	한화에어로스페이스
2, 3단 추진체탱크	두원중공업	연소기/가스발생기	비츠로넥스텍
배관조합체	한화에어로스페이스	연료펌프	한화에어로스페이스, 에스엔에이치
제어계측계	이앤이	터빈	한화에어로스페이스
기체공급계	한화에어로스페이스, 하이록코리아, 네오스펙, 스페이스솔루션	터빈배기부	비츠로넥스텍
열제어화재안전계	한양이엔지, 지브이엔지니어링, 에너베스트	파이로시동기	한화
하니스	카프마이크로	TVC구동장치 시스템	한화에어로스페이스, 스페이스솔루션
동체	한국화이바, 테크항공, 에스엔케이항공	엔진공급계	한화에어로스페이스, 한화, 비츠로넥스텍, 하이록코리아, 스페이스솔루션, 네오스펙, 삼양화학
탱크연결부	두원중공업, 에스엔케이항공		

출처: 항공우주연구원, 언론 보도 정리

직은 성장 초기 국면이지만 성장 가능성이라는 측면에서 살펴보면 지속적이고 깊이 있는 공부가 필요하다고 생각된다.

새로운 플랫폼: 메타버스와 NFT

메타버스

메타버스는 '가상, 초월'을 의미하는 메타[Meta]와 '우주'를 의미하는 유니버스[Universe]의 합성어로, 현실세계와 같은 활동이 이뤄지는 3차원 세계를 가리킨다. 대표적인 서비스로는 미국의 로블록스, 한국의 제페토 등이 꼽힌다.

로블록스는 레고 외형을 한 캐릭터를 가지고 가상의 세계에서 다양한 플레이를 할 수 있는 게임이다. 로블록스의 세계에서는 유명 가수의 콘서트도 개최되고, 드라마 〈오징어 게임〉이 흥행할 때는 가상의 오징어 게임도 개최된다. 로블록스 사용자의 대부분은 10대이며, 미국 초등학생들의 대표 플랫폼으로 꼽힌다. 어린 세대들이 주축으로 경험하고 있는 만큼 차세대 플랫폼으로 가장 주목할 만하다.

네이버의 자회사가 서비스하는 제페토는 2020년 말 기준 전 세계 2억 명의 사용자를 확보하고 있다. 국내 업체가 개발했지만 사

그림 3-29 ✽✽ 로블록스 내에서 오징어 게임을 하는 장면

출처: SuteepatCH

그림 3-30 ✽✽ 제페토 내의 블랙핑크 아바타

출처: ZEPETO

용자의 90%가 해외에 있고, 사용자의 80%는 10대다. 제페토에서는 사용자가 가상의 아바타를 만들어서 다양한 가상세계 활동을 할 수 있다. 사용자는 아바타의 의상과 액세서리를 제작 및 판매도 할 수 있고, 아이템을 구매하여 자신의 아바타를 꾸밀 수도 있다. YG엔터 소속의 블랙핑크는 제페토 내에서 멤버들의 아바타를 통해 팬사인회를 개최하기도 했다.

사용자가 보다 실감 나는 메타버스를 체험하기 위해서는 관련 기기의 발전이 동반되어야 한다. 현재는 PC와 모바일 기반에서 주로 서비스되지만, 향후 VR·AR기기 등 가상세계를 보다 실감 나게 구현할 수 있는 기기가 발전한다면 메타버스의 발전 속도가 한층 더 빨라질 것이다. 이런 측면에서 주요 VR·AR기기들의 신작이 발표되는 2022년은 메타버스 산업이 한 번 더 도약하는 해가 될 것이다.

VR기기의 대표 기업은 페이스북이다. 페이스북은 VR기기 전문 기업인 오큘러스를 2014년에 인수했다. 이후 2020년에 공개한 VR기기 오큘러스 퀘스트2는 VR의 대중화 시대를 열었다는 평가를 받는다. 오큘러스 퀘스트2는 전작 대비 전반적인 스펙이 상향됐음은 물론 사용 편의성이 개선됐고, 무엇보다 상대적으로 저렴한 가격에 출시됐다. 페이스북은 2022년에 오큘러스 퀘스트3 출시를 통해 VR기기 시장에서 독보적인 사업자가 되고자 한다고 밝혔다.

블룸버그 등 해외 언론의 소식에 따르면 소니의 PSVR2, 애플

그림 3-31 ·· 페이스북의 오큘러스 퀘스트2

출처: VRfocus

그림 3-32 ·· 애플의 VR 헤드셋 예상도

출처: Apple

의 VR기기 등이 빠르면 2022년 출시를 목표로 개발 중이다. 과거 스마트폰 시장의 역사를 살펴보면 스마트폰의 보급이 확산되면서 모바일게임, 스트리밍 음악 등 새로운 서비스들이 폭발적으로 성장했다. VR기기의 보급이 확산될수록 메타버스 기반의 새로운 서비스들 역시 폭발적으로 성장할 가능성이 크다.

NFT

메타버스와 함께 공부해야 할 분야로 NFT가 있다. 앞에서 엔터산업의 투자 포인트를 설명하면서 NFT에 대해 간략하게 소개했다. 한마디로 디지털 정품 인증서와 같은 역할을 하며, 활용 범위가 무궁무진하다. 몇 가지 예를 보자.

· NBA 톱샷

NBA 톱샷은 오래전부터 인기 있는 수집품이었던 NBA 종이카드와 유사한 제품이다. NBA 선수들의 주요 장면에 NFT 기술을 적용하여 디지털 영상으로 제작한 후 판매한다. 2020년 NBA와 정식 라이선스를 체결했으며 향후 NFT 기반의 NBA 카드를 활용하여 농구 매니지먼트 게임에 적용할 계획을 가지고 있다. NFT 기술이 적용된 NBA 카드는 카드팩 구매나 뽑기를 통해 랜덤의 카드를 획득할 수 있는데, 그 카드를 마켓에 내놓아 실제로 판매할 수도 있다. 스테판 커리 같은 인기 스타의 카드를 수집하는 건 취미생활은 물론 훌륭한 재테크 수단이 될 수 있다.

• 엑시인피니티

엑시인피니티는 베트남의 게임회사 '스카이 마비스'가 출시한 가상화폐 이더리움 기반의 블록체인 게임이다. 포켓몬 게임에서 영감을 받아 개발된 게임으로 포켓몬에 해당하는 '엑시'라는 캐릭터를 키우는데, 이 캐릭터에 NFT 기술이 적용된다. 엑시인피니티가 게임 업계에서 큰 관심을 불러일으킨 이유는 게임 플레이를 통해 토큰(AXS, SLP)을 보상으로 획득할 수 있기 때문이다. 게임을 통해 획득한 토큰은 가상화폐 시장에서 매도하여 현금화할 수 있다.

실제 필리핀 등 동남아에서는 엑시인피니티 게임을 통해 경제 활동을 이어가는 사람들이 많다고 알려졌다. 필리핀에서는 게임을 통해 획득한 토큰으로 근로자 평균임금 수준의 수익을 올릴 수 있다고 한다. 엑시인피니티 출시 이후 NFT 기반의 '플레이 투 언Play to earn(돈을 벌기 위해 게임한다)' 장르 게임들이 주목받고 있다. 향후 이 업계의 게임 체인저가 될 수 있을지 지속적인 관심이 필요하다.

• 미술

2021년 3월 디지털 아티스트 비플(본명 마이크 윈켈만)이 NFT로 만든 '매일: 첫 5,000일'이라는 작품이 세계적인 경매회사 크리스티에서 6,930만 달러(약 785억 원)에 낙찰됐다. 이는 현재 전 세계 생존 작가들의 작품 중 세 번째로 비싼 가격이다. 주목할 점은 이 작품이 기존의 회화와는 다르게 300Mb 사이즈의 이미지 파일이라는 사실이다. 과거라면 데이터 복사를 통해 얼마든지 공유될 수 있었을 이미지 파일이 이제는 NFT 기술을 통해 아무리 복사가 되어도 원본 파일이 내 것이라는 소유권을 증명할 수 있게 된 것이다.

비플의 작품 외에도 트위터 창업자 잭 도시의 첫 트윗 NFT가 약 33억 원에 팔리고, 테슬라 창업자 일론 머스크의 연인으로 알려진 가수 그라임스의 NFT 미술 '워 님프'도 약 65억 원에 낙찰되는 등 NFT는 미술 업계에서 이슈의 중심이 되어가고 있다.

메타버스, 가상화폐, NFT 등으로 대표되는 새로운 시장이 어디까지 발전할지 현재로선 예측하기 어렵다. 그러나 NFT 시장이 발전하면 발전할수록 향후 가상세계에서의 경제활동은 다음의 한 문장으로 요약할 수 있을 것이다.

'메타버스라는 가상세계에서 코인이라는 암호화폐를 가지고 NFT라는 대체 불가능한 토큰을 구매한다.'

소비가 급격히
회복될 분야에 주목하자

:
:
:

전 세계 모든 국가는 2022년에 코로나를 극복하고 일상으로 복귀하는 것을 목표로 하고 있다. 이를 위해 백신 접종률을 높이고, 치료제를 개발 및 구매하기 위한 노력이 적극적으로 이뤄지고 있다. '리오프닝'은 코로나로 인해 영업이 원활하지 않았거나 실적이 부진했던 산업들이 영업을 재개한다는 의미이며, 이를 통해 경기가 회복될 것이라는 기대감이 반영되어 있다. 리오프닝 관련주를 공부할 때는 단순히 영업 상황이 회복되는 수준의 업종이 아니라 코로나로 미뤄졌던 소비가 한꺼번에 발생하는, 즉 보복소비가 예상되는 업종에 집중하는 것이 좋다.

항공과 여행은 보복소비가 예상되는 대표적인 업종이다. 통계청에서 발표하는 여행비 지출 소비자기대지수를 살펴보면 국내

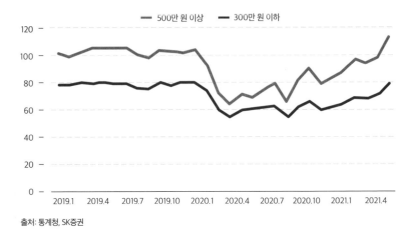

그림 3-33 ·· 소득수준별 여행비 지출 소비자기대지수

━ 500만 원 이상   ━ 300만 원 이하

출처: 통계청, SK증권

소비자의 여행에 대한 기대심리는 2020년 4월 이후 지속적으로 증
가했다. 특히 소득수준 500만 원 이상의 그룹에서는 사상 최대 수
준을 기록하고 있다. 굳이 통계청의 데이터를 언급하지 않더라도,
나를 포함하여 주변 지인들의 여행에 대한 욕구가 어느 때보다 강
하다는 사실만 봐도 알 수 있다. 지난 2년간 소비자들의 여행에 대
한 수요는 명품 소비나 자동차 구매 등으로 대체됐는데, 일상을 어
느 정도 되찾으면 여행 수요 역시 강하게 회복될 것으로 예상된다.

　영화, 공연 관람 등 문화 소비 역시 강한 수요 회복이 예상되는
분야다. 앞에서 엔터 업종을 분석하면서 살펴봤듯이 공연 업계는
2021년 11월부터 예상되는 위드코로나 시기를 맞이하여 발 빠르
게 공연 계획을 확정하고 있다. 이는 비단 국내에서만 볼 수 있는

현상이 아니다. K-팝을 대표하는 BTS의 미국 LA 공연은 4회 공연 예매가 단기간에 완료됐고, 암표시장에서는 프리미엄까지 붙어 거래되고 있다. 영화 관람객 숫자도 회복돼 지난 2년간 찾아볼 수 없었던 1,000만 관객을 동원하는 영화도 등장할 것으로 기대된다.

:

4장

앞으로 가장 중요한 모멘텀은 '기후위기'에 있다

이효석 _ 업라이즈(Uprise) 애널리스트
유튜브 <이효석아카데미> 운영자

:

기후위기란
정확히 무얼 말하는가

•
•
•

기후에 대한 이야기를 시작하기에 앞서 가장 중요한 것은 '과학적인 사실'에 대한 이해라고 생각한다. 이 부분이 흔들린다면 '그거다 거짓이라는 말도 있던데?'라는 말 한마디에 본질이 흐려질 수가 있기 때문이다. 나 역시 '트럼프가 대통령일 때는 가만히 있다가 바이든이 대통령이 됐다고 해서 기후 문제로 너무 호들갑을 떠는 것은 아닐까?' 하는 생각도 했었으니 말이다. 그래서 더더욱 기후위기와 관련된 과학적 진실을 파고드는 것이 중요하다고 생각한다.

기후위기의 심각성을 이해하는 사람들조차 몇 가지 오류를 범하는 경우를 보곤 하는데, 크게 두 가지를 이야기하고 싶다. 우선 기후위기를 극복하기 위한 노력이 '중국을 압박하기 위한 서방 국가들의 논리일 뿐'이라는 의견이다. 결과론적으로 중국을 압박하는 수단이 될 수 있다는 것은 사실이지만, 투자 관점에서 봐야 할 것은 그런 압박이 지속적으로 진행될 수 있느냐 하는 것이다. 또 한 가지는 '기후위기의 심각성은 이미 모두 알고 있다'는 착각이다. 안타깝지만, 이렇게 이야기하는 사람일수록 현재 기후위기 상황을 제대로 알지 못한다. 왜냐하면 지금 이 순간에도 기후위기의 심각성은 더욱 가속화되고 있으니 말이다.

＝ UN이 강조한 네 가지 숫자

UN은 지난 2019년 기후위기의 심각성을 강조하기 위해서 네 가지 숫자를 강조했다. 현재 상황을 직관적으로 이해하는 데 이만큼 좋은 방법도 없다는 생각이 들어서 이 네 가지 숫자를 먼저 설명하고자 한다.

우선 지구 온도는 산업혁명 이후 약 1℃ 상승했다. 그런데 만약 1.5℃ 이상 상승한다면 회복하는 데 훨씬 더 큰 비용이 수반될 수 있으니 그 이전에 꼭 막아야 한다. 여기서 1.5℃가 첫 번째 숫자다.

지구 평균 기온이 1.5℃ 오르기 전에 막기 위해서는 2030년까지 이산화탄소 배출량을 약 25기가톤 줄여야 한다. 현재 상황에서 이산화탄소를 줄이기 위한 노력을 전혀 하지 않았을 때 배출되는 이산화탄소의 규모는 56기가톤이다. 즉, 2030년까지 줄여야 하는 이산화탄소 규모(25기가톤)가 두 번째 숫자이고, 가만히 있으면 배출되는 이산화탄소 규모(56기가톤)가 세 번째 숫자다.

단순 계산을 해보면, 2030년까지 거의 절반(44.6%) 수준의 이산화탄소를 줄여야 한다는 얘기다. 이를 위해서는 매년 7.6%씩 줄여야 한다. 여기서 7.6%가 네 번째 숫자다.

정리하면 다음과 같다.

- 지구의 온도가 산업혁명 당시보다 1.5°C 이상 높아질 경우, 회복하는 데 훨씬 큰 비용이 수반될 수 있으니 그 이전에 막아야 한다.
- 기온 상승을 1.5°C 이내로 제한하기 위해서는 2030년까지 25기가톤의 이산화탄소 배출량을 줄여야 한다.
- 현재 상황에서 이산화탄소를 줄이기 위한 노력을 전혀 하지 않았을 때 배출되는 이산화탄소의 규모는 56기가톤이다.
- 결론: 매년 7.6%씩의 이산화탄소 배출을 줄여야 한다(2019년 기준).

≡ 네 가지 숫자는 지금 어디까지 와 있나?

앞서 언급한 네 가지 숫자는 2019년 UN에서 발표한 것이다. 그렇다면, 현재 어디까지 왔는지를 점검해볼 필요가 있다. 우선 7.6%에 대해 알아보자. 이 숫자는 2019년부터 열심히 줄였을 때 매년 줄여야 하는 이산화탄소 감축 속도를 의미한다. 그런데 안타깝게도, 그 이후 우리는 이산화탄소 배출량을 거의 줄이지 못했다.

만약 이렇게 아무것도 안 하는 상황이 2025년까지 지속된다면, 그때는 해마다 15.4%를 줄여야 한다. 7.6%? 15.4%? 사실 이 숫자들은 정확하게 감이 오질 않는데, 의외로 코로나19가 우리에게 이 숫자가 어떤 의미를 갖고 있는지를 알게 해주는 실험이 됐다. 즉 코로나19 사태가 '탄소 배출량을 얼마나 줄일 수 있는지를 체크하는 거대한 실험'이었던 셈이다.

2020년에는 코로나19 때문에 많은 사람이 재택근무를 했다. 사람들의 이동이 줄면서 이산화탄소 배출량이 크게 줄었다. 그리고 전 세계 공장 가동률도 크게 줄었을 뿐만 아니라, 아무도 해외여행을 가지 못했다. IMF에 따르면, 2020년 세계 경제 성장률은 -3.3%를 기록했다.

유례가 없을 정도로 갑작스럽게 경제 성장률 둔화가 진행됐지만, EIA(미국 에너지정보청)에 따르면 감축된 이산화탄소는 겨우 11%에 불과하다. 이는 7.6%를 줄이는 것이 만만치 않다는 것을 시사

한다. 2025년부터 시작해 15%를 줄여야 한다면, 코로나19 상황에서보다 더 애를 써야 한다는 것을 의미한다.

줄이기 힘들다는 것은 알았으니, 이제 7.6%씩 매년 줄인다고 했을 때 줄일 수 있는 이산화탄소의 총량(약 25기가톤)에 대해 고민해보자. 이를 위해서는 영구동토층이 무엇인지를 먼저 이해해야 한다. 영구동토층은 길게는 80만 년 전부터 녹지 않고 보존되어온, 1년 내내 언 상태인 지대를 말한다. 이곳에는 시조새를 포함한 정말 많은 것이 함께 얼어 있다. 그런데 안타까운 사실은 여기에 이산화탄소와 메탄가스도 함께 얼어 있다는 사실이다. 영구동토층에 함께 얼어 있는 이산화탄소의 규모는 약 1,672기가톤 수준으로 추정된다고 한다. 잠깐, 7.6%씩 열심히 줄인다고 했을 때가 25기가톤 아니었던가? 그런데 1,672기가톤이라니! 게다가 온난화에 미치는 영향은 이산화탄소보다 약 21배● 더 큰 것으로 알려져 있는 메탄가스의 영향도 심각한 수준이다.

2021년 9월에 방영된 KBS1의 다큐멘터리 〈다큐 인사이트-붉은 지구〉 편에서 소개된 사실에 따르면, 영구동토층이 이미 녹고 있다고 한다. 〈그림 4-1〉은 시베리아 지역에서 영구동토층이 녹고 있다는 증거다. 영구동토층이 녹으면서 생긴 거대한 구멍이 현

● 메탄가스의 지구온난화지수는 이산화탄소보다 21배 높다. 지구온난화 방지에 관한 교토의정서(COP3)에서는 메탄가스를 여섯 종류의 온실기체 중 하나로 포함하여 배출량 억제의 대상으로 지정했다(출처: 지구온난화에 따른 극지방 영구동토층 해빙으로 인한 메탄가스 배출 증가 양상, 환경부).

재 상황의 심각성을 보여준다.

출처: KBS, <다큐 인사이트 - 붉은 지구>

기후위기,
되돌릴 수 없는 시점이 다가오고 있다

지구의 온도가 2℃ 올라가면, 얼마나 심각한 일이 일어
날지 다들 잘 알 것이다. 예를 들면, 북극이 다 녹아버린다든지 부산이 섬이 될 수도
있다는 이야기들이다. 그런데 가장 심각한 문제는 지구가 다시는 시원해질 수 없다
는 사실이다. 용수철을 예로 들어보겠다. 용수철은 일정한 수준 안에서는 늘어나더
라도 원상태로 돌아오는데, 이는 용수철이 가지고 있는 복원력(restoring force) 때문
이다. 하지만 일정 범위를 넘어설 정도로 늘어난 용수철은 복원력을 잃어 다시는 원
상태로 돌아갈 수 없다. 지구의 온도가 일정 수준(과학자들의 분석에 따르면, 2℃) 이

상 상승할 경우, 지구의 온도는 늘어나 버린 용수철처럼 다시는 시원해질 수 없게 된다는 것이 문제다.

비슷한 용어로 티핑 포인트(tipping point)라는 표현을 쓰기도 하는데, 티핑 포인트란 균형을 이루던 것이 균형이 깨지면서 어떤 현상이 급속도로 퍼지거나 한쪽이 우세해지는 것을 의미한다. 예컨대 종합격투기 경기에서 팽팽하게 싸우던 두 선수 중 한 명이 일방적으로 맞아 다운을 당하는 극적인 상황이 바로 티핑 포인트다. 기후의 관점에서, 지구가 스스로 뜨거워지려는 힘을 A선수라고 하고, 반대로 시원해지려는 힘을 B선수라고 해보자. 지구의 평균 온도가 산업혁명 이후 1℃ 상승했으니, A선수가 유리해지고 있다고 볼 수 있다. 앞서 언급한 것처럼 지구 온도가 2℃ 상승하면, 안타깝게도 시원해지려는 힘은 대부분 소멸하면서 지구 스스로 더워지게 되고 다시 시원해질 가능성이 사라진다.

도대체 무슨 일이 생기길래 과학자들이 '다시는 돌아올 수 없다'라는 무서운 표현을 쓰는 걸까? 상승 온도가 2℃에 도달할 때 사라지는 '시원해지려는 힘'에 대해 간단한 내용만 소개하면 다음과 같다.

지구 온도가 상승할수록 북극이 녹아 없어지기 때문에 북극의 얼음이 제대로 된 역할을 하지 못하게 된다. 여름에 흰옷을 입으면 빛 반사율이 높기 때문에 시원해지는 효과가 있는데, 북극이 더 이상 그런 역할을 못 하게 되는 것이다. 그리고 지구의 온도가 높아질수록 바다가 흡수할 수 있는 이산화탄소의 규모도 줄어들게 된다. 시원한 맥주나 콜라에 비해 뜨거운 맥주나 콜라가 얼마나 맛이 없는지를 생각해보면 알 수 있을 것이다. 바다의 온도가 올라갈수록 흡수할 수 있는 이산화탄소의 양도 줄어들게 된다.

지구온난화가 심화될수록 극지방의 온도가 적도 지역에 비해서 3배나 빠르게 상승한다. 그러면 온도 차가 줄어들어 제트기류를 포함한 바람이 줄어들게 된다. 지구를 시원하게 해주는 선풍기가 꺼지는 셈이다.

가장 큰 문제는 앞서 언급했던 영구동토층에 함께 얼어 있는 이산화탄소와 메탄가스가 공기 중으로 배출될 수 있다는 사실이다.

≡ IPCC 6차 보고서의 결론

2021년 8월에 발표된 IPCC(기후변화에 관한 정부 간 패널) 6차 보고서에는 지금까지 이야기했던 것보다 훨씬 심각한 내용이 담겨 있다. IPCC 보고서는 전 세계 1,000여 명의 과학자가 함께 쓴 3,900페이지에 달하는 보고서다.

보고서의 내용보다 먼저 알아야 하는 사실은 '이 보고서가 가장 보수적인 가정을 바탕으로 구성되어 있다'는 사실이다. 예를 들어 얼음이 녹는 동안 얼음이 깨지면 녹는 속도가 빨라지는데, 북극의 빙하가 녹다가 깨지는 상황은 가정하지 않았다고 한다. 또한 영구동토층이 녹으면서 배출될 수 있는 메탄가스도 반영하지 않았다. 이유는 현재 기술로 그 영향을 정확하게 측정하기가 어렵기 때문이다. 그럼 IPCC 보고서의 내용이 가장 보수적(지구 입장에서는 긍정적)이라는 것을 이해했을 것으로 보고, 그 내용을 설명해보겠다.

IPCC 보고서는 그동안 지구온난화가 인간 때문인지 아니면 또 다른 이유 때문인지를 판단하는 과정을 보여준다고 할 수 있다. 1990년 1차 평가 보고서에서는 '지구온난화는 사실이지만, 인류의 영향인지는 확실하지 않다'라는 결론을 내렸고, 1995년에 발표된 2차 보고서에서는 인류가 지구온난화의 원인 중 하나라는 결론을 내렸다. 당연히 지구온난화에 인류가 영향을 주지 않았다는 주장도 있었고, 이를 증명하기 위한 연구도 진행됐다. 하지만 그런 가

설들은 시간이 갈수록 대부분 맞지 않는 것으로 판명됐다. 그리고 2021년 발표된 6차 보고서에서는 사실상 과학적으로 이야기할 수 있는 가장 높은 수준의 어조confidence level로 '지구온난화의 주범은 인류다'라고 밝혔다.

IPCC 6차 보고서는 그 분량만큼이나 방대한 내용을 담고 있다. 그중에서 개인적으로 가장 인상적이었던 부분은 '어떤 시나리오에서도 1.5°C 도달은 피할 수 없다'라는 내용이었다. 파리기후협약의 목표가 1.5°C 도달을 막는 것인데, 막을 수 없다면 어떻게 해야 할까?

그 내용을 좀더 구체적으로 살펴보자. 6차 보고서에서는 총 다섯 가지 시나리오를 상정했는데, 각 시나리오에는 인류가 어떤 속도로 이산화탄소를 줄이는지에 대한 가정이 들어 있다. 지금의 목표대로 착실하게 줄일 수도 있겠지만, 그렇게 하지 못하는 경우도 있을 것이다. 이런 시나리오를 과학자들이 정할 수는 없으니, 사회학자들의 도움을 받아 시나리오를 상정했다.

〈그림 4-2〉의 위쪽 그림이 이산화탄소를 줄이는 시나리오다. 예를 들어 SSP1-1.9 시나리오에서는 2050년쯤 이산화탄소 배출량이 제로(0)가 된다. 그리고 SSP5-8.5는 앞으로도 이산화탄소 배출량이 크게 줄어들지 않는 경우다. 그리고 아래쪽 그림은 각각의 시나리오에서 도달할 수 있는 온도의 범위를 보여주는데, 가장 열심히 이산화탄소를 줄인다는 가정이 포함되어 있는 SSP1-1.9에서

도 1.5°C에 도달하는 것을 알 수 있다. SSP5-8.5 시나리오에서는 4.5~6°C까지 상승할 것으로 예상된다.

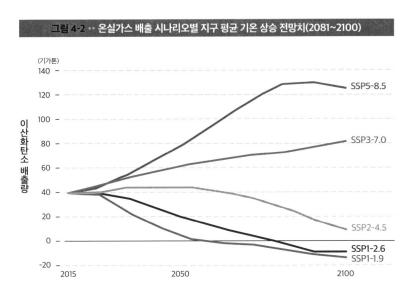

그림 4-2 ** 온실가스 배출 시나리오별 지구 평균 기온 상승 전망치(2081~2100)

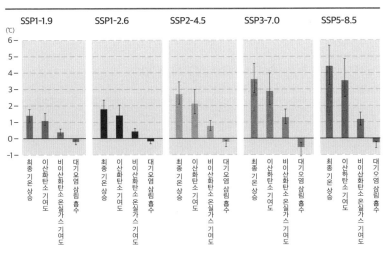

출처: IPCC

═ 그럼 어차피 끝난 거 아닌가?

여기까지 이야기하면, 가장 많이 나오는 반응이 이것이다. "그럼 어차피 끝난 것 아닌가요?" 1.5°C 도달을 막기 위해서 이렇게 노력하고 있는데 어떻게 해도 도달을 피할 수 없다니 말이다. 그럼 나는 이렇게 되묻는다. "지렁이도 밟으면 꿈틀하는데 사람은 어떨까요?"

만약 지구의 온도가 예상보다 빠른 속도로 상승하면서 여러 가지 문제가 생긴다면, 인류는 과연 어떤 선택을 하게 될까? 아마 꿈틀하는 정도가 아니라 살기 위해서 발버둥을 칠 것이다. 나는 이 발버둥이 앞으로 금융시장을 전망하는 데 핵심 변수라고 생각한다. 성공 투자를 위해서 우리는 반드시 기후위기를 막기 위한, 아니 살기 위한 발버둥이 어떤 식으로 진행될지를 전망해야 한다.

투자에 접근하는 방식은 정말 수없이 많다. 그래서 서로 자기 방식이 맞는다고 주장하기도 하고, 상대를 가엽게 여기기도 한다. 일례로, 가치 투자의 아버지로 불리는 워런 버핏을 '모멘텀 투자자'라고 주장한다면 대부분 '말도 안 된다'라고 생각할 것이다. 그런데 워런 버핏이 추종하는 모멘텀이 '미국의 자본주의가 계속 발전한다'라는 것이라면 이야기는 달라진다. 그가 추구하는 가치 투자

●   https://youtu.be/5f0desjzDBQ

는 어쩌면 자본주의가 계속된다는 가정하에서 작동될 수 있기 때문이다. 이처럼 사실 투자라는 것은 기본적으로 세상의 변화를 예상해야 한다. 그리고 그 변화를 이끄는 근본적인 힘(모멘텀)이 무엇인지를 아는 것이 중요하다.

그렇다면, 현재 진행되고 있는 친환경·탈탄소 움직임을 이끄는 근본적인 힘, 즉 모멘텀은 무엇일까? 이 질문이 중요한 이유는 투자 아이디어의 지속 여부를 판단하는 데 가장 중요한 포인트일 수 있기 때문이다. 나는 지금까지 이야기한 기후위기의 문제 그리고 이를 막기 위한 인류의 몸부림이 모멘텀이라고 생각한다. 뒷부분에서 언급할 여러 가지 장애물이 있는 것이 사실이고 2022년은 그 장애물을 어떻게 넘어야 할지를 고민하는 시간이 되겠지만, 결국 기후위기를 막기 위한 인류의 몸부림은 계속될 수밖에 없다고 생각하기 때문이다.

투자철학에서
빼야 할 단 한 가지

주변을 보면 본인의 투자철학에 대한 자부심이 너무 강해서 다른 접근을 하는 사람들을 비웃거나 불쌍하게 여기는 이들이 있다. 나도 내가 가진 투자철학에 대한 자부심이 이제 막 조금씩 생기고 있다. 근데 완전히 다른 투자철학을 가지고 성공한 사람들을 만날 때마다 새로운 것을 배우고, 많은 인사이트를 얻곤 했다.

언론에 나오는 수많은 속임수에 속지 말고 본질을 봐야 한다는 다짐을 하며, 오랜만에 그림 하나를 다시 꺼내본다.

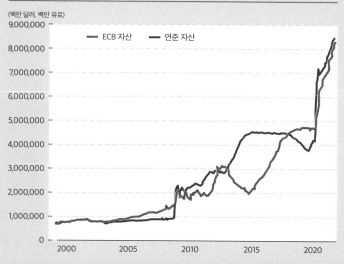

출처: 이효석, 『나는 당신이 주식 공부를 시작했으면 좋겠습니다』, 페이지2북스

이 그림을 볼 때마다 이런 생각이 든다. 우리는 중력의 영향을 받으며 살아간다. 지구는 지금도 나를 계속해서 아래로 잡아당긴다. 그런데 자산 가격은 반대로 위로 끌어당기는 힘이 있는 것 같다. 자산 가격에 미치는 중력은 어쩌면 아래쪽이 아니라 위쪽일 수 있다는 생각이 드는 이유가 여기에 있다. 물론 어떤 주식은 빨리 올라가고 어떤 주식은 천천히 올라간다. 진짜 쓰레기만 아니라면, 자산 가격에 미치는 중력의 힘은 위쪽으로 작용한다. 혹시 투자에 성공할 수 있는 근본적인 힘은 이 사실에 있지 않을까?

만약 그렇다면, 본인의 투자철학에 대한 자부심이 지니쳐 디른 투자철학을 비웃거나 욕하는 것으로 넘어갈 이유는 전혀 없지 않을까? 지금처럼 빠르게 변하고 복잡한 세상에서 투자에 실패하는 가장 확실한 방법은 '본인의 생각(만) 맞다'고 하는 아집과 고집 또는 교만일 것이다.

═ 기후 문제는
금융시장에 어떻게 영향을 주는가

2021년은 ESG*라는 이름으로 기후 문제가 금융시장에 깊숙하게 영향을 주었다. 그 바탕에 기후위기의 심각성이 자리하고 있다는 것은 확실하다. 그런데 왜 하필 2021년이었을지를 생각해보면, 우리에게 그동안 보이지 않았던 기후위기의 심각성이 눈에 보이기 시작했기 때문이다.

우선 2020년 12월 이탈리아의 베네치아가 물에 잠기는 사건이 있었다. 이를 막기 위해서 이탈리아 정부는 약 8조 원 규모의 공사를 통해 방벽을 쌓고 있다. 그뿐만이 아니라, 덴마크 의회 역시 해수면 상승으로부터 코펜하겐 항구를 보호하고 주거지를 확보하기 위해서 약 3.5조 원 규모의 인공섬 건설을 승인했다.

● 'Environment(환경)', 'Social(사회)', 'Governance(지배구조)'의 머리글자를 딴 용어로, 기업이 비재무적 요소에서도 책임을 다해야 한다는 뜻을 담고 있다.

최근에는 뉴욕의 해안에도 거대한 방벽을 쌓고 있다고 한다.● 만약 해수면 상승이 그냥 지나칠 수 있는 위협이라면, 이렇게 큰돈을 투자하는 결정을 하진 않았을 것이다. 그런데 2021년, 기후 문제가 금융시장에 미칠 수 있는 영향을 실감케 하는 사건이 하나 더 있었다. 플로리다주 마이애미의 한 콘도가 갑자기 붕괴되는 사고가 일어난 것이다. 이 사건의 원인은 아직 정확하게 확인되지 않았지만,《워싱턴포스트》는 '해수면 상승에 의한 지반 약화'가 사고의 원인일 수 있다는 보도를 했다. 해수면 상승 때문인지 어떤지는 알

그림 4-3 ⁎⁎ 마이애미 콘도 붕괴 사고 뉴스 화면

출처: National Weather Service

● 엠빅네이처, "중세도 아닌데 대도시들이 성벽을 건설하고 있다. 그들은 바다에서 온다!", https://youtu.be/j9YLhy2NLpo

수 없지만, 우리는 이 사건에 기반한 사고실험을 통해서 기후위기가 금융시장에 어떤 영향을 줄지 알 수 있다.

사고실험을 시작하기 전에 차기 연준 의장 가능성까지 언급되고 있는 라엘 브레이너드 연준 이사의 발언을 살펴보자. 그녀는 '기후변화가 금융위기에 준하는 위협'이라고 언급했다. "폭풍, 홍수, 산불 및 기온 상승과 해수면 상승 같은 위험 때문에 투자자들은 금융자산의 가치를 갑자기 새로운 방식으로 인식해야 할 수도 있다."

도대체 기후가 뭐 그리 대단하길래 금융위기까지 언급할 정도일까? 이제 사고실험을 시작해보자.

만약 마이애미 콘도 빌딩이 실제로 해수면 상승 때문이고 이런 건물 붕괴 사고가 하나둘 늘어난다면, 사람들은 생존의 문제를 걱정하게 되지 않을까? 게다가 각국 정부가 해수면 상승으로부터 도시를 지키기 위해서 수조 원씩 투입해서 방벽을 쌓을 정도로 해수면 상승에 따른 위협이 실제적이라면 말이다. 아마도 시간이 갈수록 이런 고민을 하는 투자자들이 늘어날 것 같다.

질문을 하나 더 해보겠다. 해수면 상승에 따른 위협이 금융자산의 가격에 영향을 미치는 시점은 언제부터일까? 실제로 건물이 무너지기 시작할 때일까? 그렇지 않을 것이다. 자산 가격에 미치는 영향은 사람들의 생각이 바뀌기 시작하는 시점이 될 가능성이 크다. 모든 자산의 가격은 '미래를 선반영'한다는 사실을 기억해야 한다. 사람들의 생각이 바뀌기 시작하는 시점에 금융자산의 가격이 움직이기 시작할 것이다.

가장 크게 문제가 되는 것은 아마도 해당 부동산을 담보로 해서 이뤄진 대출일 가능성이 크다. 담보가치가 훼손될 수 있다는 판단이 든다면, 대출자산의 가치는 하락할 것이다. 그리고 대출자산의 가치 하락은 곧 대출금리의 상승을 의미한다. 이렇게 생각해보면, 당장 연준이 보유하고 있는 2조 달러가 넘는 규모의 MBS^{Mortgage backed securities}(주택저당증권)가 걱정된다. 만약 금융위기가 현실화되어서, 아니 현실화될 수 있다는 생각을 더 많은 투자자가 하게 되어서 MBS 금리가 상승하기 시작한다면 도대체 어떤 일이 벌어질까?

이런 사고실험에서 금리에 영향을 미치는 건 과거 우리가 교과서에서 배웠던 것처럼 더 큰 성장이 기대된다거나 인플레이션이 우려된다는 것이 아니다. 기후위기가 부른 담보가치의 하락 때문에 오르는 금리라면, 이걸 막을 방법은 없을 것이다. 실제로 브레이너드 이사는 보험에 대해서도 걱정을 하는데, 해수면 상승의 위협에 노출된 건물의 화재보험을 받아줄 보험사가 줄어들면 그 파급력이 얼마나 클까? 앞서 언급한 것처럼 기후위기 때문에 나타나는 이상기후 현상이 앞으로 더 자주 일어나게 된다면 보험회사, 더 나아가 재보험회사들이 측정할 수 있는 위기는 어느 정도일까? 이처럼 기후위기는 시간이 갈수록 금융시장에 미치는 영향이 좀더 구체화될 것이며, 위기의 크기도 점점 더 커질 것이다.

지금까지 기후위기에 대해 과학적이고 근본적으로 이해할 수 있도록 내용을 정리했다. 기후에 대한 이야기를 가장 먼저 한 이유는 앞으로 투자에서 가장 중요하고 지속적인 모멘텀은 '기후위기를 막기 위한 인류의 몸부림'이 될 가능성이 크기 때문이다.

지금부터는 반대로, 이런 모멘텀을 막을 수 있는 가장 위협적인 존재가 '인플레이션'이라는 것을 확인해보려고 한다. 최근에는 그린플레이션^{Greenflation}(Green+Inflation)이라는 용어가 생길 정도로 인플레이션이 유발될 수 있는 다양한 요인이 새롭게 나타나고 있다. 그 내용을 자세히 알아보고, 인플레이션이 금융시장에 미칠 영향을 고민해보자.

새로운 국면으로 진입하고 있는 인플레이션

●
●
●

▬ 자산 가격 상승은 질병이다: 슬픈 전망

금융위기 이후 당연하게 받아들여지고 있는 불편한 진실은 '경제가 안 좋아야 주가가 오른다'는 것이다. 그런데 이런 현상을 자연스럽게 받아들이기 전에 이게 과연 옳은 것인가를 생각해볼 필요가 있을 것 같다.

'경제가 안 좋은데 자산 가격은 계속 상승하는 현상'은 언제까지 반복될 수 있을까? 그래서 나는 자산 가격 상승을 오히려 질병disease이라고 부른다. 그리고 중장기적으로 자산 가격 상승이 이어질 수밖에 없다는 전망을 '슬픈 전망'이라고 표현한다. 많은 투자자가 자산 가격이 하락할 때 고통스러워하는데, 자산 가격 상승이 질병이라니! 의외라고 생각하는 사람들이 많을 것 같다. 왜 나는 자산 가격 상승이 질병이라고 생각하게 됐을까?

그 이유는 의외로 얼마 전 모 회사의 유튜브 광고에서 나왔던 사례*가 잘 설명해주는 것 같다. 영상은 결혼을 앞둔 것으로 보이는 남녀가 부동산 중개소에서 나오는 장면에서 시작된다. 남자가 어색하게 이렇게 이야기한다. "우와, 생각보다 비싸다." 그리고 여자의 어색한 표정이 화면에 담기고, 한참 후에 여자가 이렇게 이야기한다. "오늘은… 그냥… 우리 집에 가자." 여자의 표정에서는 너무 높은 집값이라는 받아들이기 힘든 현실과 그렇다고 남자를 탓하거나 미워할 수도 없는 상황에서 느끼는 복잡한 감정이 드러난다.

자산 가격의 상승이 슬픈 이유는 이 현상을 보고 이 땅의 많은 젊은이가 느낄 감정 때문이다. 여기에 질병이라고까지 표현한 이유는 현재의 금융 시스템은 자산 가격의 지속적인 상승이 전제되지 않는다면 유지될 수 없기 때문이다. 이러지도 저러지도 못하는 상황이라는 얘기다. 자산 가격 상승을 질병이라고 정의했다면, 그 근본 원인을 알아내는 것이 병을 어떻게 치료할지 결정하는 데 중요한 열쇠가 될 것이다. 원인이 사라지기 전까지는 병도 치료되기 어려울 테니 말이다.

●   내 편이 필요할 때, https://youtu.be/haYn8bZz_Pk

≡ 질병의 근본 원인은 '디플레이션'

자산 가격 상승이라는 질병의 근본적인 원인은 '디플레이션'이다. 그 이유를 설명하기 위해서는 '잠재성장률'이라는 개념을 먼저 이해해야 하는데, 잠재성장률은 인플레이션을 유발하지 않는 범위에서 가장 큰 성장률을 의미한다. 즉, 실질성장률이 잠재성장률보다 낮으면 인플레이션이 유발되지 않겠지만, 반대로 실질성장률이 잠재성장률을 넘으면 인플레이션이 나타날 수 있다는 것을 의미한다. 이를 물컵에 물이 얼마만큼 담겨 있는지에 비유할 수 있다. 컵의 크기가 잠재성장률이라면, 실제 물이 담겨 있는 높이는 실질성장률이라고 할 수 있다.

실업률에도 NAIRU^{Non-Accelerating Inflation Rate of Unemployment}라는 비슷

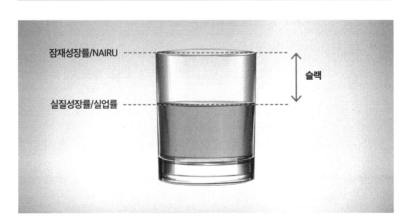

그림 4-4 ·· 잠재성장률 vs. 실질성장률, NAIRU vs. 실업률

한 개념이 있다. NAIRU는 인플레이션을 유발하지 않고 도달할 수 있는 가장 낮은 실업률이다. 잠재성장률은 인플레이션을 유발하지 않고 도달할 수 있는 가장 높은 성장률이니 반대다. 이 두 개념을 혼동하면 안 된다. 그리고 이 둘 간의 차이를 '슬랙slack(여유)'이라고 표현한다.

일상생활에서도 많이 활용될 수 있는 단어다. 자동차를 예로 들어보겠다. 엔진에 무리가 되지 않는 수준에서 달릴 수 있는 최대 속도를 물컵의 높이라고 한다면 실제 속도를 물의 높이라고 할 수 있을 것이고, 그 차이를 슬랙이라고 할 수 있을 것이다. 또 몸에 무리가 되지 않는 수준에서 얼마나 일할 수 있는지를 물컵의 높이라고 하면, 실제 하고 있는 일의 양을 물의 높이라고 할 수 있을 것이다. 이때 슬랙은 '병원에 입원당하지 않는 선에서 얼마나 더 일할 수 있는가?'를 의미한다고 할 수 있다.

그럼 컵에 물이 절반 정도 차 있는 경우를 생각해보자. 이는 잠재성장률에 비해서 실질성장률이 너무 낮다는 것을 의미하고, 따라서 유동성 공급(경기 부양)을 더 해도 된다는 얘기다. 즉, 컵에 물을 더 많이 부어도 물이 넘치지 않을 만큼 여유가 있다는 뜻이다. 이 비유를 통해서 '경제지표가 안 좋게 나와야 자산 가격이 상승하는 이유'를 이해할 수 있을 것이다. 경제지표가 안 좋게 나오는 것은, 물을 부었을 때 여유가 없어서 물이 넘칠 줄 알았는데 생각보다 여유가 있음을 의미한다.

그렇다면, 물을 계속 부었는데도 넘치지 않을 수 있었던 이유는 무엇일까? 가장 큰 이유는 컵의 크기가 물을 부었다는 이유로 커졌기 때문이다.

═ 자산 가격 상승이 지속되는 근본적인 이유: 디플레이션의 크기

2008년 금융위기 이후, 연준을 포함한 글로벌 중앙은행에서는 양적완화를 통해 막대한 유동성을 공급했다. 앞서 설명한 컵의 비유로 하자면, 물을 붓는 것을 의미한다. 당연히 양적완화의 목적은 지나치게 커진 디플레이션 압력을 막고 경기를 부양하는 것이었다. 물론 글로벌 금융위기를 극복하고, 어쨌든 세계 경제가 회복됐으니 소기의 성과를 얻었다고 볼 수 있다. 하지만 이 과정에서 생긴 여러 가지 부작용이 있는데, 첫 번째 부작용이 지나치게 상승한 자산 가격이다(그림 4-5).

그리고 두 번째 부작용은 '디플레이션의 악순환'이라고 표현할 수 있는데, 이는 컵에 물을 부을수록 컵의 크기가 커지는 현상에 비유할 수 있다. 디플레이션을 막기 위해서 유동성을 공급하고 저금리를 유지했는데, 아이러니하게도 디플레이션을 심화시키는 현상이 나타났다는 것이다(그림 4-6).

그림 4-5 ·· 양적완화 이후 지나치게 상승한 자산 가격

출처: Bloomberg, SK증권

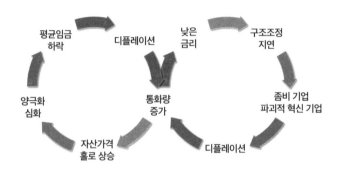

그림 4-6 ·· 디플레이션의 악순환

출처: 이효석, 『나는 당신이 주식 공부를 시작했으면 좋겠습니다』, 페이지2북스

저금리가 만들어낸 좀비 기업, 유동성이 만든 유니콘 기업

좀비 기업은 부채가 너무 많아 사업을 영위하기 어려운데도, 금리
가 낮기 때문에 내야 하는 이자 부담도 낮아 겨우 연명하는 기업을

의미한다. 쉽게 말하면 장사를 못해서 당장 망하더라도 전혀 이상하지 않은 기업인데, 금리가 너무 낮아서 망할 수도 없는 회사라고 할 수 있다. 우리가 알아야 할 중요한 포인트는 '좀비 기업이 존재할 수 있는 이유는 금리가 너무 낮다는 것인데, 금리를 낮게 유지하려는 이유는 디플레이션을 막기 위한 양적완화(통화량 증가) 때문'이라는 것이다.

아이러니하게도, 이 좀비 기업들이 다시 디플레이션을 만든다. 디플레이션을 막기 위해서 돈을 풀었는데, 이 때문에 생긴 좀비 기업이 다시 디플레이션을 만든다는 얘기다. 비럴 V. 아차랴 Viral V. Acharya가 쓴 논문●에서 힌트를 찾을 수 있다. 그는 2012~2016년에 유로 지역 12개 국가와 65개 산업에서 116만 개 기업의 데이터와 소비자물가지수를 활용하여 분석했다(상당히 수고스러운 작업이었을 것 같다). 그 결과 좀비 기업 비율이 높은 상위 10% 국가산업의 소비자물가 상승률은 하위 10%에 비해 0.23%p 낮은 것으로 나타났다. 즉, 좀비 기업이 많을수록 인플레이션은 낮아진다는 의미다.

사실 이 이야기는 어렵게 유럽의 논문까지 인용하지 않더라도 쉽게 설명할 수 있을 것 같다. 장사가 어려워 좀비 기업이라는 이름까지 달고 살아야 하는 터에 가동률이 높을 순 없지 않겠는가.

● Viral V. Acharya, "Zombie credit and (Dis-)Inflation: Evidence from Europe"(2019. 10)

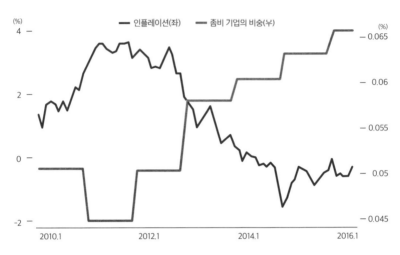

출처: Viral V. Acharya(2019), SK증권

가동률이 낮다는 것은 반대로 제품의 가격이 높아지면 당연히 생산량을 늘릴 수 있다는 이야기일 것이다. 그럼 올라간 가격을 다시 내리는 요인이 될 수 있다.

　디플레이션을 극복하기 위해서 시행한 양적완화가 만든 또 하나의 사생아가 바로 유니콘 기업이다. 유니콘 기업이란 '기업가치가 10억 달러(약 1조 원) 이상인 스타트업 기업을 전설 속의 동물인 유니콘에 비유하여 지칭하는 말'이다. 요즘엔 유니콘unicorn 대신 그보다 10배 큰 데카콘decacorn이니, 100배 큰 센티콘centicorn 또는 헥토콘hectocorn이니 하는 이야기까지 나온다. 얼마 전 비상장사인 일론 머스크의 우주개발 업체 스페이스X의 기업가치가 1,003억 달러

(약 120조 원)를 찍어서 유니콘의 100배(약 100조 원)인 헥토콘 기업이 됐다.

손정의 회장이 투자한 쿠팡의 예를 보자. 쿠팡은 처음 국내에서 사업을 시작할 때부터 천문학적인 손실을 기록했기 때문에 망할 수밖에 없다는 분석이 많았다. 하지만 결과적으로는 뉴욕 증권거래소에 약 100조 원의 기업가치를 인정받고 상장했다. 쿠팡의 비즈니스 모델이 성공할 수 있을지 어떨지는 현재 시점에서 판단할 수 있는 문제는 아니다. 다만 쿠팡이 지금까지 어떻게 망하지 않고 사업을 계속할 수 있었는지를 생각해보면, 결론은 넘쳐나는 유동성 때문이라는 것을 알 수 있다. 투자받은 돈을 모두 소진할 정도로 적자를 봐서 이제 망하나 싶었는데 다시 투자가 들어오는 것을 몇 차례 반복하다 보면, 나중에는 망하기가 더 어려워지는⋯, 정말 아이러니한 상황이 된 거다.

그런데 디플레이션을 막기 위해서 풀린 유동성 때문에 태어난 유니콘 기업들도 다시 디플레이션을 만든다. 디플레이션을 만드는 대표적인 사례로 쿠팡을 들 수 있다. 쿠팡은 고객을 확보하기 위해서 가장 낮은 가격으로 판매하는 판매자에게 아이템위너● 지위를 부여한다. 입점 업체들은 위너가 되지 않으면 판매량이 급감할 수밖에 없어 출혈 경쟁을 감수할 수밖에 없다. 최근 논란이 된

●　가장 낮은 가격을 제시하여 아이템위너가 되면 사실상 독점적 판매권을 갖게 되어, 해당 검색을 하면 아이템위너만 노출되는 전형적인 승자독식 시스템으로 알려져 있다.

이후 자진해서 수정하겠다고 했지만, 아이템위너는 쿠팡을 포함한 유니콘 기업들이 어떻게 제품과 서비스의 가격을 낮추는지를 보여준다.

앞서 설명한 컵의 예로 다시 돌아가 보자. 경제지표가 안 좋으면 부양책을 더 쓸 수 있는 여유가 있다고 해석되면서 자산 가격이 상승한다고 했다. '어, 이상하네? 물을 이 정도 부었으면 넘쳐야 하는데, 왜 안 넘치는 거지? 어쩌면 넘치지 않는 이유가 컵에 있는 건 아닐까?'

그렇다면, 유니콘과 좀비 기업이 이 컵의 크기를 키우는 친구들이라고 할 수 있다.

≡ 두려움의 대상이 부채 자체가 아닌 이유

금융위기 이후 생긴 인위적인 조치(양적완화, 즉 유동성 공급과 저금리) 때문에 구조적으로 더욱 심화된 문제는 첫째 양극화, 둘째 좀비 기업, 셋째 유니콘이라고 할 수 있다. 따라서 2022년에 우리가 고려해야 하는 큰 리스크도 이 관점에서 생각해볼 수 있다.

우선 크레딧스위스에서 조사한 '전 세계 부의 분포'를 보자(그림 4-8). 전체 부의 크기는 약 422조 달러다. 그런데 그중 45.8%에 해

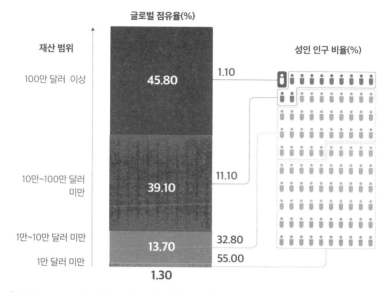

그림 4-8 ** 전 세계 부의 분포

글로벌 점유율(%)

재산 범위

100만 달러 이상

45.80

1.10

성인 인구 비율(%)

10만~100만 달러
미만

39.10

11.10

1만~10만 달러 미만

13.70

32.80

1만 달러 미만

55.00

1.30

출처: https://www.visualcapitalist.com/distribution-of-global-wealth-chart/

당하는 193조 달러를 상위 1.1%가 보유하고 있다. 이보다 더 놀라운 사실은 인구 기준으로 절반 이상인 55%가 보유하고 있는 자산이 겨우 1.3%밖에 안 된다는 것이다. 양극화의 문제는 이처럼 심각하며, 지금도 계속 심각해지고 있다.

자산asset은 부채liability와 자본equity으로 구성되어 있다. 그렇다면 전 세계의 모든 경제 주체가 들고 있는 총부채는 어떤 상황일까? 〈그림 4-9〉가 부채의 크기를 보여준다. '맙소사!'라는 말이 절로 나올 정도다. 코로나19 이전에 260조 달러 수준이었는데 2021년 현재 300조 달러 근처까지 급증했다. 2015년(210조 달러) 대비 30%

그림 4-9 ·· 전 세계의 총부채

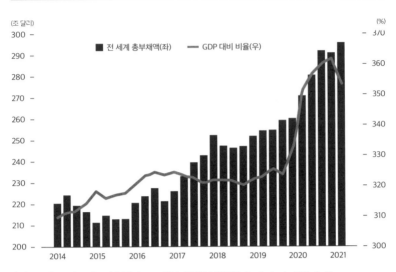

출처: https://www.iif.com/Portals/0/Files/content/Global%20Debt%20Monitor_September2021_vf.pdf

나 늘어난 수준이다. 우리가 궁금해하는 'GDP 대비 부채비율' 역시 코로나 이전 320%에서 지금은 360%까지 상승했다. 기가 차고 말이 안 나올 정도다.

누군가의 부채(liability)는 누군가의 신뢰(credit)

부채 현황을 좀더 구체적으로 들여다보자. 〈그림 4-10〉은 IIF(국제금융협회)가 발간한 최근 보고서에서 각각의 경제 주체별 GDP 대비 부채 규모가 어떤 추이를 그리면서 변화했는지를 보여준다. 먼저, 신흥 시장에서는 형다처럼 비금융 부문Non-financial sector에서 부채가 심각하게 높은 상황이라는 것을 알려준다. 반면, 성

그림 4-10 •• 경제 주체별 GDP 대비 부채 규모

신흥 시장 - 부문별 부채

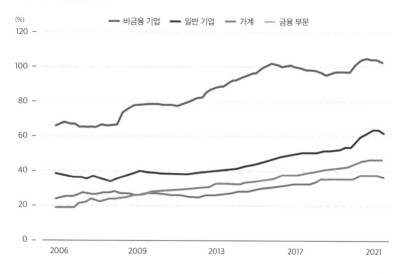

성숙 시장 - 부문별 부채

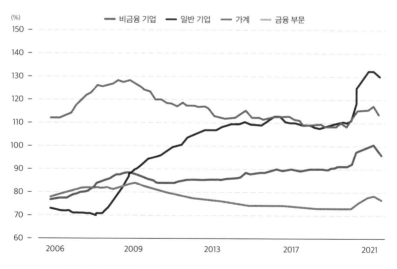

출처: https://www.iif.com/Portals/0/Files/content/Global%20Debt%20Monitor_September2021_vf.pdf

숙 시장(선진국)에서는 정부의 부채가 갑작스럽게 증가했다는 것을 알 수 있다.

〈그림 4-10〉을 보면, 현재 문제가 된다는 이야기가 나오고 있는 헝다와 미국의 부채 한도 이슈를 나타내는 것 같다. 헝다 이슈는 그 자체로 충분히 심각한 문제이긴 하나, 더 심각한 문제로 확산되긴 어렵다고 생각한다. 왜냐하면 정부의 컨트롤 능력이 있는지를 두고 판단해야 한다고 보기 때문이다. 알려진 것처럼, 헝다 이슈는 중국 정부에서 막으려고 하다가 터질 수 있는 상황이 된 것이 아니라, 오히려 중국 정부가 의도한 부분이 있기 때문이다. 반대로, 미국 부채 한도의 문제는 금리(r)가 성장(g)보다 낮게 유지될 수만 있다면 그 자체로는 문제가 되지 않을 것이라는 IMF의 논리●가 당장은 깨지기 어렵고 생각된다.

문제가 된다면, 무형자산에서부터 시작될 것

그렇다면, 문제는 어디에서부터 시작될까? 아마도 실제보다 과도하게 높은 밸류에이션이 문제가 될 가능성이 크다. 〈그림 4-11〉은 S&P500 기업들의 PBR 밸류에이션을 보여준다. 시가총액 순서대로 보면 애플 36.9배, 마이크로소프트 15.6배, 구글 7.9배, 아마존 14.5배 수준이다. 그리고 고평가 논란의 중심에 있는 테슬

● https://www.imf.org/en/Publications/WP/Issues/2020/07/24/Public-Debt-and-r-g-at-Risk-49586

그림 4-11 ** S&P500 기업들의 PBR 밸류에이션

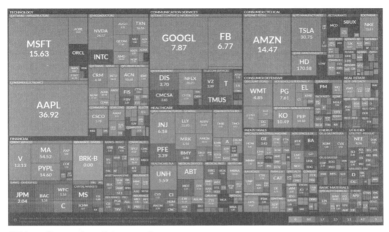

출처: https://finviz.com/map.ashx?t=sec&st=pb

라는 30.7배 수준이다. PBR은 시가총액을 장부가치로 나눈 값인
데, 그 값이 30배를 넘는다는 건 회계상의 장부가치에 비해 시가총
액이 30배도 넘는다는 것을 의미한다(참고로 코스피의 PBR은 겨우 1.1배
수준이다). 이처럼 높은 밸류에이션이 정당화될 수 있는 이유는 무
형자산 때문이다. 빅테크 기업들은 R&D, 로열티, 고객충성도, 브
랜드 가치와 같은 무형자산을 가지고 있지만 회계상으로는 제대
로 평가받지 못하고 있기 때문에 장부가가 과소평가돼 PBR이 높
다는 것이다.

PBR 1배의
의미가 바뀌었다

PBR 밸류에이션은 시가총액을 장부가치로 나눠서 계산한다. 따라서 주가가 상승할수록 PBR은 높아진다. 적정 PBR을 계산하는 방식은 다음과 같다.

$$PBR = 1 + \frac{(ROE - CoE)}{(CoE - g)} = \frac{(ROE - g)}{(CoE - g)}$$

성장 기회의 현재가치(PVGO, Present Value of Growth Opportunity)
- 자기자본이익률(ROE)이 자기자본비용(CoE)을 넘어서는 순간부터 양의 값을 갖는다.
- 성장의 가치를 의미하는 PVGO가 양수일 때, 적정 PBR > 1

조금 어렵지만 이 식이 설명하는 적정 PBR 값은 '1+PVGO'다. 그렇다면 PVGO는 무엇일까? 이 값은 성장 기회의 현재가치를 의미한다. PVGO가 0보다 작으면 적정 PBR 값은 1 이하가 되고, 반대로 PVGO가 0보다 크면 적정 PBR 값이 1보다 커진다. 따라서 PBR이 1배가 안 된다는 것은 성장 기회가 없는 암울한 주식이라는 의미다.

『미스터 마켓 2021』에서 당시 PBR 1배였던 2450포인트를 넘어서기는 어렵지만 충분히 가능하다고 이야기한 바 있다. 그리고 코스피가 PBR 1배를 넘는다는 것은 미스터 마켓이 우리나라 시장의 성장가치가 마이너스(-)가 아니라 플러스(+)라는 것을 인정하기 시작했다는 의미라고 이야기했다. 그런데 2022년에는 반대의 의미로 해석될 수 있을 것 같다. 이제 높아진 PBR 1배 2730포인트는 최악의 상황에서도 지켜질 주가 수준을 의미할 테니 말이다. 2022년에는 여러 가지 리스크가 산재되어 있논란이 될 수 있는 또 하나의 밸류에이션 기준은 바로 PSR이다. PSR은 일반적으로 아직 이익을 내지는 못하고 있는 기업을 평가할 때 많이 사용되는 가치평가 방법이다. PSR 밸류에이션이 갖는 의미를 이해하기 위해 PSR 1배이면서 100억 원의 매출을 통해 5억 원의 순이익을 낼 수 있는 기업(순이익률 5%)을 생각해보자.

만약 이 기업의 PSR이 1배라면, 시가총액은 100억 원이라는 의미일 것이다. 100억 매출에 시가총액이 100억이니 말이다. 따라서 이 기업의 PER은 무려 20배나 된다(시가총액 100억/순이익 5억). 이제 우리는 PSR 1배가 PER 기준으로는 20배나 될 정도라는 것을 알았다. 물론 더 높은 PSR 밸류에이션을 받는 기업들도 많겠지만, 쿠팡의 밸류에이션을 설명할 때 사용됐던 아마존의 PSR(약 3.8배)을 고려해보자.

PSR 4배는 PER 기준으로는 80배 정도를 의미한다. 일반적으로 코스피의 PER이 10~14배 수준에서 움직였다는 것을 고려하면 정말 높은 수준이다. 그런데 PSR을 적용하는 기업들이 대부분 아직 순이익이 나지 않는다는 사실을 생각해보면 PER 80배는 나중, 아

그림 4-12 ** 세계적 기업의 PSR

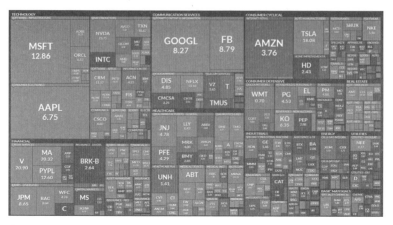

출처: https://finviz.com/map.ashx?t=sec&st=ps

주 나중에 이 기업이 돈을 벌기 시작할 때 벌 수 있을 것으로 추정되는 순이익의 80배라는 것을 의미한다. 이렇게 과도하다 싶은 밸류에이션이 가능한 논리적 배경에는 '이 기업이 나중에 독점적 지위를 갖게 될 것'이라는 기대가 있다. 아이러니하게도, 이런 밸류에이션이 가장 위협을 받게 되는 시점은 '독점적 지위를 얻게 될 때'일 수 있다. 왜냐하면 미래에 대한 희망을 가질 수 있는 상황에서는 기대가 유지될 수 있지만, 그 미래가 현실화됐는데도 생각했던 것만큼의 이익이 나지 않을 때는 문제가 될 수 있기 때문이다. 그런 의미에서 진짜 큰 리스크는 다음과 같이 정리할 수 있다.

═ 진짜 리스크:
좀비콘, 파괴적 디플레이션

좀비콘

유니콘 기업들은 고객을 확보하기 위해서 파괴적 혁신^{disruptive} innovation을 한다. 고객을 확보하기 위해 기존 제품에 비해서 낮은 가격으로 그리고 기존 서비스에 비해서 사용하기 편리한 방식을 채택한다. 그리고 이것이 곧 디플레이션 압력을 키운다고 앞서 설명했다. 반대로 좀비 기업은 가격이 올라가기만 하면, 생산을 늘리면서 디플레이션 압력을 키운다. 그런 면에서 보면, 두 기업군은 완전히 다른 모습을 하고 있지만 각자의 방식으로 디플레이션을 만든다는 점에서 비슷한 면도 있다고 할 수 있다.

그런데 '좀비콘'이라는 용어를 들어본 적이 있는가? 좀비콘은 말 그대로 사실상 망한 것이나 다름없는 상황에 있는 유니콘을 의미한다. 좀비 기업이 너무 낮은 금리 때문에 망하기 어려운 상황이 유지되는 것처럼, 너무 많은 유동성 때문에 망하지도 못하는 상황에 있는 유니콘 기업을 좀비콘이라고 한다. 이런 기업들이 혹시 망한다면 어떤 일이 발생할까? 가격을 낮춰서라도 고객을 확보하려는 유니콘 기업이 사라진다는 얘기이니, 결국 컵의 크기가 더는 커지지 못하는 상황을 의미한다.

반대로 유니콘 기업이 사업을 더 이상 하지 못하는 시나리오는 아닌데, 주가만 급락하는 상황도 생각해볼 수 있다. 앞서 설명한 PSR 밸류에이션과 연결해서 생각해보자. PSR 밸류에이션이 가능한 이유는 해당 기업이 미래에 '독점적 지위'를 얻을 것이라는 가정 때문이라고 했다. 주가는 항상 미래를 선반영하기 때문에 주가 측면에서 위험한 시점은 오히려 해당 기업이 독점적 지위에 가까워질 때다. 그토록 기대하던 시장 재편이 다 됐는데도 정작 돈을 제대로 벌지 못할 수도 있기 때문이다. 설사 수익성이 유지된다고 하더라도 이미 사업 재편이 끝나고 독점적 지위까지 얻을 정도로 좋은 회사가 된 이후에는 더 이상 기대할 것이 없다는 게 주가 하락의 이유가 되기도 한다.

이제 우리의 관심사인 '컵 이야기'로 돌아가 보자. 이런 상황이 오면, 유니콘 기업에 더 이상의 혁신을 기대하긴 어려워진다. 그리고 혁신을 추구하는 기업들도 더는 디플레이션을 만들지 않게 될 수도 있다. 즉, 컵에 물을 부어도 컵이 더는 커지지 않는다는 얘기다. 그러면 우리가 걱정하는 인플레이션이 오면서 결국 물이 넘치게 될 가능성이 크다. 이 상황에서 각국 중앙은행은 유동성 공급을 멈출 수밖에 없는데, 이는 곧 자산 가격 상승이라는 질병이 치유되는 것을 의미한다.

파괴적 디플레이션

앞에서 유니콘 기업이 만드는 디플레이션이 멈추는 경우를 이야기했다면, 이번에는 좀비 기업의 관점에서 생각해보자. 유니콘 기업이 만드는 디플레이션은 사실 동종 업계에 있는 다른 사업자들에게는 매우 힘든 환경이 된다는 것을 의미하지만, 반대로 소비자에게는 더 싼 가격에 더 좋은 제품과 서비스를 사용할 수 있으니 나쁠 것이 전혀 없다. 그러니 이런 디플레이션을 '좋은 디플레이션'이라고 해보자. 실제로 국내에서도 소비의 온라인화가 진행된 이후, 기업이 제품을 만드는 데 필요한 물건의 가격을 의미하는 생산자물가^{PPI} 상승에 비해서 소비자의 부담 정도를 의미하는 소비자물가^{CPI} 상승률은 안정적으로 유지되어왔다.

그런데 이런 상황이 영원히 지속될 수는 없다. 왜냐하면 유니콘 기업들의 목표가 가격을 지나칠 정도로 낮춰서라도 고객을 확보하겠다는 것이기 때문이다. 이렇게 계속 고객을 뺏는 유니콘 기업이 있다면, 기존 사업자들이 언젠가는 망하게 될 것이다. 즉 기존 전통 산업에서 기업들의 구조조정이 일어난다. 그렇게 되면 가격이 올라갈 때 가동률을 높이면서 가격을 낮출 수도 없고, 실제로 구조조정이 진행되면 기업들은 어쩔 수 없이 정리해고$^{lay\ off}$를 할 수밖에 없을 것이다. 그리고 이는 곧 소비의 감소로 이어질 테니, 좀비콘이 망하는 경우처럼 어려운 상황이 될 수 있다.

하지만 당장 그런 일이 일어나긴 어려울 것

지금까지의 내용을 정리하면 다음과 같다.

- 디플레이션을 막기 위해서 유동성을 공급했는데, 안타깝게도 그 결과물인 좀비 기업과 유니콘이 다시 디플레이션을 만들었다.
- 경제지표가 안 좋을수록 주가가 올라갔던 이유는 좀비 기업과 유니콘 탓에 컵의 크기가 커졌기 때문이다.
- 따라서 우리가 걱정해야 하는 진짜 리스크는 유니콘이나 좀비 기업이 망해서 더 이상 컵을 키우는 역할을 하지 못하는 경우다.

그런데 기업이 망하는 것도 생각보다 쉽지 않다. 여전히 많은 기업이나 자금들이 투자처를 찾고 있기 때문이다. 손정의 회장의 비전펀드는 최근 야놀자에 2조 원을 투자했고, 모바일 금융 플랫폼 토스는 모빌리티 스타트업 타다를 인수했다. 지금도 수많은 기업이 서로의 필요에 따라 과감한 인수합병을 진행하고 있다. 그 근본적인 이유는 아직 게임이 끝나지 않았고, 시장에는 충분한 유동성이 있기 때문이다. 물론 좀비콘이라고 불릴 만큼 상황이 좋지 않은 유니콘도 있겠지만, 세상을 바꿀 혁신을 하고 있는 유니콘 기업들은 지금도 그리고 앞으로도 많을 것이다.

마찬가지로 전통 산업에 속하는 기업들이 망하는 것도 생각보다 쉽진 않을 것이다. 최근 인플레이션 우려 때문에 금리가 상승하고 있지만, 그래도 여전히 낮은 수준이라는 것은 부인할 수 없

세상을 바꾸는 힘 –
기하급수적 성장을 추구하는 사람들

최근 전문 투자자가 되기로 마음먹은 분들이 많다. 그중 한 분이 들려준 이야기가 기억에 남는다. 지금은 선형적인(Linear) 성장, 즉 일정한 성장이 아니라 기하급수적(Exponential)인 성장이 필요한데,● 그런 성장을 이뤄내려면 사업을 하거나 투자를 하는 길밖에 없다는 얘기였다. 정말 공감이 됐다.

그렇다면, 이 시대의 젊은 세대들은 왜 기하급수적인 성장을 추구할까? 가장 큰 이유는 그 방법 외에는 길이 없기 때문이다. 자산 가격이 이미 너무 상승해버렸기에 선형적인 성장을 해서는 답이 없다는 것이다. 너무 안타깝게도 어쩔 수 없는 사회현상이며, 전 세계적인 현상이기도 하다. 기하급수적 성장을 보여주는 기업의 가치가 커지는 이유도 그런 맥락에서 찾을 수 있다.

그런데 나는 이렇게 기하급수적인 성장을 추구하는 젊은 세대의 움직임이 유니콘 기업이 유지되게 하는 원동력이라고 생각한다. 이미 성숙한 기업에서는 기하급수적 성장이 이뤄지기 어렵다. 반면, 새롭게 시작하는 작은 스타트업 기업이 성장하는 과정은 기하급수적 성장에 비견할 수 있다. 그래서일까. 최근 국내외 젊은 인재들은 대기업에 취업하는 것보다 스타트업처럼 새로운 성장을 추구하는 결정을 하고 있다. 그리고 이런 변화는 시대의 흐름 중 하나인 탈중앙화(De-centralized)의 원동력이기도 하다.

다. 게다가 현재의 경제 상황에서 금리가 지나치게 높은 수준으로 상승하면 감당하기 어렵다는 사실을 모두가 알고 있다. 그런 의미

● 이효석, 『나는 당신이 주식 공부를 시작했으면 좋겠습니다』 페이지2북스

에서 나는 이번 사이클에서 구조조정의 원인은 금리뿐만 아니라 ESG가 그 역할을 하게 될 가능성이 있다고 생각한다.

ESG가 구조조정의 원인이 될 수 있다고 보는 이유는 크게 두 가지 측면에서다. 첫째는 ESG 때문에 진행되고 있는 그린플레이션 문제다. 이는 기업의 마진을 훼손시키는 방식을 통해서 구조조정을 압박하게 될 것이다. 둘째는 ESG의 영향으로 더는 낮은 금리로 자금을 조달받지 못하는 기업들이 생겨날 가능성이 크기 때문이다. 이에 대해 좀더 자세히 살펴보자.

≡ 인플레이션: 공급망 이슈

2021년 9월 24일 진행된 '페드 리슨스Fed Listens'는 연준이 식당 주인, 교육감, 부동산 중개업자, 호텔 사업자 등 일반인들의 목소리를 듣는 행사였다. 이번에는 유례가 없을 정도로 심각한 공급망 이슈가 주요 논의 대상이었다. 이 행사에서 제롬 파월 의장은 의외로 약한 모습을 보여주었는데, 그는 "내가 나이가 많이 들었지만 이 정도로 공급망 문제가 심각한 경우를 보지 못했고, 노동력이 부족한데도 노동참가율은 낮은 상황도 보지 못했다"라고 언급했다. 무엇이 파월 의장의 자신감을 빼앗아 간 걸까?

전 세계적으로 많은 부문에서 진행되고 있는 공급망 이슈

공급망 차질은 반도체 부족에서부터 시작됐지만, 현재는 생각보다 많은 부문에서 진행되고 있다. 맥도날드가 우유를 확보하지 못해 영국에서는 밀크셰이크 메뉴를 제외했다는 소식도 들린다. 글로벌 운송 비용이 급등한 것도 같은 맥락에서 이해할 수 있다. 글로벌 해운 전문 리서치기관인 드류리Drewry에 따르면, 상하이에서 출발해 유럽으로 가는 컨테이너 운송 비용이 1년 전에 비해서 7배나 상승했다고 한다. 전 세계적으로도 4배나 상승했다. 벌크 운임지수도 1년 전에 비해 3배나 상승했다.

이렇게 심각한 공급망 이슈의 원인은 기본적으로는 코로나19의 영향이 생각보다 오래 지속됐기 때문이다. 첫째, 팬데믹 초반에 급감했던 재고가 경제 개방 이후 폭발적으로 증가하는 수요를 따라가지 못했다. 둘째, 국가 간 인력 이동이 제한되고 현장 근로자가 이탈하면서 물건을 만들 사람도 부족해졌다. 만드는 국가(중국)와 쓰는 국가(미국) 간의 간극이 심화되다 보니, 운송에 따른 비용이 너무 커져 버린 것도 문제다. 그런데 이런 이슈를 더 키운 배경에는 '기후'가 있었다.

인플레이션, 그린플레이션

최근 유럽 전력 도매가격이 급등했다. 여러 가지 이유가 있지만, 북해의 풍속이 느려지면서 영국에서 풍력을 통한 전력 생산이 평년에 비해 3분의 1 수준으로 감소한 것이 중요한 이유로 지목된다. 아직 확인되진 않았지만, 풍력을 통한 전력 생산이 줄어든 이유가 기후 때문이라는 분석이 있다. 실제로 극지방과 적도 지역의 온도 차이 때문에 생기는 것이 제트기류인데, 극지방의 온도가 적도 지역에 비해 3배나 빠르게 상승한 것이 바람이 줄어든 이유일 수 있다는 것이다.

2021년에 발생한 수많은 이상기후 역시 여러 가지 방식으로 에너지 가격과 밸류체인에 영향을 주고 있다. 중국에서는 비가 너무 많이 와서 가용 석탄의 비중이 줄어들었다는 이야기도 있으니 말이다. 또 텍사스의 한파, 대만의 가뭄도 반도체 수급에 직간접적인 영향을 주었다. 문제는 이런 이상기후가 일회성이 아닐 수 있다는 점이다. 에너지 대전환 과정에서 생기는 인플레이션 문제는 단순히 ESG 움직임 때문이 아니라 이상기후 현상 때문에라도 더 심화될 수 있을 것 같다.

어쨌든 영국의 전력 가격 상승은 당연히 전력 생산량 증가로 이어져야 했다. 그 과정에서 천연가스에 대한 수요가 크게 증가할 수밖에 없었고, 이에 따라 천연가스 가격은 유례가 없는 수준으로 상승했다.

그뿐만이 아니다. 코로나19 이후 다시 전 세계 공장 역할을 하게 된 중국에서도 전력난이 심화됐는데, 문제는 ESG 때문에 석탄과 관련된 투자와 발전이 제한되고 있다는 것이다. 중국의 부총리

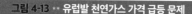

그림 4-13 •• 유럽발 천연가스 가격 급등 문제

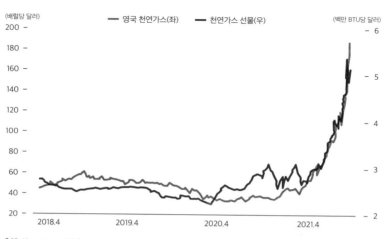

(배럴당 달러)
200 −
180 −
160 −
140 −
120 −
100 −
80 −
60 −
40 −
20 −

(백만 BTU당 달러)
− 6
− 5
− 4
− 3
− 2

— 영국 천연가스(좌)　— 천연가스 선물(우)

2018.4　　2019.4　　2020.4　　2021.4

출처: Bloomberg, SK증권

가 '모든 방법을 총동원해 에너지 공급을 확보하라'라고 하면서 천
연가스 가격 상승이 가속화됐다. 2022년에는 아마도 인플레이션
에 대한 우려가 가장 큰 리스크가 될 가능성이 있다.

짜장면집 이야기로 풀어보는 인플레이션

물가가 상승한다는 의미의 인플레이션에는 다양한 수식어가
따라붙곤 한다. 일시적, 선별적, 광범위한, 무서운 등. 잠시 짜장면
집 비유를 해보겠다. 짜장면집에서는 양파와 밀가루 등을 사 와서
짜장면을 만들어 판다. 짜장면집 입장에서는 양파와 밀가루 가격
이 오르지 않는 것이 좋지만, 짜장면 가격은 되도록 높게 받는 것
이 좋다. 여기서 양파와 밀가루 가격을 생산자물가PPI라고 하고,

짜장면 가격을 소비자물가[CPI]라고 한다.

문제는 우리가 걱정하는 물가는 대부분 생산자물가인데, 연준이 걱정하는 물가는 소비자물가라는 것이다. 시장에서 인플레이션을 걱정하는 이유는 천연가스, 석유 등 이른바 밀가루와 양파 가격과 같이 생산자물가에 영향을 주는 상품의 가격이 너무 오르기 때문이다. 그런데 연준이 물가 상승을 걱정하는 이유는 단 하나, 바로 '살림살이가 나빠질 가능성' 때문이다. 다시 말해 '물가가 올라서 생계비[Cost of living], 즉 사람들이 살아가는 데 필요한 돈이 많아지면 어쩌나'를 걱정한다는 얘기다.

지속적인 인플레이션이 가능하기 위해서 필요한 것은?

얼마 전에 끝난 잭슨홀 미팅[Jackson Hole Meeting]●에서 파월 연준 의장이 인플레이션에 대해 일장 연설을 했는데, 핵심 중 하나가 '임금이 인플레이션을 이길 수 없다'라는 것이었다. 짜장면집의 비유로 돌아가, 1만 원이면 먹을 수 있었던 짜장면 가격이 2만 원까지 상승한다고 해보자. 그래도 사람들이 사 먹겠는가? 임금이 2배 오르지 않는 이상 지속 가능하지 않다.

2021년에 있었던 인플레이션 상황을 복기해보자. 처음에는 차량용 반도체 부족에서부터 시작됐다. 차량용 반도체가 없으니 차

● 세계 40여 개국 중앙은행 총재와 재무장관, 경제학자, 언론인 등이 참여하는 경제정책 심포지엄으로 해마다 개최된다. 미국 와이오밍주 잭슨홀에서 열리기에 이런 이름이 붙었다.

를 만들 수가 없었고, 마침 차를 사려고 했던 미국 사람들이 '새 차가 없으면 중고차라도 사야지' 하는 생각으로 중고차 시장으로 몰려가다 보니 중고차 가격이 유례가 없을 정도로 크게 상승했다. 하지만 최근에 나온 경제지표를 보면, 자동차 판매량은 이미 4개월 연속 감소하고 있다. 이유는 간단하다. 짜장면 가격이 2만 원이 되면, 안 먹는다는 얘기다. 차가 필요해서 사고는 싶지만, 이렇게 비싼 가격을 내면서까지 사고 싶진 않다는 것이다. '가격을 진정시키는 데 가장 좋은 방법은 높은 가격'이라는 이야기가 여기서 나온다. 가격이 지나치게 높아지면 수요가 그만큼 감소하니 말이다.

물론 앞서 알아봤던 ESG, 기후변화에 따른 인플레이션 압력은 상당 기간 지속될 가능성이 있다. 다만, 그 가격 역시 소비자가 감당할 수 있는 수준 이상으로는 올라가기 어렵다는 데 주목할 필요가 있다. 연준의 행동을 바꾸는 것은 '지속적인' 또는 '통제되지 않는' 인플레이션이기 때문이다.

이를 이해하기 위해서 극심한 인플레이션 시대라고 할 수 있었던 1970년의 사례를 살펴보자. 당시 지속적인 인플레이션이 가능했던 여러 가지 이유 중 하나로 노동자의 힘이 강했다는 것도 비슷한 맥락에서 이해할 수 있다. 자동차회사에 다니는 직원이 "짜장면 가격이 2배 올랐으니, 우리 임금도 2배 올려주세요"라고 할 때 경영진이 그 요구를 들어줘야 하는 상황인지 아닌지가 중요하다는 얘기다. 안타깝게도 경영진 입장에서 지금은 그런 요구까지 들어줄 필요는 없는 것 같다.

결과적으로 우리가 알고 싶어 하는 것은 '인플레이션이 연준의 생각을 바꿀 수 있을까?' 하는 것이다. 앞서 언급한 것처럼 연준이 인플레이션을 걱정하고 고민하는 이유는 사람들이 인플레이션 때문에 살림살이가 안 좋아질 수도 있다고 생각하기 때문이다. 하지만 연준에서는 그런 걱정을 크게 하지 않는 것 같다. 인플레이션은 앞으로도 높은 수준을 유지하겠지만, 임금이 인플레이션만큼 상승하지 않는다면 지속 가능하지 않으리라는 것이 파월의 생각이니 말이다.

그런데 이 생각에 문제가 좀 생겼다. ESG 때문에 생기는 그린플레이션과 공급망 이슈 때문에 생기는 물가 상승이 생각보다 지속될 가능성이 커졌기 때문이다.

니프티 피프티의 추억: 매크로 환경 비교+인플레이션

니프티 피프티(Nifty Fifty)란 1969년부터 1973년까지 폭발적인 상승세를 보여줬던 주식들을 말한다. 당시 미국 투자자들이 가장 선호하는 50개(Fifty) 주식을 니프티(Nifty, 매력적인) 종목으로 분류한 데서 유래했다.

당시 매크로 환경을 보면, 주가는 다우지수 기준 1950년 이후 약 20년 동안

260% 상승하면서 장기 호황을 경험했다. 당시 주가지수의 밸류에이션은 PER 기준 18.8배 수준으로 지수의 추가 상승에 대한 부담이 있었다. 주가가 이렇게 오랫동안 많이 오를 수 있었던 이유 중 하나는 베트남 전쟁 등으로 통화량이 급격하게 늘어났다는 것이다. 매크로 관점에서 가장 큰 특징은 저유가에 기반한 낮은 인플레이션 기대 덕분에 비교적 낮은 금리가 유지되고 있었다는 점이다.

이렇게 보니, 현재의 매크로 환경과 비슷한 부분이 많다는 것을 알 수 있다. 현재도 2008년 금융위기 이후 지난 10년 동안의 주가 상승으로 피로도가 높아진 상황이고, 코로나19 이후 통화량이 정말 급격하게 증가하고 있다. 다만 인플레이션에 대한 부담은 커지고 있다는 것이 당시와 다른 점이다.

당시 최고의 인기였던 니프티 피프티 종목들은 1973년을 전후로 크게 하락했고, 이전 수준의 주가를 회복하는 데에도 매우 오랜 시간이 걸렸다. 결국 주가 하락의 트리거를 제공한 것은 유가 상승으로 촉발된 인플레이션이었다. 1973년 제4차 중동전쟁이 발발한 이후, 유가가 3달러에서 12달러까지 급등하면서 인플레이션이 촉발된 것이다.

여기서 주목할 점은 제1~3차 중동전쟁이 아닌 제4차 중동전쟁에서만 유가가 급등했다는 것이다. 이는 당시 원유의 수요-공급 상황을 확인하면 알 수 있다. 미국의 산유량은 이미 1970년대부터 감소하기 시작했는데, 미국의 원유 수요는 크게 증가하고 있었다. 유가 상승은 비록 전쟁이 트리거가 되긴 했지만, 당시의 수요-공급 상황이 인플레이션을 촉발할 수 있는 구조였다는 것이 중요하다.

이번에도 당시처럼 인플레이션이 결국 감당하기 어려운 수준까지 심화된다면, 그래서 미국 국민들에게 실질적인 영향을 주게 된다면, 니프티 피프티 장세가 끝났던 당시처럼 어려운 상황으로 전개될 가능성도 배제할 순 없다. 그러므로 2022년에는 인플레이션과 관련된 변화를 반드시 체크해야 할 것이다.

모든 투자는
ESG 관점에서 재검토해야 한다

$\bullet$
$\bullet$
$\bullet$

2021년 한 해 동안 시장에서 가장 크게 주목받은 것은 ESG가 아닐까 싶다. ESG가 주목받을 수 있었던 결정적인 이유는 '기후위기의 심각성을 피부로 느꼈기 때문'이라고 생각한다. 이미 크게 주목받고 있는 ESG가 2022년에는 시장에 어떻게 영향을 주게 될지를 고민해볼 필요가 있다.

≡ ESG에 대한 근본적인 고민:
가격이 가치를 바꿀 수 있을까?

2021년 초 게임스탑Gamestop 주가의 이상 급등 현상이 이슈가 된 적이 있다. 이후에는 '밈 주식meme stock'이라는 이름으로 사람들의 관심을 받기도 했다. 이런 현상을 두고 생각할 수 있는 것들은 매우 많다. 공매도를 하는 헤지펀드를 포함하여 기존의 금융 세력에 대해 미국의 개인 투자자들이 어떤 감정을 가지고 있는지도 알 수 있고, 집단지성에 대한 숭배가 극단적인 형태로 나타날 때 생기는 문제를 고민해볼 수도 있을 것이다. 그런데 나는 이런 질문을 하고 싶다.

'가격이 가치를 바꿀 수 있는가?'

흔히 투자는 '적정한 가치value에 비해 낮은 가격price에 거래되는 주식을 사서buy 적정한 가치에 도달하면 파는 것'으로 정의된다. 그런데 이런 정의를 바탕으로 본다면, 가치는 잘못 거래되고 있는 가격에 영향을 주지만 가격은 가치에 영향을 줄 수 없다는 얘기가 된다. 그런데 놀랍게도 게임스탑과 AMC 같은 주식들은 가격이 가치에 영향을 주었다. 이 두 기업은 주가가 급등한 이후 자사가 보유하고 있던 주식을 매도하거나 유상증자 등을 통해서 얻은 현금으로 부채를 상환했다. 당연히 재무구조가 개선됐고, 신용등급도 좋아지는 효과가 나타났다. 주가가 오르는 것은 가격이 변한 것이고, 재무구조와 신용등급이 좋아지는 것은 회사의 가치가 바뀐 것이라고 이해할 수 있다.

정말로 가격이 회사의 가치를 바꿀 수 있는 걸까? 또 다른 사례가 있다. 바로 테슬라다. 테슬라의 2020년 주가 상승은 정말 놀라운 수준이었다. 그런데 잘 알려진 것처럼 테슬라는 세 차례의 유상증자를 통해서 원화 기준으로 12조 원 규모의 현금을 조달했다. 현금이 부족해서 힘들어하던 테슬라가 유상증자를 통한 자금조달로 재무구조가 가장 좋은 자동차회사가 된 것 역시 가격이 가치를 바꾼 사례라고 볼 수 있다. 좀더 전문적인 용어로 말하자면, 테슬라가 급등한 주식을 활용하여 현금을 조달한 것은 기업이 주식으로 조달할 수 있는 금리$^{CoE, Cost of Equity}$가 매우 낮았다는 것을 의미한다.

이와 반대되는 사례를 한번 살펴보자. 2021년 7월, 강원도 삼척에 석탄 화력발전소를 짓고 있는 삼척블루파워는 채권시장에서 회사채를 발행했다. 그런데 이 회사채에 대한 수요는 놀랍게도 '0'이었다. 쉽게 말하면, 석탄 발전소를 짓고 있는 회사가 돈 좀 빌려달라고 시장에 나갔는데 아무도 나타나지 않았다는 것이다. ● 이는 기업이 채권으로 돈을 조달하는 금리$^{CoD, Cost of Debt}$가 매우 높다는 것을 의미한다.

ESG에 대한 근본적인 고민을 이야기하는데 '가격이 가치를 바꿀 수 있나?'라는 이상한 질문을 해서 당황했을지도 모르겠지만, 이제 소결론을 내려보자. 우선 게임스탑의 사례를 통해서 확인한 것처럼 가격이 가치를 바꿀 수 있다. 그리고 ESG에 대한 투자자들의 관심은 주식 가격과 돈의 가격(금리)을 바꾼다. 즉, ESG가 기

● https://www.hankyung.com/economy/article/202106269213i

업과 주가에 미치는 가장 큰 영향은 기업이 주식으로 조달할 수 있는 금리^{CoE}와 채권으로 조달할 수 있는 금리^{CoD}를 바꾼다는 것이다.

≡ 다모다란 교수가 ESG에 부정적인 이유

애스워드 다모다란$^{Aswath\ Damodaran}$ 뉴욕대학교 경영대학원 재무학 교수는 'Valuing ESG: Doing Good or Sounding Good?'이라는 제목의 논문을 통해 ESG에 대한 부정적인 의견을 내놓았다.● 그는 ESG를 기업 평가에 반영하는 프레임워크를 짜기 위해 세 가지 시나리오를 만들었다. 각각의 시나리오는 다음 세 가지 질문으로 설명할 수 있다.

- ESG 관점에서 좋은 기업이 제대로 된 평가를 받을 수 있을 까?(The Virtuous Cycle)
- ESG 관점에서 나쁜 회사가 처벌을 받을까?(The Punitive Vision)
- 반대로 나쁜 기업의 주가가 더 좋아질 수 있는 시나리오는 없을까?(The Dystopian Vision)

───────

●   https://papers.ssrn.com/sol3/papers.cfm?abstract_id=3557432

각각의 질문 내용이 다르지만, 'ESG 관점에서 좋은 회사가 실제로 실적이 좋아지는가?'라는 한 가지 질문으로 연결된다고 볼 수 있다. 그런데 잘 생각해보면, 다모다란 교수의 의견처럼 ESG 잘하는 회사가 실적이 좋아지긴 어렵지 않을까?

예를 들어보겠다. 펩시콜라와 코카콜라를 비교하면, 펩시콜라가 기후를 훨씬 더 많이 생각하고 ESG 관점에서도 좋은 회사다. 그런데 아마 이 글을 읽고 있는 분들 중 대부분은 이 사실을 처음 알았을 것이다. 그러니 펩시가 ESG 관점에서 더 좋은 회사라는 이유로 펩시를 고르는 사람이 얼마나 되겠는가. 더 많은 사례를 살펴보는 것보다, 단순히 우리가 어떤 제품을 선택할 때 ESG를 고려하는지를 생각해보자. 아마 대개는 그렇지 않을 것이다. 따라서 ESG 관점에서 더 좋은 회사의 매출이 당장은 더 커진다고 보긴 어려울 것 같다. 그렇다면, 비용 관점에서는 어떨까? ESG 관점에서 더 좋은 회사라면 환경 비용을 포함한 다양한 비용이 더 클 수밖에 없으니, 비용 관점에서도 더 좋은 실적을 기대하긴 어려울 것 같다.

ESG에 대한 근본적인 질문에서 '가격이 가치를 바꿀 수 있는가?'를 제시한 이유가 여기에 있다. ESG 관점에서 아무리 좋은 회사라고 하더라도 지금 당장 그리고 당분간 실적이 더 좋아진다고 보긴 어려울 것 같기 때문이다. 주가에 영향을 주는 두 가지 요인은 크게 실적(cash flow)과 금리(CoE)다. 이때 CoE 값은 주가에 따라서도 결정된다. 유상증자를 해도 주가가 하락하지 않았던 테슬

그림 4-14 ·· 주식시장의 밸류에이션에 영향을 주는 핵심 요인: 이익과 금리

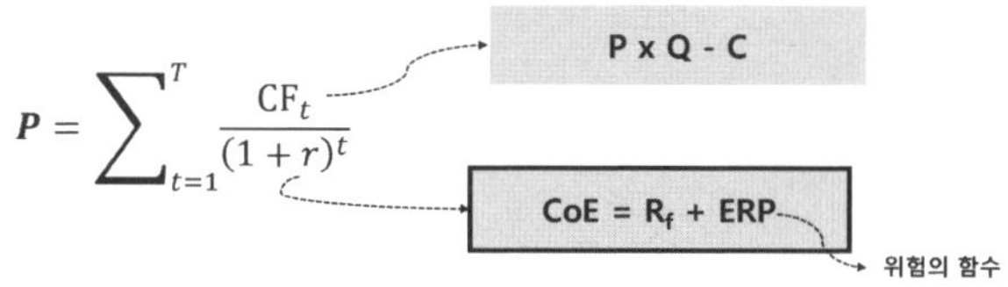

$$P = \sum_{t=1}^{T} \frac{CF_t}{(1+r)^t}$$

P x Q - C

$CoE = R_f + ERP$

→ 위험의 함수

출처: SK증권

라의 사례로 보면, CoE는 0%에 가깝다는 것을 알 수 있다. CoE와 CoD가 낮을수록 적정 주가는 상승한다. 반대로 ESG 관점에서 나쁜 회사의 CoE와 CoD는 상대적으로 높을 가능성이 크기 때문에 적정 주가는 계속 낮은 수준에 머무를 수밖에 없다.

‒ 'ESG가 돈이 될까?'보다 중요한 질문: ESG가 더 중요해질까?

많은 투자자의 관심사는 과연 ESG 투자를 하면 돈을 벌 수 있느냐 하는 것이다. 그래서 과거 ESG가 중시되지 않았을 때부터의 사례를 분석해서 당시 ESG가 좋았던 기업의 주가가 실제로 좋았는지를 백테스팅해보기도 한다. 그런데 앞서 다모다란 교수의 주장을 확인해본 것처럼, 정말 중요한 것은 ESG 관점에서 좋은 회사의 펀더멘털이 좋아지기도 어렵고 주가가 좋았을 리도 없다는 것이다.

오히려 이런 질문이 필요한 것 같다.

'ESG는 앞으로 더 중요해질까?'

이를 알려면 ESG와 관련된 움직임이 앞으로도 지속될지 어떨지를 판단해야 한다. 이때 필요한 것이 앞서 설명한 기후위기의 심각성을 이해하는 것이다. 그리고 추가로 고민해봐야 할 문제가 바로 '그린플레이션'이다.

≡ ECB의 기후 스트레스 테스트가 알려준 사실

앞에서 그린플레이션의 의미에 대해 설명했다. ESG가 강조될수록 석탄을 포함한 전통 에너지에 대한 투자가 줄어들 수밖에 없는데, 이때 에너지 가격의 상승이라는 부작용이 생길 수밖에 없다는 것이 핵심이었다. 그런 관점에서 (이 글을 쓰는 시점 기준으로) 아직 오지 않은 추운 겨울은 분명히 부담 요인이다. 일반적으로 겨울에는 난방 수요가 크게 증가하는데 그렇지 않아도 크게 오른 에너지 가격의 추가 상승이 우려되기 때문이다.

춥다. 그런데 석탄 발전은 안 된다. 바람이 약해졌다. 그런데 당장 진짜 춥다.

이런 상황에서 나올 수 있는 이야기는 첫째, ESG도 좋지만 얼어 죽을 수는 없지 않느냐는 것이다. 물론 맞는 이야기이며 설득력도 있다. 하지만 나는 2021년 겨울이 오히려 친환경 에너지로 가는 흐름이 가속화되는 시점이 될 가능성이 크다고 생각한다. 그 이유를 최근 ECB가 내놓은 스트레스 테스트를 통해서 설명해보고자 한다.

이 자료에서는 크게 세 가지 시나리오를 상정했다.

첫 번째는 '질서 있는 전환orderly transition' 시나리오다. 빠르고 효과적인 기후 정책 시행으로 전환 리스크 및 물리적 리스크가 제한되는 시나리오다. 전환 리스크는 탈탄소로 빠르게 전환하는 과정에서 생기는 리스크를 의미하고, 물리적 리스크는 반대로 늦게 전환함으로써 생기는 기후위기로 인한 리스크를 의미한다.

두 번째는 '질서 없는 전환disorderly transition' 시나리오다. 쉽게 말하

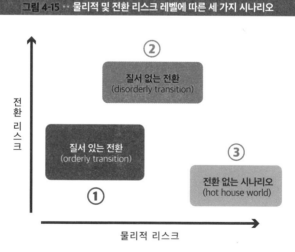

그림 4-15 ·· 물리적 및 전환 리스크 레벨에 따른 세 가지 시나리오

출처: ECB, SK증권

면, 소 잃고 외양간 고치는 것에 비유할 수 있다. 기후 정책 시행이 늦어짐으로써 물리적 리스크는 마지막 시나리오에 비해서 낮을 수 있지만, 전환하는 데 드는 비용은 매우 큰 시나리오다. 소를 잃은 이후에 전환하려고 하니 비용이 더 커진다는 것을 의미한다.

세 번째는 아무것도 하지 않고 그대로 기후위기에 노출되는 '뜨거운 지구hot house world', 즉 전환 없는 시나리오다. 새로운 기후 정책 시행이 없기 때문에 당연히 전환 비용은 크지 않지만, 물리적 리스크는 매우 커진다.

각각의 시나리오에 대해 언급한 이유는 〈그림 4-16〉을 설명하기 위함이다. 시나리오별로 앞으로 에너지 가격이 어떤 흐름을 보일 것인지를 보여주는 그림이다. 탈탄소로 전환하는 시나리오에서는 예외 없이 최소 2025년까지 에너지 가격이 평균적으로 10% 이상 상승하리라는 점이 반영되어 있다. 정도에 따라 다를 수는 있지만, 최근 나타나고 있는 그린플레이션이 어느 정도 반영되어 있음을 확인할 수 있다. 그나마 소 잃고 외양간 고치는 시나리오에 비해 재생 에너지로 빨리 전환하는 것이 에너지 가격 상승에 따른 리스크를 줄인다는 것을 알 수 있다.

2020년 코로나19 위기가 닥쳤을 때 시장에서 우려했던 부분은, 경제가 이렇게 안 좋고 당장 먹고살기도 힘든데 유럽이 친환경차 정책을 뒤로 미루지 않겠다는 것이었다. 그런데 의외로 유럽에서는 더 강한 친환경 정책이 나왔다는 것을 기억할 필요가 있다. 그

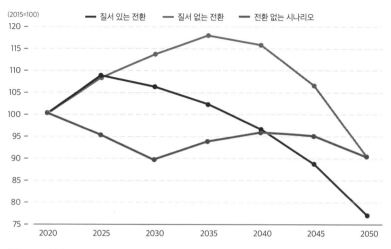

그림 4-16 ·· 시나리오별 에너지 가격 흐름 추정

(2015=100)

— 질서 있는 전환   — 질서 없는 전환   — 전환 없는 시나리오

120 –
115 –
110 –
105 –
100 –
95 –
90 –
85 –
80 –
75 –

2020   2025   2030   2035   2040   2045   2050

출처: ECB, SK증권

배경에는 우리와 다른 기후 문제에 대한 인식이 있었다고 봐야 한다. 이 글을 읽으면서 아마 이렇게 생각하는 사람도 있을 것 같다.

'에이, 이거 다 유럽이 먹고살기 힘들어서 그런 거지. 나쁜 놈들. 산업혁명 이후로 그렇게 이산화탄소 배출 많이 한 게 누군데, 이제 얼굴 바꿔서 신흥국 못 살게 구는 거잖아. ECB 이놈들도 똑같아서 그럴듯한 보고서 하나 써놓고 거짓말하는 거 아니야?'

충분히 설득력 있는 이야기이며, 그런 주장이 앞으로도 계속 나올 것이다. 그렇기에 탈탄소로의 전환은 그만큼 어려운 길이다.

ESG 하면 깨끗한 이미지가 떠오르고 '그래! 지금이라도 탄소 배출을 줄이면 좋은 세상에서 살 수 있어'라는 생각을 갖게 하지만, 그렇지 않다. 탄소 배출을 줄이는 것은 좋은 세상에서 살기 위해서가 아니다. 그렇게 하지 않으면 죽기 때문이다. 비슷한 듯하지만 둘은 완전히 다른 이야기다. 몸에 좋은 비타민은 아무리 중요해도 가끔 깜빡하기도 한다. 그런데 먹지 않으면 죽는 약은 꼬박꼬박 챙겨 먹을 수밖에 없다. 탈탄소 경제로의 전환은 먹지 않으면 죽는 약과 같다.

전환하는 과정에서 여러 가지 혼란, 어려움, 아픔이 발생할 것으로 예상된다. 그런데 ECB에서 제시한 시나리오처럼 '만약 이들이 이미 우리가 겪을 어려움을 가정에 포함했다면' 친환경과 ESG로 가는 흐름이 강화되리라고 봐야 하지 않을까?

몸에 좋은 비타민이 아니라, 먹지 않으면 죽는 약

ECB 보고서의 내용을 조금만 더 깊이 파고들어 보자. 에너지에 대한 가정까지는 알겠는데, 그럼 그런 상황에서 기업들은 어떻게 될까? 결과적으로는 기업의 수익성이 악화될 것이고, 이에 따라 더 많은 차입이 필요해질 가능성이 크며, 부도 확률도 크게 높아질 것이다.

〈그림 4-17〉은 질서 있는 전환 대비 그 외 시나리오에서의 부도 확률이 얼마나 높은지를 나타낸 것이다. 이 그림은 ESG가 구조조정의 수단이 될 수밖에 없는 이유를 보여준다. 질서 있는 전환에 비해 전환 없는 시나리오에서 부도 확률이 얼마나 높은지를 보자.

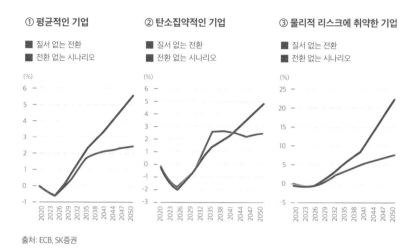

그림 4-17 ·· 질서 있는 전환 대비 그 외 시나리오상 기업의 부도 확률

① 평균적인 기업

■ 질서 없는 전환
■ 전환 없는 시나리오

② 탄소집약적인 기업

■ 질서 없는 전환
■ 전환 없는 시나리오

③ 물리적 리스크에 취약한 기업

■ 질서 없는 전환
■ 전환 없는 시나리오

출처: ECB, SK증권

평균적인 기업이나 탄소집약적인 기업은 2050년까지 최대 5~5.5% 정도 높지만, 물리적 리스크에 취약한 기업은 최대 22.5%까지 높아진다는 것을 알 수 있다. 물론 2050년을 전망하는 것이기 때문에 이 숫자 자체의 의미가 크지 않을 수는 있다. 그렇지만 ECB의 추정에 따르면, 탈탄소로 전환하는 과정에서 생기는 전환 리스크가 가만히 앉아서 당해야 하는 리스크보다 작다고 이야기할 수 있는 충분한 근거 자료가 된다.

기업이 이렇게 부도가 날 수 있다는 가정이 은행에는 어떤 영향을 미칠까? ECB에서는 은행에 미치는 영향까지 정리했다(그림 4-18). 여기서 주목해야 하는 것은 초반에는 질서 있는 전환에 비해 다른 2개의 시나리오에서 부도 확률이 낮다는 것이다. 이는 질서 있는 전환 시나리오에서 오히려 더 많은 기업이 망할 수 있다는 것을 의미하는데, 이 역시 ESG가 왜 구조조정의 수단이 될 수 있는지를 보여준다.

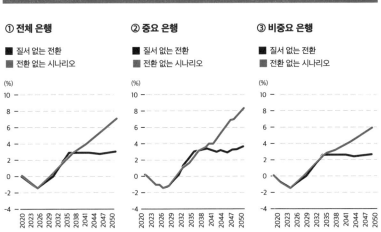

그림 4-18 ·· 질서 있는 전환 대비 그 외 시나리오상 은행의 부도 확률(유럽)

출처: ECB, SK증권

당신은 ESG-motivated 투자자입니까?

•
•
•

어렵게 느껴지는 부분도 좀 있었겠지만, 지금까지 이야기한 내용을 정리하면서 마지막 결론을 도출하고자 한다.

- 논의의 출발점은 기후위기의 심각성을 정확하게 아는 것이어야 한다.
- 금융위기 이후 자산 가격 상승이 진행된 근본적인 이유는 디플레이션 때문이었다.
- 따라서 그동안 디플레이션을 만들었던(컵의 크기를 키웠던) 유니콘과 좀비 기업이 그 역할을 다하지 못하면, 역설적으로 자산 가격의 상승이 멈출 수 있다.
- 하지만 당장 2022년에 그런 일이 일어나진 않을 것 같다.

- 그렇다면 문제는 ESG 강화로 인한 부작용(그린플레이션)이 될 수 있을 것 같은데, 이미 고려하고 있는 시나리오라면 친환경으로의 전환은 오히려 가속화될 가능성이 있다.

아마 동의하는 부분도 있고, 동의하지 못하는 부분도 있을 것이다. 그렇다면, 이제 마지막 질문이다. 부정하고 싶지만, 어쨌든 지금까지 소개한 기후위기 관련 내용은 과학적인 사실이다. 그리고 앞으로 탈탄소 경제로 전환하는 과정은 결코 아름답지 않을 것이다.

'그런데도 당신은 ESG-motivated 투자자가 될 수 있습니까?'

이 질문의 의미를 정확히 전달하려면 한 논문●의 내용을 설명해야 한다. ESG와 관련하여 피더슨 등이 발표한 것으로, 〈그림 4-19〉는 이 논문에서 가장 중요한 그림 중 하나다. CAPM$^{Capital\ Asset\ Pricing\ Model}$이라는 다소 복잡한 투자 용어가 나왔지만, 그냥 쉽게 설명하겠다. 그림을 보면 ESG-motivated 투자자는 ESG 점수가 높을수록 기대하는 초과 수익률이 낮다는 것을 알 수 있다(우하향 그래프). 이것은 무엇을 의미할까? 쉽게 말해, ESG-motivated 투자자는 ESG 점수가 높다면 기대 수익률이 좀 낮더라도 얼마든지 투자할 의향이 있는 투자자라는 얘기다.

● Pedersen, L. H., Fitzgibbons, S., & Pomorski, L., "Responsible Investing: The ESG-efficient Frontier", https://research.cbs.dk/en/publications/responsible-investing-the-esg-efficient-frontier-2

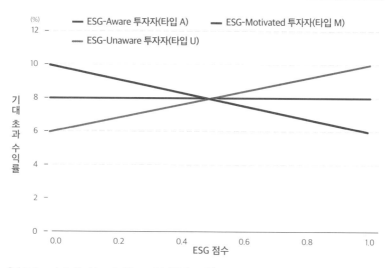

출처: Pedersen, L. H., Fitzgibbons, S., & Pomorski, L.(2020), SK증권

누군가는 이렇게 생각할지도 모르겠다.

'하이고, 세상에 그런 사람이 어디 있나? 자기 돈을 손해 보면서까지 ESG 투자를 한다고?'

하지만 그런 투자자들이 실제로 있다. 노르웨이 국부펀드가 대표적인 사례다. 그리고 지금까지 설명한 내용을 바탕으로 보면, 앞으로 ESG-motivated 투자자가 늘어날 가능성이 크다. 이미 ESG-motivated 투자자로 가득 차 있는 세상에서보다 그렇지 않은 세상에서 ESG를 고려한 투자가 더 좋은 성과를 낼 수 있을 것이다. 모두가 ESG-motivated 투자자인 세상에서는 ESG로 초과 성과를 내기는 어려워질 테니 말이다.

...

5장

2022년 주목해야 할
투자 아이디어와 유망주

염승환 _ 이베스트투자증권 이사

...

코로나19 탈출과 정상화가 기대되는 한 해

:
:
:

   코로나19 팬데믹이 발생한 지 어느덧 2년이 되어가고 있다. 우리가 살아가는 환경과 방식 등 많은 것이 변했다. 물론 부동산, 주식 등 자산시장도 마찬가지다. 막대한 양의 돈이 풀리면서 돈의 가치는 급락했고 자산의 가치는 급등했다. 부동산, 주식, 미술품 등 다양한 종류의 자산 가격이 상승했다. 내가 종사하고 있는 증권시장 분위기도 달라졌다. 주식시장을 주도하던 외국인과 기관의 힘은 약해졌고, 2020년 '동학개미 운동'을 주도한 개인 투자자들은 2021년에도 여전히 많은 돈을 투입하며 국내 주식시장을 이끌고 있다. 2020년 개인 투자자들은 63.9조 원을 순매수했고 2021년에는 1월부터 9월까지 76.8조 원을 순매수했다. 불과 2년도 안 되는 기간에 무려 140조 원이 넘는 주식을 순매수했고, 늘어난 고객예탁금까지 합치면 개인 투자자들이 주식시장에 투입한 돈은 190조 원에 육박한다.

190조 원은 어마어마한 돈이다. 너무 많은 자금이 유입됐기에 개인 투자자들의 유동성이 더 이상 들어오기 어렵다고 하는 시각도 있다. 하지만 한국의 M2(총유동성)가 3,445조 원임을 고려하면 결코 많다고 할 수는 없다. 1999년 IMF 이후 급등했던 IMF 버블 장세에서 한국의 M2 대비 주식시장에 유입된 돈의 비율은 9%가 넘었다. 현재는 5.5% 수준으로, 주식시장으로 유입될 개인 자금은 여력이 충분한 상황이다. 최근 정부의 대출 규제 강화는 부담이 되지만 개인 투자자들의 유동성은 여전히 풍부하다고 생각한다.

물론 이런 유동성이 지속되기 위해서는 개인 투자자들의 위험자산 선호 현상이 지속되어야 한다. 미국의 긴축 이슈, 한국은행의 금리 인상 시작 등은 위험자산에 불리한 신호이지만 저금리, 경기 부양이라는 큰 틀은 변하지 않는다. 위험자산을 선호하는 현상 자체는 쉽게 바뀌기 어렵다. 2020년 3월부터 시작된 유동성 증가의 큰 흐름은 미국이 금리를 인상할 2022년 말까지는 지속될 가능성이 크다.

유동성 증가와 경기 부양에 의한 경제 회복 기대감에 의해 상승한 주식시장은 2022년에도 강세장이 지속될 가능성이 크다. 하지만 주식시장이 상승해도 모두가 수익을 내는, 즉 2020년과 같은 시장은 재현되기 쉽지 않다. 2021년에도 주식시장은 상승했지만 많은 개인 투자자가 상처를 입었다. 2021년 뒤늦게 주식시장에 뛰어 든 초보 투자자들의 상처는 더 컸다. 준비가 되어 있지 않았던 초보 투자자들은 업종별·종목별 차별화가 극심했던 2021년, 큰 손실을 봤다.

연초 빅 사이클을 기대하게 하며 시장을 주도하던 삼성전자·현대차 같은 초대형주부터 규제 이슈에 시달린 카카오, 배터리 화재 사고로 한 달 만에 20%가 급락했던 LG화학, 게임에 대한 실망으로 주가가 반 토막 났던 엔씨소프트 등 내로라하는 대형 우량주들이 체면을 구기며 개인 투자자들을 상심에 빠뜨렸다. 2차전지 소재, 백신, 친환경주 일부를 제외하고는 사실 주도주도 없었다고 보는 게 맞을 정도로 2021년 주식시장은 어려웠다. 2020년이 '물수능'이었다면 2021년은 난이도 최상인 '불수능'이었다.

어려웠던 2021년이 지나가고 2022년이 다가오고 있다. 2022년에도 강세장이 지속되겠지만 2021년처럼 높은 난이도가 이어질 가능성이 크다. 그렇다고 미리 겁먹을 필요는 없다. 실망할 필요도 없다. 2022년에 성장할 업종을 선정하고 그 업종에 속한 기업을 철저히 분석해서 다양한 기업에 분산 투자한다면, 2022년에도 승자가 될 수 있다. 주가는 미래를 반영한다. 현재가 아닌 미래가 좋아질 기업에 투자하는 것이 주식 투자다. 대단한 기법이 있는 것이 아니다. 신문·뉴스·증권사 보고서·유튜브 등 다양한 채널에서 획득한 정보를 기반으로 본인만의 생각 회로를 작동해 내용을 요약하고 정리해서, 앞으로 성장할 업종을 선정하고 그 업종 내 경쟁력을 보유한 기업에 투자하는 것이 주식 투자의 기법이라면 기법이라고 생각한다. 그런 면에서 『미스터 마켓 2022』는 최고의 참고 서적이 될 것이다. 개인 투자자들이 정보를 취득하고 아이디어를 생각하고 투자 의사결정을 하는 데 많은 도움이 될 것이다.

　『미스터 마켓 2022』의 대미를 장식할 마지막 주제는 '2022년 주목해야 할 투자 아이디어와 유망주'다. 친환경, 리오프닝, 고령화, 변화, 설비투자의 시대 등 5개로 주제를 나누었고 주제마다 중요한 산업, 유망 기업들을 담았다. 2022년에도 이 책을 통해 모두가 주식시장의 주인공이 되길 기원한다. 그럼 『미스터 마켓 2022』의 마지막 여정을 시작해보자.

친환경:
이제 모든 길은 친환경으로 통한다

·
·
·

2021년 2월, 미국에서도 대표적으로 따뜻한 지역인 텍사스 지역이 차가운 얼음 도시로 변해버린 사건이 발생했다. 30년 만에 처음으로 겨울 폭풍이 몰아쳐 알래스카보다 더 낮은 기온을 기록하기도 했다. 겨울에도 10℃ 이상을 유지하던 이곳에 몰아친 한파로 텍사스 지역은 지옥으로 변하고 말았다. 전기가 끊기고 집이 파손됐고, 주민들은 벌벌 떨면서 밤을 지새워야 했다. 텍사스주 오스틴에 있는 삼성전자 파운드리 공장은 전력이 끊겨 한 달간 가동이 중단됐다. 무려 4,000억 원이 넘는 손실을 봤는데, 이로 인한 공급 부족 현상이 연말이 가까운 지금도 지속되고 있다.

7월에는 반대 현상이 일어났는데, 에어컨이 필요 없을 정도로 선선한 여름 날씨를 자랑하던 캐나다에서 폭염이 발생해 700여 명

그림 5-1 ** 한파로 얼어붙은 미국 텍사스주

출처: TheRobertReport

이 사망했다. 브리티시컬럼비아주 리튼 지역은 기온이 49.6℃까지 치솟았다고 한다. 일본과 독일에서는 홍수가 날 정도의 폭우가 쏟아졌고, 대만에서는 가뭄이 발생해 파운드리 반도체 세계 1위 TSMC 공장에 물 공급이 되질 않아 반도체 생산에 큰 차질이 빚어지기도 했다.

이런 전 지구적인 이상기후 현상의 원인은 무엇일까? 많은 전문가가 탄소 배출로 인한 지구 온도 상승이 가장 큰 원인이라고 이야기한다. 이 상태면 2050년에는 지구의 온도가 산업화 이전보다 2.7℃ 이상 상승하게 될 가능성이 크다고 한다. 그렇게 되면 지구에 큰 재앙이 닥칠 것이라고 과학자들은 경고하고 있다. 탄소 배출을 줄여 지구 온도 상승을 제어하지 못한다면 지구와 지구에 생존하고 있는 생명체들의 미래를 장담할 수 없다는 의미다. 탄소 배출 감축은 모든 국가가 반드시 해야 하는 의무가 됐다.

'모든 길은 로마로 통한다'는 말이 있다. 2022년, 이제 그 말은 '모든 길은 친환경으로 통한다'로 바꿔야 한다. 이미 정책, 산업, 금융, 일상생활 등 모든 것에 친환경이라는 수식어가 붙게 됐고, 이 단어는 이제 너무나 익숙해져 버렸다. 2021년 7월, 유럽에서는 'Fit for 55'라는 슬로건이 탄생했는데, 2030년의 탄소 배출량을 1990년 대비 55% 수준까지 줄이겠다는 법안이다. 아직 10년이나 남았다고 생각할 수 있지만 시간이 얼마 없다. 탄소 배출을 10년 안에 목표 수치까지 줄이기 위해서는 운송수단에 사용되는 화석연료(휘발유, 경유, 벙커C유), 제철·석유화학 공정에 사용되는 화석연료(석탄, 석유, 가스), 가축 사육에서 발생하는 탄소(소가 되새김질할 때 발생하는 메탄가스), 첨단 IT 공정에서 발생하는 유해가스 등 많은 부분에서 친환경으로의 대전환이 필요하다. 시간이 매우 부족하고 막대한 규모의 돈도 필요하다. 말처럼 쉬운 건 아니지만, 달리 방법이 없다. 무조건 가야 하는 방향이기 때문이다. 그렇지 않으면 지구는 더 뜨거워질 것이 자명하다.

친환경과 관련하여 세계 각국의 투자가 활발히 이어지고 있다. 이에 앞으로도 성장이 지속될 분야를 세분화하여 다뤘다. 수소, CCUS(탄소 포집, 활용, 저장), 암모니아, 친환경 기술(대체육, 바이오 플라스틱, 유해가스 제거)로 나누었고 각각의 산업 현황, 전망, 투자 유망주를 제시했다.

수소:
앞으로 10년을 주도할 산업

인류의 에너지원 중 원유의 비중이 38%에 달한다고 한다. 석탄이 14%, 천연가스가 14%의 비중을 차지한다. 이처럼 인류는 여전히 화석연료에 많은 부분을 의존하고 있다. 문제는 이 에너지원들이 모두 탄소를 많이 배출한다는 것이다. 지구의 평균 기온 상승을 2050년까지 1.5℃ 미만으로 낮추기 위해서는 탄소 배출을 하지 않는 재생 에너지 사용이 필수다. 지구의 평균 기온 상승을 낮추기 위해서는 선택의 여지가 없다. 탄소 배출을 반드시 줄여야 한다. 재생 에너지는 태양광, 풍력 등 무한 반복하여 사용할 수 있는 청정에너지를 의미하는데, 치명적인 단점이 있다. 생성된 에너지(전력)를 저장하기가 어렵다는 점이다. 원유, 가스, 석탄 등과 달리 재생 에너지는 생성된 에너지를 저장해서 사용할 수가 없다. ESS(대용량 에너지저장장치, 신재생 에너지로 생성된 전력을 배터리에 저장함)가 있지만, ESS는 이동이 어렵다는 치명적인 단점이 있다. 이를 해결할 가장 좋은 대안이 있다. 바로 수소를 사용하는 것이다.

수소는 탄소 배출을 전혀 하지 않는 무공해 에너지원이며 원유, 석탄과 달리 원료가 고갈될 위험성이 없다. 또한 에너지 밀도가 높아 전력원으로서 성능이 탁월하며 인프라만 잘 조성되어 있으면 이동도 용이한 꿈의 에너지원이다. 수소는 생산 기술에 따라 세 가지로 구분할 수 있다.

첫 번째는 그레이^{Grey} 수소(부생수소)다. 주로 석유화학, 철강 생산 공정에서 발생하는 수소다. 천연가스 개질법이라고 하는데 천연가스를 고온·고압의 수증기와 반응시켜 수소를 제조하는 기술이다. 세계적으로 가장 많이 사용하는 방법으로 전 세계 수소 생산량 중 50%가 이 방식으로 생산된다. 다만 수소 1톤당 이산화탄소 8톤이 생산된다는 치명적인 단점이 있다. 탄소 배출을 줄이는 것이 아니라 탄소 배출이 더 늘어나는 공정이기 때문에 친환경 수소라고 할 수는 없다.

두 번째는 블루^{Blue} 수소다. 그레이 수소의 치명적인 단점인 다량의 이산화탄소 배출을 줄이기 위해 CCUS 설비를 추가해서 생산한 수소를 의미한다. CCUS는 이산화탄소 포집·활용·저장을 의미하는데, 그레이 수소 생산에서 발생한 이산화탄소를 장치를 이용하여 대기 중으로 나가지 못하게 포집하거나 다른 공정에 사용하거나 지층(땅속)에 저장하는 것을 의미한다. 수소를 얻으면서도 이산화탄소 배출을 줄여주기 때문에 친환경적이라고 할 수 있다.

세 번째는 그린^{Green} 수소다. 물을 전기분해하여 수소를 생산하

그림 5-2 ·· 수소가스 제조 방법

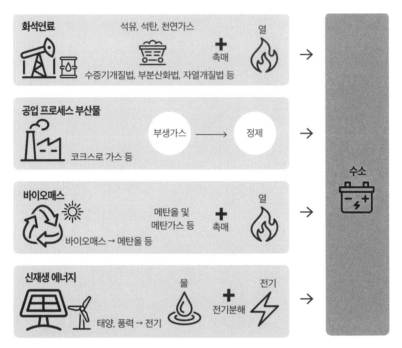

화석연료
석유, 석탄, 천연가스
+
촉매
열
→
수증기개질법, 부분산화법, 자열개질법 등

공업 프로세스 부산물
부생가스 ⟶ 정제
→
코크스로 가스 등

바이오매스
메탄올 및
메탄가스 등
+
촉매
열
→
바이오매스 → 메탄올 등

신재생 에너지
물
+
전기분해
전기
→
태양, 풍력 → 전기

수소

출처: 이베스트투자증권

는 방식이다. 신재생 에너지(태양광, 풍력)를 이용하여 생성된 전기를 동력으로 하여 물을 전기분해하면 탄소 배출이 전혀 없는 무공해 수소를 추출할 수 있다. 꿈의 생산 방식이지만 역시 치명적인 단점이 있다. 신재생 에너지를 동력으로 하는 데다가 막대한 규모의 전기가 필요하기 때문에 신재생 에너지 비중이 커지기 전까지는 많은 양의 수소를 생산할 수 없다는 것이다.

전망에 따르면 2050년에는 그레이 수소가 없어지고 블루 수소가 38%, 그린 수소가 62%의 생산 비중을 차지할 것이라고 한다. 궁극적으로 그린 수소가 대세가 되겠지만 향후 10년간은 블루 수소가 대세일 수밖에 없다.

생산된 수소를 필요한 곳에 사용하기 위해서는 운송 작업이 필요하다. 운송하는 방법에는 가스처럼 파이프라인을 이용할 수도 있고, 원유처럼 배에 실어서 운송할 수도 있으며, 생산된 그 자리에서 즉시 사용할 수도 있다. 다양한 방식을 통해 수소를 얻었다면 이제 수소를 사용할 차례다. 수소의 사용처는 매우 다양하다. 공장·건물 등 전력이 필요한 모든 곳에 전력을 공급할 수 있는 연료전지의 원료로 쓰이거나 휘발유·경유 대신 자동차의 원료로도 쓰일 수 있다. 선박, 항공기의 연료로도 사용할 수 있다. 전기차에 필요한 배터리는 매우 무겁고 장거리 이동에 취약점이 있는 반면, 수소는 가볍고 충전 시간이 짧으며 주행 가능 거리가 매우 길기 때문에 운송용 연료로 사용하기에 장점이 많다. 석탄, 석유, 가스를 대체할 수 있으면서도 무공해이기 때문에 수소는 친환경 연료의 종착지가 될 가능성이 크다.

한국은 수소 산업 강국이다. 정부 주도하에 수소 산업에 대한 대규모 투자가 시작되었고, 15개 대기업이 2021년 9월 8일 수소기업협의체를 발족했다. 현대차는 수소자동차를 선도하는 기업이고 효성첨단소재는 수소 저장을 위한 핵심 소재인 탄소섬유를 국산화하는 데 성공했다.

수소 산업은 화석연료에서 100년 만에 친환경 연료로 전환하는 변화의 주인공이다. 누구도 이 시대적 흐름을 바꿀 수는 없다. 수소를 잡는 기업이 곧 세계를 잡을 가능성이 크다. 다행히 한국 기업들은 수소 시대의 선두주자다. 수소 산업은 2022년만이 아니라 2030년까지 고성장을 지속할 것이다. 어쩌면 『미스터 마켓 2030』에도 수소 산업은 유망 산업으로 기록될 가능성이 크다. 향후 10년을 주도할 산업이 무엇이냐고 묻는다면 주저 없이 대답하겠다. 수소!

표 5-1 ·· 수소 관련 투자 유망주		
기업명	투자 포인트	투자 매력도
효성첨단소재	- 탄소섬유 국산화, 수소연료전지 핵심 소재로 사용처 급증 - 타이어코드 등 주력 사업 업황 호조	★★★★★
코오롱인더	- 수소연료전지 MEA(막전극집합체) 국산화 - 수소연료전지 가습기 제조 - 특수소재 아라미드 업황 호조	★★★★☆
SK	- 세계 최대 수소 기업 '플러그파워' 지분 9.9% 보유 - 2025년까지 18.5조 원 규모의 대대적인 수소 투자	★★★★★
한화솔루션	- 그린 수소 생산을 위한 수전해 기술 개발 중 - 2022년 태양광 전지 사업 턴어라운드 기대	★★★★☆

CCUS:
미래 기술을 선점할 기회

CCUS^{Carbon Capture, Utilization and Storage}란 석유화학·철강·정유 등의 공정에서 생산된 대량의 이산화탄소를 포집하고, 포집된 이산화탄소를 사용하거나 저장하는 기술을 의미한다. CCUS는 신기술이 아니다. 과거에도 있던 기술이지만 친환경에 대한 관심 부족 및 대규모 자금 부담 등으로 시장이 커지지 않았다. 석유화학이나 철강 업체들은 대량의 이산화탄소를 배출하지만 규제가 강하지 않다 보니 CCUS를 군이 설치해야 할 필요성을 느끼지 못했다.

우리가 거의 매일 타고 다니는 자동차 등 교통수단에서 발생하는 온실가스(비중 17%)도 많지만, 사실 산업 공정(비중 31%)에서 가장 많은 온실가스가 발생한다. 그런데 이제 석유화학·철강 업체들은 수수방관할 수 없는 상황에 직면하게 됐다. EU에서 2023년부터 본격적으로 탄소국경세를 시행하는데, 이 제도가 시행되면 EU에 수출하는 기업들은 탄소 배출량만큼 세금을 간접적으로 내야 한다. 세금 규모가 만만치 않기 때문에 관련 기업들은 대비를 하지 않을 수 없는 상황이다.

2023년부터 시행되는 탄소국경세 적용 대상은 철강, 시멘트, 비료, 알루미늄, 전기 등 5개 품목이다. 탄소 배출량을 분기별로 보고해야 하고 해외에서 지불된 탄소 가격에 대해 상세히 설명해야 하는 의무가 있다. 3년간의 유예 기간을 거치게 되며 실제 발효되는 시점은 2026년이다. 한국 기업들의 유럽 매출 비중이 크지 않기 때문에 큰 영향은 없을 것이라고 보는 시각도 있지만, 그렇지 않다. 탄소국경세는 유럽에서 시작했지만 미국도 도입을 추진 중이고 더 나아가서는 전 세계가 동참할 가능성이 크다. 유럽만의 정책이 아닌 글로벌 정책이 될 가능성이 크기 때문에 탄소 배출 감축은 필수적인 상황이다. 특히 탄소 배출이 많은 철강, 시멘트, 석유화학 기업들에는 앞으로의 생존이 걸린 문제가 될 수밖에 없다.

탄소 배출을 줄이는 방법에는 여러 가지가 있다. 공장 가동을 줄일 수도 있고(실제 중국에서 철강 감산 규제를 시행 중), 신재생 에너지나 수소 등을 원료로 사용할 수도 있다. 신재생 에너지나 수소를

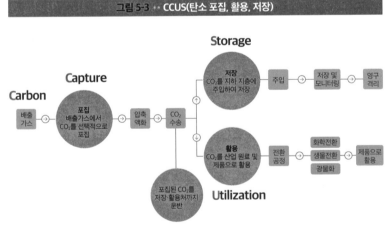

그림 5-3 •• CCUS(탄소 포집, 활용, 저장)

출처: 정부 과학기술관계장관회의, 「이산화탄소 포집·활용(CCU) 기술혁신 로드맵」(2021.6)

사용하는 것이 최상의 방법이지만 아직 신재생 에너지 인프라가 턱없이 부족한 상황이라 시간이 너무 오래 걸린다. 결론적으로 석유화학, 철강, 시멘트 등의 공정에서 발생하는 탄소 배출을 직접적으로 줄여야 한다. 이를 위한 최적의 방법은 공장에 CCUS 설비를 구축하는 것이다.

기업들이 CCUS 설비 구축을 망설였던 것은 비용 때문이다. 탄소 포집 비용은 운반 및 저장 비용까지 고려하면 70달러 수준이라고 한다. 기업들이 톤당 70달러의 비용을 지불하면서까지 굳이 CCUS를 설치할 이유는 없었을 것이다. 자선단체가 아니니 말이다. 그런데 이제는 설치할 수밖에 없는 상황이다. 탄소국경세, 탄소 배출권 가격이 향후 톤당 100달러를 넘어설 가능성이 크기 때문이다. 강제성이 생겨버린 환경세금 때문에 기업들은 CCUS 설치에 적극적일 수밖에 없다.

탄소국경세 시행 외에 수소 생산에도 CCUS는 필수적이다. 앞의 수소 부분에서 다룬 것처럼 그린 수소 생산이 가장 좋지만, 이는 신재생 에너지 설치가 대중화되어야 한다는 전제조건이 붙는다. 가장 현실적인 것은 그레이 수소 생산설비에 CCUS를 추가하는 것이다. CCUS를 설치하여 이산화탄소를 포집·활용·저장한다면 그레이 수소의 이산화탄소 과다배출 문제를 해결할 수 있다. CCUS로 포집된 이산화탄소는 대부분 저장될 가능성이 크다. IEA(국제에너지기구)는 포집된 이산화탄소의 90%가 저장되고 10%

는 사용될 것으로 전망했다.

CCUS는 수소 및 EU의 탄소국경세와 운명 공동체다. 10년 이상 지속될 수밖에 없다는 점에서 CCUS 관련 기업에 대한 투자는 성공 확률을 높여줄 것이다. 한국은 이제 시장이 열리는 상황이라서 경쟁력을 가진 기업이 드물지만, 그렇기에 오히려 비싸지 않은 가격에 관련 기업을 선점할 기회도 존재한다. CCUS는 이제 필수 과목이 됐다.

표 5-2 ·· CCUS 관련 투자 유망주

기업명	투자 포인트	투자 매력도
삼성엔지니어링	- 1조 원 이상의 탄소 배출 제로 프로젝트 개발 논의 중 - 블루 수소 생산 위한 CCUS 설비 수주 기대	★★★★☆
DL이앤씨	- 일일 3,000톤 이산화탄소 포집 기본 설계 및 설비 구축 시행 - 한전 전력연구원의 이산화탄소 포집, 저장 국책 연구 과제 참여 - 대산파워로부터 연간 14.6만 톤 규모의 이산화탄소 포집, 활용 공장 건설 공사 수주 - 현대오일뱅크와 이산화탄소 광물 탄산화 기술을 활용한 탄산화 제품 생산 공장 건설 계획 - 국내 최대 규모의 이산화탄소 포집, 활용 설비 착공 예정	★★★★★
유니드	- 이산화탄소 포집, 저항 장치 기술인 KIERSOL의 흡수제 원재료인 탄산칼륨 글로벌 1위 업체	★★★★☆

= 암모니아:
달리는 수소 비즈니스에 올라타야 할 때

암모니아 하면 무엇이 떠오르는가? 아마 특유의 자극적인 냄새 때문에 고약한 물질이라고 생각하는 사람도 있을 것이고, 비료의 원료라는 점을 떠올리는 사람도 있을 것이다. 인체에 유해하고 고약한 물질로 불리는 암모니아가 대체 친환경과 무슨 관계가 있다는 걸까?

암모니아의 분자식은 NH_3이다. 질소 하나에 수소 원자 3개가 붙어 있는 구조다. 암모니아는 인체에 매우 유해한 물질이지만 인류의 식량난을 해결해준 구원투수이기도 하다. 암모니아를 활용한 질소 비료의 생산으로 농산물 공급이 비약적으로 늘어나 인류가 식량 부족으로 멸종할 것이라는 예언은 빗나가고 말았다. 비료로 인류를 구한 암모니아가 다시 한번 구원투수로 등판하기 위해 서서히 몸을 풀기 시작했다. 그런데 이번엔 혼자가 아니다. 수소와 함께다.

수소는 생산, 유통, 사용의 3단계로 나눌 수 있다. 앞에서 다양한 수소 생산 방식을 알아봤는데, 수소는 생산하는 것도 중요하지만 중간의 유통 과정도 매우 중요하다. 수소는 고밀도의 친환경 에너지원이고 이동이 가능해서 사용처도 매우 다양하다. 그런 수소에도 치명적인 단점이 있는데, 기체 상태에서 부피가 크고 팽창

하는 성질 때문에 폭발의 위험성이 높다는 것이다. 수소를 저장하고 이동시키기 위해서는 부피를 줄이고 폭발의 위험성을 낮춰야 한다.

수소를 저장하고 운송하는 방법은 다양하다. 첫째는 액체로 만드는 방법이다. 액화천연가스^{LNG}라는 말을 들어본 적이 있을 것이다. 기체 상태의 천연가스를 극저온(-162℃) 상태에서 액체로 바꾸어 부피를 줄인 가스를 말한다. LNG는 기체 상태의 천연가스에 비해 부피가 크게 감소하기 때문에 많은 양을 운송할 수 있고 폭발 위험성도 낮다. 수소도 마찬가지다. 수소를 극저온(-235℃) 상태로 유지하면 액화수소가 되어 부피가 크게 감소하고 운송이 매우 용이해진다. 폭발 위험성도 줄어들기 때문에 기체보다 다루기 쉽다. 또 저장 효율도 기체보다 4~5배 높다. 다만 비용 증가는 부담 요인이다. 수소를 액체 상태로 유지하기 위해서는 극저온 상태가 필요한데 이는 비용이 많이 들어가고 높은 기술력이 요구되기 때문이다. 또한 수소 기체를 액화할 때 전력이 필요한데, 필요한 전력을 생산할 때 탄소 배출이 증가할 수 있다는 단점도 있다.

둘째는 파이프라인을 이용하는 방법이다. 생성된 수소를 파이프라인을 통해서 사용처에 공급하는 방식인데 파이프라인 설치 비용을 제외하면 비용 부담이 크지 않고 기체 수소를 다른 물질로 변환할 필요가 없어서 비용이나 기술적인 측면에서 유리하다. 다만, 수소 운송을 해상을 통해서 하거나 장거리 운송을 해야 하는

그림 5-4 ** 암모니아 분자식

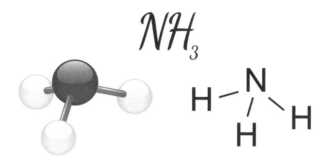

출처: 롯데정밀화학

경우에는 적합하지 않다. 파이프라인으로 해상이나 대륙을 가로질러서 공급할 수는 없기 때문이다.

셋째는 암모니아로 전환하는 것이다. 기체 수소를 암모니아로 전환해서 저장하고 이동시키는 방법이다. 질소에 수소를 합성하는 방법으로 암모니아를 만든 후 저장을 하면 이점이 많다. 수소보다 부피가 작기 때문에 수소 기체를 직접 저장하는 것보다 단위부피당 더 많은 양의 수소를 저장할 수 있다. 액화수소 대비 단위부피당 1.5~2배를 저장할 수 있어서 경제적인 면에서도 확실한 강점을 가지고 있다. 액체로 전환하기도 쉽다. 수소는 -235℃에서 액화되는 데 비해 암모니아는 -33℃에서도 액화할 수 있어서 유리하다. 암모니아는 해상 운송에 필요한 안정성을 보유하고 있으면서도 한 번 항해 시 많은 양을 운송할 수 있게 해주는 좋은 수단이다. 따라서 대용량 저장과 장거리 운송에서 최적의 소재가 될 수 있다.

물론 단점도 있다. 암모니아를 운송한 후 다시 질소와 수소로 분리해야 하는데, 이 과정이 만만치 않다. 탄소를 배출하지 않아 친환경적이지만 수소를 분리하기 위해서는 400℃ 이상의 고온이 필요하기 때문이다. 보다 고도화된 기술이 개발되어야 하기 때문에 파이프라인, 액화수소 방식에 비해 상용화가 늦어질 수 있다는 건 아쉬운 점이다. 그렇지만 세계 각국에서 활발한 연구개발이 진행 중이고 한국에서도 한국과학기술연구원 중심으로 관련 기술이 개발된 상태이므로 암모니아를 통한 수소 저장 및 운송은 곧 현실화될 가능성이 매우 크다.

암모니아는 전 세계적으로 유통망이 이미 잘 형성되어 있다. 2억 톤 규모의 유통시장이 이미 형성되어 있고, 주요 항만에는 암모니아 유통을 위한 인프라도 잘 조성되어 있다. 현재까지 주요 수요처는 비료이지만 수소 시장이 개화한다면 암모니아를 생산하고 유통하는 시장은 더욱 커질 수밖에 없다.

한국에서는 롯데정밀화학, 삼성엔지니어링 등 대기업 중심으로 암모니아 시장이 형성되어 있다. 롯데정밀화학은 암모니아 유통시장의 절대 강자이며 삼성엔지니어링은 중동과 중남미 등지에서 암모니아 생산 플랜트를 다수 시공한 경험을 가지고 있다. 2021년 7월 15일에는 롯데케미칼, 롯데정밀화학, 삼성엔지니어링, 두

산퓨얼셀, 두산중공업, 포스코, 현대중공업 등 국내 주요 기업들이 결성한 그린암모니아협의체가 출범했다. 암모니아의 중요성을 인지한 국내 대기업들의 본격적인 암모니아 출정식이 열린 것이다.

수소, CCUS에 이어서 암모니아까지 수소와 관련한 친환경 비즈니스의 서막이 올랐다. 달리는 말에 올라타야 한다는 격언이 있는 것처럼 달리는 수소 비즈니스에 올라타야 할 때다.

표 5-3 ·· 암모니아 관련 투자 유망주

기업명	투자 포인트	투자 매력도
DL이앤씨	- 사우디 마덴 암모니아(Ma'aden Ammonia) 설비 준공 경험	★★★★★
롯데정밀화학	- 국내 암모니아 유통의 70%를 담당, 암모니아 트레이딩 1위 - 롯데그룹의 본격적인 수소 사업 진출 수혜	★★★★★
삼성엔지니어링	- 사우디, UAE, 볼리비아, 아제르바이잔 등에서 주요 암모니아 프로젝트 다수 수행 - 그린암모니아협의체에서 재생 에너지를 활용한 그린 수소를 암모니아로 변환하는 과제 수행	★★★★
원익머트리얼즈	- 반도체 증착, 식각, 세정 등 생산 전반에 쓰이는 특수가스 제조 - 반도체, 디스플레이, LED에서 증착 공정에 사용되는 암모니아 생산 중 - 고순도의 암모니아 제조 기술 보유	★★★★

= 친환경 기술:
친환경으로의 변화를 주도하다

앞에서 수소를 계속 강조했는데, 그만큼 수소가 친환경에 중요하기 때문이다. 하지만 친환경에 수소만 있는 것은 아니다. 친환경을 위해서는 수소를 중심으로 한 에너지원의 변화만이 아니라 다른 분야에서의 변화도 필요하다. 즉, 친환경으로의 전진을 막는 방해 요소들을 제거하는 기술의 등장이다. 변화를 주도할 세 가지 기술을 알아보자.

첫 번째는 고기를 대체할 대체육, 푸드테크다. 최근 환경과 건강을 생각하는 비건(채식주의자)이 늘고 있는데, 건강을 위해서이기도 하지만 육류의 과도한 소비는 지구 환경에 좋지 않기 때문이다. 우리가 육류를 섭취하기 위해서는 소·돼지·닭 등을 사육해야 하는데, 이 과정에서 발생하는 환경 오염 못지않게 대규모의 탄소를 배출한다는 문제가 있다. 탄소 배출에서 가축 사육으로 인한 배출 비중이 무려 17%나 된다. 소가 되새김질할 때마다 메탄가스가 발생하는데 이로 인한 탄소 배출량이 상당한 수준이다. 가축 사육 시 증가하는 탄소 배출은 사실 막을 방법이 없다. 여전히 인간은 육류 소비를 선호하며 육류를 섭취할 방법은 가축을 사육하는 것 외에는 없기 때문이다.

그런데 최근 육류를 대체할 대체육이 개발되어 관련 산업이 급성장하고 있다. 독일의 시장조사기관인 스타티스타Statista에 따르면, 글로벌 식물성 대체육 시장은 2020년 133억 달러에서 2026년 309억 달러로 2배 이상 커질 것으로 전망된다. 식물성 대체육은 밀, 대두 등 식물단백질을 이용한 고기인데, 탄소 배출 감축이라는 전 지구적인 명분과 맞물려 시장이 고속 성장을 지속하고 있다.

대표적인 식물성 대체육 기업은 미국의 식품회사 비욘드미트다. 식물성 육류 제품을 주로 생산하는데, 연평균 40%의 매출 성장률을 기록할 정도로 고속 성장을 하고 있다. 2020년에는 맥도날드와 손잡고 맥플랜트라는 비건 버거를 출시하기도 했다. 햄버거에 들어가는 고기 패티를 식물성 대체육으로 바꾼 것인데, 식감도 거의 비슷하다고 한다. 한국 기업 중에서는 풀무원이 대표적인 식물성 대체육 기업이다. '토푸'라는 브랜드의 두부를 제조하여 미국에

그림 5-5 ·· 비욘드미트가 공급한 맥플랜트 햄버거

출처: 맥도날드

공급하고 있다. 두부는 고기를 대체할 수 있는 콩을 원료로 해서 만들기 때문에 식물성 대체육의 대표주자라고 할 수 있다.

식물성 대체육과 관련해서 주목해야 할 것 중 하나가 식감이다. 환경문제도 중요하지만 기존 고기 맛과 비슷해야 사람들이 대체육을 소비할 테니, 식감이 좋지 않으면 대체육 소비는 늘어날 수 없다. 대체육의 식감을 기존 육류와 비슷하게 만드는 재료가 바로 셀룰로오스다. 대표 기업으로는 롯데정밀화학이 있다. 롯데정밀화학은 식품용 셀룰로오스 증설을 통해 대체육 소재 선두 기업으로 떠오르고 있다.

한국의 대표적인 금융, 음식료 기업들도 식물성 대체육 시장에 적극적으로 뛰어들고 있다. 롯데·대상·농심 등의 기업이 대체육 개발을 시작했고, 미래에셋은 미국의 대체육 전문 벤처 기업 '임파서블푸드'에 4,800억 원을 투자했다. 임파서블푸드에서 생산한 임파서블 버거는 디즈니, 스타벅스 등 7,000여 곳에 납품되고 있다. .

가축 사육을 통해 발생하는 탄소 배출은 인류가 무시할 수 없는 수준까지 증가했다. 따라서 대체육 시장은 커질 수밖에 없고 관련 산업은 고속 성장할 수밖에 없다.

두 번째는 유해가스 제거 기술이다. 반도체나 디스플레이 공정에는 다양한 가스가 사용되는데, 과불화탄소[PFCs], 육불화황[SF6] 역시 반도체와 디스플레이 공정에서 꼭 필요한 가스다. 그런데 이 가스들은 6대 온실가스에 속한다. 반도체 공정에서 사용되기에 꼭 필요한 가스이지만, 공정이 진행될 때마다 온실가스가 배출되어 지구를 뜨겁게 달구고 있다.

탄소의 대량 배출도 환경에 큰 영향을 주지만 이들 온실가스는 환경에 더 큰 영향을 준다. 이산화탄소의 지구온난화 영향이 1이라고 한다면 과불화탄소는 6,500 이상, 육불화황은 무려 2만 3,900이라고 한다. 제조 공정상 꼭 필요한 소재이지만 사용 후 처리되지 않은 유해가스는 반드시 제거해야 한다. ESG에 대한 관심이 높아지고 환경에 대한 기업들의 책임 의식이 높아지면서 환경에 악영향을 주는 것들을 제거하는 산업과 기술이 새롭게 주목받고 있다.

과불화탄소, 육불화황을 제거하는 반도체 장비도 새롭게 조명되고 있는데, 스크러버로 불리는 유해가스 제거 장비는 진입장벽은 높지만 시장이 크지 않아 반도체 장비 업종 내에서도 그동안 주목받지 못했다. 하지만 이제 상황이 달라지고 있다. 환경에 대한 관심이 커지고 있는 상황에서 유해가스 제거는 이제 필수 사항이 됐다. 반도체 공정이 더욱 미세해지고 복잡해지는 것 역시 유해가스 제거 장비 수요를 높이는 요인이다. 대표적인 기업으로는 스크러버를 생산하는 유니셈·GST가 있고, 온실가스 저감 장치 사업을 영위하는 에코프로에이치엔이 있다. 또한 건강에 치명적인 미세먼지를 일으키는 배연가스 내의 황산화물질을 제거하는 배연탈황설비 제조 기업 디와이피엔에프도 환경 관련주로 주목할 필요가 있다.

세 번째는 바이오 플라스틱이다. 플라스틱은 인류가 개발한 혁신 소재 중 하나다. 변질되지도 않고 오래 사용할 수 있어서 장점이 매우 많은 소재인데, 문제가 한 가지 있다. 썩지 않는다는 것이다. 몇백 년이 지나도 썩지 않는 플라스틱은 또 다른 골칫거리가 되고 있다. 폐플라스틱은 지금 이 순간에도 지구를 멍들게 하고 있다. 또한 원유를 원재료로 하는 플라스틱은 제조 과정에서 대량의 탄소를 배출한다. 국내 산업에서 온실가스 배출 비중 2위가 석유화학 산업일 정도다. 전체 석유화학 공정에서 대부분을 차지하는 것이 플라스틱이기 때문에 탄소중립을 위해서는 플라스틱 생산을 줄일 수밖에 없다. 하지만 플라스틱은 수요가 많기 때문에 생산량을 줄이기가 말처럼 쉽지 않다.

환경문제를 개선하고 탄소중립을 위해서라도 플라스틱을 대체할 소재가 필요한 상황이었는데, 다행히 플라스틱을 대체할 소재가 개발됐다. 바로 바이오 플라스틱이 그 주인공이다. 일반 플라스틱과 달리 일정 시간이 지나면 썩어서 없어져 버리는 소재다. 바이오 플라스틱은 바이오매스 기반의 고분자 플라스틱을 의미하는데, 살아 있는 식물체 및 생물 유기체를 원료로 제조한다.

대표적인 바이오 플라스틱에는 PLA^{Poly Lactic Acid}가 있는데, 옥수수·사탕수수·감자 등에서 얻어지는 전분이나 당분으로 만든 생분해 플라스틱의 한 종류다. 듀폰, 카길 같은 글로벌 기업들이 상용화에 성공한 제품으로 전체 바이오 플라스틱 중에서 18.7%의 비중

자연유래 원료 추출

제품 생산

생분해

출처: 삼양사

을 차지하고 있다. PHA$^{Poly Hydroxy Alkanoate}$라는 바이오 플라스틱도 있는데, 미생물을 원료로 하여 제조한 바이오 플라스틱이다. 바이오 플라스틱 시장에서 차지하는 비중은 작지만 생체적합성과 생분해성이 뛰어나서 향후 바이오 플라스틱 시장을 주도할 제품으로 전망되고 있다. 미국의 대니머^{Danimer}, 한국의 CJ제일제당이 대표적인 PHA 제조 기업이다.

국내 기업들의 투자도 매우 활발하다. LG화학은 2021년 9월 15일 미국의 대형 곡물사 ADM과 제휴하여 100% 바이오 플라스틱 생산에 나서기로 했다. CJ제일제당은 연간 5,000톤 이상의 바이오 플라스틱을 생산할 계획이며, SKC 역시 바이오 플라스틱 개발에 적극 참여하고 있다. 또 다른 형태의 친환경이 될 수 있는 바이오 플라스틱은 멍들어버린 지구를 깨끗하게 해줄 뿐만 아니라 탄소 배출도 줄여줄 중요한 친환경 기술이다.

주식시장에서도 친환경이 대세다. 친환경과 함께 가는 산업과 기업에 투자하는 것은 거인의 어깨에 올라타는 것과 같다. 대체육 소재 개발, 유해가스 제거 기술, 바이오 플라스틱은 친환경 시대와 맞물려 고성장이 기대되는 산업이다. 관련 기업에 투자하여 시장을 이끄는 투자자가 되길 바란다.

표 5-4 ** 친환경 기술 관련 투자 유망주

기업명	투자 포인트	투자 매력도
롯데정밀화학	- 대체육 소재 셀룰로오스 생산 - 셀룰로오스 소재는 대체육의 식감을 결정함	★★★★★
대상	- 동물 세포를 배양해서 별도의 도축 과정 없이 세포공학 기술로 생산하는 인공 고기 제조	★★★★☆
신세계푸드	- 스타벅스에 대체육 샌드위치 공급 - 햄, 소시지 등 다양한 대체육 공급 계획	★★★★☆
유니셈	- 반도체 공정에서 발생하는 유해가스 제거 장비 생산	★★★★☆
GST	- 반도체 공정에서 발생하는 유해가스 제거 장비 및 온도 조절 장치인 칠러 생산	★★★★☆
디와이피엔에프	- 배연가스 내의 황산화물질을 제거하는 배연탈황 설비 제조	★★★★☆
CJ제일제당	- 미생물을 원료로 하는 PHA 기반의 바이오 플라스틱 생산 - 네덜란드 3D프린터 소재 기업인 헬리안폴리머스(Helian Polymers)에 PHA 공급	★★★★☆
SKC	- 2008년 세계 최초로 생분해 PLA(옥수수에서 추출한 바이오매스를 원료로 제조) 필름 상용화 - 아이스팩 포장재, 의류용 비닐 등에 생분해 PLA 필름 공급	★★★★☆
삼양사	- 바이오 플라스틱 원료 '이소소르비드' 전 세계에서 두 번째로 상용화에 성공 - 이소소르비드는 옥수수에서 만들어지는 100% 천연 바이오 물질로 옥수수에서 전분을 추출한 후 포도당·소르비톨 등의 공정을 거쳐 제조하며, 몸에 무해하기 때문에 심혈관 치료제의 원료로도 사용됨	★★★★★

리오프닝:
다시 열릴 일상에 대한 기대

•
•
•

2021년 가을 추석 연휴에 제주도를 다녀왔는데, 제주도는 여전히 멋지고 아름다운 관광지였다. 한국의 대표적인 휴양지인 만큼 코로나19 상황에서도 많은 사람이 제주도를 찾고 있었다. 그런데 몇 년 전까지만 해도 많이 보이던 외국인 관광객들은 거의 보이질 않았다. 특히 중국인은 찾아볼 수가 없었다. 당연한 얘기이지만 코로나19로 해외여행이 제한됐기 때문이다.

코로나19 이후, 제한적이긴 해도 대부분 사람이 코로나19 이전에 했던 소비를 어느 정도는 하면서 살아가고 있다. 그런데 거의 유일하게 못 하는 소비 활동이 하나 있다. 바로 해외여행이다. 2주간 격리라는 제도가 시행되고 있기 때문에 해외여행은 하고 싶어도 할 수가 없는 상황이다.

그림 5-7 ·· 제주도 천지연 폭포

　최근 주식시장에서 '리오프닝'이라는 단어가 자주 회자된다. 리오프닝은 '정상 생활의 재개'를 의미한다. 백신 접종률이 올라가면서 사회적 거리두기는 언젠가 완화되고 결국 해제될 것이다. 해외여행 제한도 마찬가지가 될 것이다. 2022년은 비정상이 정상화되는 시기가 될 가능성이 크다. 다가오는 리오프닝 시대에 우리는 어떤 산업과 기업에 투자해야 할까? 해외여행, 콘서트, 항공기 제작 분야를 눈여겨볼 필요가 있다.

═ 해외여행:
수요 회복이 가장 빠른 섹터 될 것

2021년 9월 22일, 대한민국 국민의 70% 이상이 코로나19 백신 1차 접종을 완료했다. 정부 계획에 따르면, 11월 초에는 전 국민의 70% 이상이 2차 접종까지 완료할 가능성이 크다. 이제 대한민국도 집단면역의 시기가 얼마 남지 않은 상황이다. 이런 기대감 때문일까. 리오프닝 관련주들이 벌써 들썩이고 있다. 여행 대표주인 하나투어는 8월 저점에서 한 달 만에 주가가 30% 상승했고, 항공 대표주인 아시아나항공은 42%나 상승했다. 이미 시장은 해외여행을 기정사실화하고 있다.

미국의 전염병연구소 앤서니 파우치 소장은 2022년 2분기부터 코로나19 통제가 가능할 것으로 전망했는데, 이런 전망이 맞는다면 2022년 3분기부터는 해외여행이 본격화될 가능성이 매우 크다. 2021년 9월 13일, 국내 최대 여행사인 하나투어는 2021년 10월부터 전 직원 정상 근무를 실시한다고 언론에 발표했다. 해외여행 회복에 대비한다는 의미다. 2022년에는 지난 2년간 할 수 없었던 해외여행이 시작될 가능성이 매우 크다. 또한 2023년에는 코로나19 바로 이전인 2019년도 수준으로 여행 수요가 회복될 것이라는 전망도 나오고 있다.

수요 회복과 더불어 구조적인 요인도 여행·항공주의 주가에 긍정적으로 작용할 가능성이 크다. 코로나19 이전부터 국내 여행사와 항공사들은 치열한 경쟁 속에 부진한 실적을 거듭하고 있었다. 특히 여행업 분야가 심각한데, 4년째 이어진 불황에 코로나19 악재까지 겹치면서 2021년 8월 9일까지 총 1,279개의 여행사가 문을 닫았다고 한다. 항공업에는 큰 구조조정은 없었지만 저비용항공사들의 무분별한 경쟁이 막을 내렸고, 업황 악화로 신규 항공사들의 진입은 더더욱 어려워졌다. 대형 국적항공사인 아시아나항공은 대한항공에 인수됐고, 아시아나항공 계열사인 에어서울·에어부산도 통합될 가능성이 커 저비용항공사의 공급과잉 이슈는 해소될 가능성이 크다.

그림 5-8 ** 대한항공과 아시아나항공의 여객기

출처: 내외방송

공급 축소라는 구조적 이슈와 더불어 여행·항공에 대한 수요 증가로 2022년 여행·항공주는 V자 반등을 이어나갈 가능성이 크다. P(항공권 및 여행 패키지 상품 가격)와 Q(여행 수요)가 모두 상승할 섹터인 여행·항공주도 2022년 투자 목록에 꼭 넣기 바란다.

표 5-5 ·· 해외여행 관련 투자 유망주

기업명	투자 포인트	투자 매력도
하나투어	- 국내 1위 여행사, 여행업 구조조정 및 수요 회복 최대 수혜	★★★★
진에어	- 유상증자 등 자본 확충으로 1년 이상의 현금 유동성 확보 - 에어서울 및 에어부산 합병 기대	★★★★
롯데관광개발	- 제주 드림타워 카지노 영업 정상화 기대 - 호텔 및 관광 사업 매출 회복 기대	★★★★

▬ 콘서트:
부활의 신호탄이 이미 발사됐다

2021년 8월, 영국 프리미어리그에서 활약 중인 손흥민 선수가 멋진 골을 넣고 세리머니를 했던 기억이 난다. 그때 골을 넣었다는 사실보다 내 마음을 더 사로잡은 것은 영국의 관중들이었다. 토트넘 홋스퍼 스타디움에는 5만 명이 넘는 관중이 마스크도 착용하지 않은 채 경기를 관람하고 있었다. 이미 집단면역에 들어간 영국은 스포츠 경기도 자유롭게 관람이 가능한 상태였다.

완전한 리오프닝 상태가 되면 해외여행도 자유로워지겠지만 또 한 가지가 자유로워질 가능성이 크다. 코로나19로 인해서 열리지 못했던 콘서트, 즉 공연 관람이다. K-팝을 매우 좋아하는 나로서는 콘서트가 개최되지 못하는 점이 계속 아쉬웠는데, 리오프닝이 시작되면 콘서트도 재개될 가능성이 매우 크다.

콘서트의 부재로 한국의 대표 엔터사들은 대면 비즈니스에서 큰 타격을 받았다. 2020년 실물 음반 매출은 5% 감소했고 라이브 콘서트 공연 매출은 80%나 감소했다. 글로벌 아이돌 그룹인 BTS는 2019년 10월 3회 콘서트에서 15만 명의 관중으로 84억 원의 상품 매출과 132억 원의 티켓 수익을 발생시켰는데 콘서트의 중단과 함께 이런 수익은 사라지고 말았다. 물론 한국의 K-팝을 이끄는 엔터사들은 위기에도 놀라운 성과를 보여주고 있다. 2020년 6월 진행된 BTS의 최초 유료 온라인 라이브 콘서트에는 동시 접속 시청자 수 75만 6,000명을 기록했고 상품 매출은 154억 원, 티켓 매출은 144억 원을 기록했다. 오프라인 콘서트를 뛰어넘는 성과다.

음반 시장도 코로나19의 영향을 받지 않고 오히려 성장세를 보였다. 스트리밍 매출이 2020년 20%나 급성장했고, K-팝 대표 아티스트들의 2021년 상반기 앨범 판매는 2020년 대비 50~260%나 급증하는 고속 성장세를 기록했다. 2021년 8월 K-팝 음반 판매량은 더욱 놀라운데, 566만 장을 판매하면서 2020년보다 무려 120%나 증가한 수치를 기록했다. 여기에 하이브의 '위버스', 에스엠 디어

그림 5-9 ·· BTS의 온라인 콘서트 'PERMISSION TO DANCE'

출처: 하이브

유의 '버블', 엔씨소프트의 '유니버스' 같은 플랫폼 서비스가 자리를 잡으면서 엔터사들은 코로나19가 무색하게 급격히 성장하는 모습을 보여주고 있다.

하지만 엔터사들이 한 단계 더 도약하려면 전통적인 수입원인 콘서트의 부활이 반드시 필요한데, 드디어 도약의 신호탄이 발사됐다. 하이브의 BTS가 2021년 11월 27일 미국 LA에서 2년 만에 오프라인 콘서트를 개최한다. 리오프닝을 알리는 신호탄이기도 하다. 든든한 K-팝 팬덤, 온라인 비즈니스로의 성공적인 사업 모델 전환, 여기에 리오프닝으로 콘서트 개최까지 가능해진다면 국내 대표 엔터사들의 주가는 더욱 단단한 날개를 달고 비상할 것이다.

표 5-6 ·· 콘서트 관련 투자 유망주

기업명	투자 포인트	투자 매력도
하이브	- BTS를 보유한 글로벌 엔터사 - 저스틴 비버, 아리아나 그란데가 소속되어 있는 미국의 음반 회사 이타카홀딩스를 인수하며 미국 음반 시장에 직접 진출	★★★★☆
JYP Ent.	- 남성 K-팝 그룹 스트레이 키즈 음반 판매 호조로 대형 남성 그룹의 부재라는 약점을 해소 - 일본인 멤버로 구성된 걸그룹 니쥬를 통해 일본 시장에 성공적으로 데뷔 - 국내 신인 걸그룹 2022년 데뷔 임박	★★★★☆

≡ 항공기 제작:
혹독한 겨울은 끝나고 따뜻한 봄이 찾아올 것

앞서 살폈듯이 리오프닝이 되면 해외여행이 재개될 가능성이 큰데, 해외여행을 가려면 무엇을 해야 할까? 먼저 항공권을 예약하고 도착지의 숙소도 예약하고 여권도 준비해야 한다. 가져갈 옷도 챙겨야 하고 도착해서 어느 곳을 관광할지 스케줄도 잘 짜야 한다. 여기서 가장 중요한 것은 항공권과 숙소일 것이다. 이 두 가지가 확보되지 않으면 해외여행은 애초에 성립할 수 없으니 말이다.

숙소를 먼저 생각해보겠다. 호텔 같은 숙소는 코로나19라고 해서 갑자기 공급이 줄어들지는 않는다. 숙소는 그대로 있다. 호텔이

사라질 일도 없고, 부족한 매출은 내국인들로 채워질 가능성이 크기 때문에 수요도 어느 정도 유지될 것이다. 그런데 항공권은 어떨까? 코로나19의 장기화로 하늘길은 막혔고 항공사들은 유동성 문제에 직면하게 됐다. 보유하거나 리스를 한 항공기는 애물단지가 됐고 현금 확보를 위해 일부 항공기는 어쩔 수 없이 처분하는 경우도 있었다. 보유한 항공기마저 매각하는 상황에서 새로운 항공기 도입은 꿈도 꿀 수 없는 일이었다.

그런데 이제 상황이 바뀔 가능성이 커졌다. 리오프닝이 되면 항공권 수요가 폭발적으로 증가할 것이다. 항공권 가격은 부르는 게 값일 정도로 고공행진을 할 가능성이 크다. 항공사들 입장에서는 어떻게든 더 많은 항공권을 판매하고 싶을 것이다. 문제는 항공기가 부족하다는 데 있다. 폭발하는 수요를 맞춰줄 항공기 공급이 부족하기 때문이다. 이런 시나리오가 현실화한다면 항공기 공급이 충분한 항공사들은 코로나19로 피해를 봤던 금액 이상의 매출을 올릴 수 있겠지만 그렇지 못한 항공사들은 해외여행이 재개되더라도 만족할 만한 매출을 올리지 못할 것이다. 항공권 수요 못지않게 항공기 자체에 대한 수요도 증가할 가능성이 커진 것이다.

실제로 항공기 제작사들이 여객기 증산 계획을 잇달아 발표했다. 세계적인 여객기 제조사인 보잉은 주력 기종인 737MAX의 월 생산량을 2021년 1분기 10대에서 2023년 2분기 40대까지 증산할 것이라고 밝혔고, 유럽의 에어버스는 A320기를 2021년 1분기 40

그림 5-10 ·· 보잉 737MAX

출처: 보잉

대에서 2023년 2분기 64대까지 늘리겠다고 밝혔다. 구체적인 증산 스케줄을 발표했다는 점에서 항공기 제작사들도 리오프닝을 철저히 준비하고 있음을 알 수 있다.

항공기 제조 물량이 증가하면 항공기 부품 제조사가 가장 큰 수혜를 보게 된다. 그동안 한국의 대표 항공기 부품사들은 혹독한 겨울을 보냈다. 2020년 보잉과 에어버스의 항공기 주문 대수가 급감하면서 매출액과 영업이익이 급감했다. 보잉의 대표 부품사인 아스트는 2020년 매출액이 62%나 급감했고 영업이익은 191억 원 적자를 기록했다. 국내 항공기 제조사의 부품을 주로 생산하는 하이즈항공은 매출액이 28% 감소했고 영업이익은 28억 원 적자를 기록했다. 이제 리오프닝이 시작되고 보잉과 에어버스의 주문이 증가하기 시작하면, 혹독한 겨울은 끝나고 따뜻한 봄이 찾아올 것이다.

국내 항공기 부품 업체들은 이미 턴어라운드 조짐을 보이기 시작했는데, 항공기 부품 수출액은 2021년 1분기 1.9억 달러를 저점으로 2분기에는 2.3억 달러를 기록하면서 매출 성장이 드디어 시작되는 모습을 보여주었다. 아스트는 보잉의 항공기 생산이 재개되면서 공급 물량이 전분기 대비 10배나 증가했다. 하이즈항공도 보잉 물량이 급증하고 있다.

비정상적인 상황은 영원하지 않다. 반드시 정상 상황으로 돌아오기 마련이다. 리오프닝은 이제 시작이다. 해외여행이 가시화될 때 여행·항공주를 먼저 떠올리기 쉽지만, 그보다 앞서 항공기를 제작하는 회사들의 주문과 생산이 늘어나게 된다. 그런데 이보다 더 앞서는 것이 있다. 항공기를 제작하는 데 들어가는 부품의 생산 증가다. 리오프닝은 주식시장에서 잊혀 못난이 취급을 받던 항공기 부품사들을 백조로 만들어줄 중요한 모멘텀이 될 것이다.

	표 5-7 •• 항공기 제작 관련 투자 유망주	
기업명	**투자 포인트**	**투자 매력도**
아스트	- 보잉의 가장 인기 기종인 B737, E2의 핵심 부품 독점 공급사 - 보잉의 737MAX 증산 계획에 따른 부품 매출 증가 전망 - 2022년 97억 원의 영업이익 흑자 전망	★★★★
하이즈항공	- 한국항공우주, 대한항공 등 국내 대표 항공기 제조 및 운항 업체들의 날개 구조물, 후방동체 등의 부품을 조립생산 - 2021년 보잉 B767, 787기 중심으로 부품 수주 증가세	★★★★

고령화:
새로운 성장의 기회가 여기에 있다

:
:
:

인간의 수명은 유한하다. 하지만 의학 기술의 발달로 인간의 수명이 늘어나면서 고령화는 이제 누구도 거스를 수 없는 상황이 됐다. 예전에는 60살만 넘어도 환갑잔치를 열며 장수를 축하했지만 이제는 70살이 되어도 나이가 많다고 할 수 없을 정도로 고령화는 일상이 됐다.

수명이 늘어나는 것은 좋은 일이지만, 사람의 나이는 속일 수가 없다는 점이 문제다. 나이가 들면 근력이 떨어지고 피부는 노화되며 소화 능력도 감소하고 잔병도 많아진다. 누구나 젊어 보이고 싶고 건강하게 오래오래 살고 싶어 하지만, 수명만 늘어났을 뿐 나이가 들고 약해지는 것은 거스를 수 없는 자연의 섭리다. 그래서 많은 사람이 고령화 시대에 보다 건강해지기 위해 운동도 열심히 하고 있고 건강기능식품도 많이 섭취하고 있다. 또한 피부 주름을 개선해주는 보톡스, 필러, 리프팅 같은 의료 서비스 이용도 늘어나고 있다.

고령화에 따라 만성 질환에 걸리는 사람들도 늘어나고 있는데, 대표적인 만성 질환 중 하나가 당뇨다. 당뇨에 걸린 사람들은 늘 혈당을 측정해야 한다. 고령화에 따른 당뇨 환자의 증가로 혈당측정기 시장도 높은 성장세를 기록하고 있다. 병에 걸리기 전에 정확한 건강검진을 통해 미리 질병을 예방하고자 하는 진단 수요도 급증하고 있다.

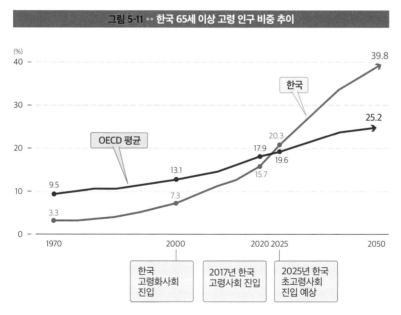

그림 5-11 ** **한국 65세 이상 고령 인구 비중 추이**

출처: 통계청, OECD

고령화는 전 인류가 직면한 가장 큰 문제 중 하나이지만, 한편으론 이곳에서 새로운 성장의 기회를 찾아낼 수 있다. 고령화의 부작용을 해소해줄 수 있는 의료기기나 치료제를 개발하는 기업들에 고령화는 새로운 성장 동력이 될 것이다. 이에 고령화 시대에 수혜를 볼 수 있는 의료기기 산업을 다뤄봤다. 미용 의료기기, 덴탈(치과)용 의료기기 및 혈당측정기 산업을 분석하면서 기회를 찾아보기 바란다.

═ 미용 의료기기:
내 지갑을 열게 하는 기업에 투자하자

고령화 시대의 가장 큰 수혜 산업을 꼽으라면 단연 피부미용 산업이다. 나이가 들면 피부가 늘어지고 주름이 생기는 건 어쩔 수 없는 일이지만, 피부미용 의료기기를 통해 어느 정도 개선할 수 있기 때문에 수요가 지속적으로 증가하고 있다. 과거에는 피부미용을 위해 외과적 수술을 통한 시술(침습법)이 많이 이용됐는데, 최근에는 수술을 하지 않고 의료기기만으로 치료가 가능한 비외과적 방법(비침습법)이 대세를 이루고 있다. 비침습법은 수술을 통한 시술인 침습법에 비해 칼을 대지 않아 회복 시간이 빠르고, 상대적으로 간편하고 안전하기 때문에 선호도가 급격히 높아지고 있다. 시술

가격이 낮아지고 접근성이 좋아지면서 고령층만이 아니라 밀레니얼 세대(1980년대 초~2000년대 초에 출생한 세대)도 비침습법 시술의 주요 고객층이 되고 있다.

보톡스라고 불리는 주름 개선 치료제는 비침습법 시장에서 2019년 기준으로 46.1%의 비중을 차지하며 1위를 기록했고, 피부에 주입하여 볼륨감을 주는 제품인 히알루론산 필러는 31.7%의 비중을 차지하며 2위를 기록했다. 2021년에 들어와서는 레이저와 음파를 활용한 시술이 큰 인기를 끌었는데, 초음파^{HIFU}·고주파^{RF}를 이용한 시술이 특히 큰 인기였다. 쉽게 말하면 피부에 열을 가하여 피부를 재생시키는 시술이다. 나이가 들면 피부 표면이 얇아지고 피부가 거칠어지고 주름이 늘어나고 탄력이 떨어진다. 이런 피부에 초음파나 고주파를 가하면 피부 표면을 손상시키지 않고 콜라겐의 성장을 촉진하여 피부가 탱탱해지고, 그 효과가 3개월 정도 유지된다. 코로나19로 인한 대면 접촉의 어려움에도 레이저와 음파를 이용한 시술 시장은 지속적으로 성장하고 있는데 리오프닝이 시작되면 성장세는 더욱 거세질 것이다.

국내 의료기기 시장에서 미용 의료기기가 차지하는 비중은 14% 정도다. 그에 비해 글로벌 의료기기 시장에서 미용 의료기기가 차지하는 비중은 3%에 불과하다. 한국 시장에서는 이미 성장에 가속도가 붙었지만 해외 시장은 이제 성장 초입 단계라고 볼 수 있다. 해외에서는 중국을 비롯한 신흥국이 향후 시장을 주도할 가능성이 크다. 국내 대표 미용 의료기기 업체들은 이미 한국, 유럽, 미국 등에서 검증된 기술력으로 고성장을 지속하고 있기 때문에 신흥국 미용 의료기기 시장의 고성장은 이들 기업에 날개를 달아줄 가능성이 크다.

피부미용 의료기기 제조 업체들에 투자해야 하는 이유는 시장의 성장 때문이기도 하지만 또 다른 이유가 있다. 바로 반복 시술과 소모품 매출 증가다. 피부미용을 위한 레이저 시술은 효과가 영구적이지 않다. 2~3개월에 한 번씩 주기적으로 치료를 받아야 효과를 유지할 수 있다. 그래서 한 번도 안 해본 사람은 있어도 한 번만 치료를 받아본 사람은 없다고 할 수 있다. 초음파, 저주파 방식의 시술은 반복 시술이 필수적이기 때문에 의료기기에 필요한 소모품 매출이 급증할 수밖에 없다. 면도기를 제조하는 질레트라는

그림 5-12 ** 루트로닉의 피부미용 의료기기

출처: 루트로닉

회사가 면도기로 돈을 버는 것이 아니라 자주 교체해줘야 하는 면도날로 막대한 이익을 내는 것과 비슷한 구조다. 피부미용 의료기기에 필요한 소모품은 피부에 직접 주입되기 때문에 자주 교체를 해주어야 하며, 이익률도 매우 높다. 초음파, 고주파 방식의 의료기기를 생산하는 제이시스메디칼은 2020년 소모품 매출이 2배 이상 증가하며 전체 영업이익률을 무려 15.1%나 증가시켰다.

내 지갑을 열게 하는 기업에 투자하는 것은 매우 현명한 주식 투자 방법 중 하나다. 고령화로 인한 안티에이징(노화 방지)의 시대에 치료 효과가 입증된 피부미용 의료기기 제조사들은 소비자들에게 반복적으로 지갑을 열게 하는 기업들이다. 이들 기업에 투자한다면 당신도 현명한 투자자가 될 것이다.

표 5-8 ** 미용 의료기기 관련 투자 유망주

기업명	투자 포인트	투자 매력도
제이시스메디칼	- 초음파, 고주파 등의 피부미용 의료기기를 제조 - ULTRAcel Q+, POTENZA 등 대표 브랜드를 보유 - 카트리지, 팁 등의 소모품 매출 비중 증가로 고수익성 유지	★★★★★
루트로닉	- 레이저를 이용한 피부미용 의료기기 제조 - Genus, Accufit, Lasemd Ultra 등 신제품 출시로 전문 에스테틱 기업으로 진화 중 - 프리미엄, 소모품, 체형 관리 등의 신시장 진출	★★★★★
티앤엘	- 창상피복재(상처를 보호하거나 오염을 방지하기 위해 상처 주위에 바르거나 붙이는 의약품) 제조 업체 - 주력 제품인 하이드로콜로이드(창상피복재) 100% 매출 성장세 - 2018년 미국 트러블케어 시장 진출 - 마이티패치(여드름 치료 패치), 미국 아마존 뷰티앤퍼스널 부문 매출 1위	★★★★★

━ 덴탈용 의료기기 및 혈당측정기:
갈수록 성장할 수밖에 없는 시장

고령화로 인한 미용 의료기기 시장 성장과 더불어 덴탈(치과)용 의료기기 시장도 구조적 성장을 이어갈 가능성이 크다. 나이가 들면 치아가 약해지고, 약해진 치아는 쉽게 빠지기도 한다. 치아가 빠지면 예전에는 인공으로 만든 크라운이나 브리지, 틀니 등을 사용하여 치료했는데 이 방법들은 치아를 근본적으로 대체할 수 없다는 단점을 가지고 있다. 자기 치아로 음식물을 씹는 것과 보조 기구를 통해 음식물을 씹는 것은 큰 차이가 있는 데다가, 시간이 지나면 변형되어 치아의 역할을 하지 못하는 경우가 빈번히 발생한다. 임플란트는 이런 문제들을 해결하는 근본적인 치료법이다. 자기 치아처럼 완전히 고정되어 있고 10년 정도 장기간 사용할 수 있다는 것도 장점이다. 한국에서는 의료복지 혜택의 일환으로 65세 이상의 성인에게는 임플란트 시술 시 의료보험을 적용하여 치료비 부담을 줄여주고 있다.

고령화로 인한 치아 손상 및 치아 손실 증가로 임플란트 시장은 코로나19 상황에서도 고성장을 지속하고 있다. 한국 시장도 고성장을 하고 있지만 미국, 유럽, 중국 등 글로벌 시장의 성장세 역시 만만치 않다. 국내 대표 임플란트 3사(오스템임플란트, 덴티움, 디오)의 합산 매출액 성장률은 2020년 4분기에 50%를 넘어섰으며 영업이익률은 2018년 4분기 3% 수준에서 2020년 4분기에는 25%까지 증가했다. 매출 성장과 더불어 이익률까지 개선되며 한국 임플란트 기업들의 실적과 주가는 고공행진을 거듭하고 있다.

임플란트 시술이 증가하면서 같이 성장하는 시장이 있는데, 바로 덴탈용 의료기기 시장이다. 임플란트 시술이 디지털화하면서 덴탈용 X-ray와 CT, 스캔 장비 시장도 덩달아 커지고 있다. 이를 디지털 덴티스트리라고 부르는데 CT와 스캔 장비를 통해 정밀도가 높은 진단을 하고, 그 데이터를 바탕으로 CAD·CAM 소프트웨어와 3D프린터 장비를 이용하여 필요한 소재를 디자인 및 제작할 수 있는 솔루션을 의미한다. 기존의 아날로그 방식보다 정밀하고, 의사와 환자의 시간과 비용을 줄여주는 장점이 있어서 병원과 환자 모두에게 유리한 방식이다. 기존 방식은 석고 모델을 제작하고 기공

그림 5-13 ·· **임플란트 시술 도식화**

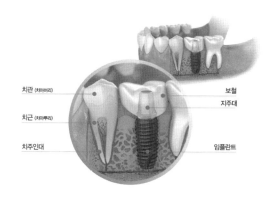

출처: 디오

소로 전달해서 제작을 의뢰하는 방식이라서 제작 기간이 길었는데, 디지털 덴티스트리는 3D프린터를 사용하여 빠른 시간 안에 제조가 가능하기 때문이다. 임플란트 시술이 늘어나고 보다 정밀하면서도 시간을 단축해줄 수 있는 덴탈용 의료기기 등이 제작되면서 덴탈 시장은 어느 때보다 높은 성장을 이어가고 있다.

고령화로 인해 덴탈용 의료기기 시장이 무섭게 커지고 있는 것 못지않게 만성 질환인 당뇨병과 관련된 의료기기 시장도 성장세가 지속되고 있다. 당뇨는 나이가 들수록 발병 확률이 높아지는 만성 질병이다. 근본적인 치료가 쉽지 않은 데다가 혈당 조절이 매우 중요하기 때문에 혈당측정기가 반드시 필요하다. 혈당측정기는 자가혈당측정기와 연속혈당측정기로 구분할 수 있다.

아이센스가 생산하는 자가혈당측정기는 소모품인 스트립을 이

출처: 아이센스

용하여 혈당을 측정하는 방법인데, 혈당 측정을 위해 피부에 스트립을 계속 찔러야 하는 불편함이 있는 제품이다. 그래도 정확성이 높아서 수요는 꾸준히 증가하고 있다. 이런 자가혈당측정기의 불편함을 없앤 제품이 바로 연속혈당측정기다. 자가혈당측정기는 하루에도 여러 번 스트립을 사용하여 반복 측정을 해야 했지만, 연속혈당측정기는 복부 또는 팔뚝에 측정기를 부착하기만 하면 14일 정도 연속해서 혈당을 측정해주기 때문에 매우 편리하다.

국내 기업 중에서는 아이센스가 2022년 상용화를 목표로 개발을 지속하고 있다. 고령화로 인한 당뇨 환자의 증가, 그에 따른 혈당측정기 시장의 성장 및 자가혈당측정기에서 연속혈당측정기로의 트렌드 변화는 이미 시작됐다.

고령화 관련 산업은 이제 하나의 트렌드다. 미용 의료기기와 더불어 임플란트를 중심으로 한 덴탈용 의료기기, 그리고 혈당측정기 산업은 이제 막 고속도로에 진입한 상황이다. 고속주행은 시작됐다. 투자자들은 무슨 차를 탈 것인지만 선택하면 된다.

표 5-9 ** 덴탈용 의료기기 및 혈당측정기 관련 투자 유망주

기업명	투자 포인트	투자 매력도
덴티움	- 국내 2위권의 임플란트 제조사 - 2021년 2분기 매출 +41%, 영업이익 +155% 고성장 기록 - 중국 임플란트 수요 증가 최대 수혜 - 부진했던 중동, 유럽, 동남아 매출액 회복 기대	★★★★

기업명	투자 포인트	투자 매력도
디오	- 덴티움과 경쟁하는 국내 2위권의 임플란트 제조사 - 오스템임플란트, 덴티움과 달리 중국 비중이 작은 편이며 미국, 유럽 등 수출국이 다변화되어 있음 - 디지털 임플란트 시술의 선두주자 - 최대주주인 디오홀딩스, 김진백 대표이사의 지분 30.33%에 대한 지분 매각 절차 진행 중	★★★★
레이언스	- 치과용 X-ray 부품인 디텍터 매출 호조 - 구강센서 침투율 확대 및 지르코니아(공업용 재료로, 물에 녹지 않고 급격한 온도 변화에 견디는 특성이 있음. 손상된 치아를 대체할 수 있는 크라운 재료로 활용됨) 사업 진출 - 자회사 오스코를 통해 의료용 X-ray 시장에도 진출	★★★★
덴티스	- 디지털 투명 교정 플랫폼 서비스 '세라핀' 정식 출시 - 3D프린터를 활용한 맞춤형 서비스 가능	★★★★
아이센스	- 자가혈당측정기 및 소모품 스트립 제조사 - 2022년 하반기 유럽 및 국내에서 연속혈당측정기 승인 기대	★★★★★

변화:
변화를 기회로 만드는 기업을 찾자

●
●
●

애니콜, 레이저, 초콜릿, 아이폰, 갤럭시, Z폴드. 우리가 매일 사용했거나 사용하고 있는 휴대전화의 브랜드명을 떠올리면 어떤 생각이 드는가? '이름이 참 다양하구나'라고 생각할 수도 있지만 '휴대전화가 정말 많은 변화를 보였구나'라는 걸 느낄 수 있을 것이다. 조그마한 LCD 액정, 자판, 기본적인 전화 기능만 존재하던 피처폰에서 터치 기능, 대화면 OLED 디스플레이, LTE 통신, 다양한 앱을 보유한 스마트폰을 거쳐 반으로 접히는 폴더블폰까지 휴대전화는 지난 20년간 엄청나게 변화해왔다. 그 과정에서 수많은 기업이 스타가 됐다가 몰락하기도 했고, 애플과 삼성전자처럼 여전히 강자의 지위를 유지하고 있는 기업들도 있다.

변화는 위험이 되기도 하고 기회가 되기도 한다. 변화를 잘 이용한 기업들은 기업가치가 급상승하며 시장을 주도하는 스타가 되지만, 변화에 대처하지 못하는 기업들은 몰락하고 만다. 대표적인 기업이 노키아다. 휴대전화 시장의 절대강자로 시장을 주도하던 노키아는 피처폰에서 스마트폰으로의 변화에 적응하지 못하고 애플과 삼성전자에 왕좌를 넘겨주었고, 이제는 평범한 기업으로 전락하고 말았다. 반면 애플은 PC, 아이팟 등의 사업을 중심으로 기반을 잘 다진 후 아이폰이라는 스마트폰을 만들었고, 앱스토어라는 생태계까지 조성하여 세계 1등 기업이 됐다. 물론 애플 혼자서는 불가능했다. 환경적인 요소도 많은 도움을 주었다. 특히 3G 이동통신에서 4G 이동통신으로 통신망이 변화하면서 스마트폰 인프라가 자리 잡기 좋은 환경이 조성됐고, 애플은 이 변화의 승자가 됐다.

그림 5-15 ·· 아이폰 3GS

출처: Apple

주식시장도 변화를 좋아한다. 고인 물보다는 새로운 시도, 새로운 변화를 환영하는 곳이 주식시장이다. 2022년에도 변화를 준비 중인 업종이 다수 있다. 어떤 업종이 새롭게 변화하고 시장을 주도할지 알아보자.

≡ OLED: 별들의 전쟁에서 승자의 편에 서자

차세대 디스플레이 경쟁이 한창이다. LCD가 여전히 가장 큰 점유율을 차지하고 있지만, LCD 이후의 주인공 자리를 놓고 디스플레이 경쟁이 한층 치열해지고 있다. OLED, 미니LED, QNED, 마이크로LED 등 다양한 디스플레이 기술이 각자의 장점을 내세우며 주인공이 되기 위해 보이지 않는 전쟁을 치르고 있다. 현재까지의 성적으로 보면 차세대 디스플레이의 주인공은 OLED가 될 가능성이 매우 크다.

LCD는 액정표시장치로 소비전력이 적고 수명이 길어 디스플레이의 대중화를 이끌었다. 그렇지만 빛을 내기 위해서는 따로 백라이트 유닛이라는 광원을 넣어주어야 해서 아주 얇게 만들기가 어렵고, 움직임이 빠른 영상에서는 잔상이 남는 등의 단점이 있다. 또한 검은색을 진짜 검은색으로 표현하는 데에도 한계가 있어서 칠흑 같은 어둠은 표현하기가 어렵다. LCD의 이런 단점을 보완한 디스플레이가 OLED다.

OLED는 전기를 가해 빛을 내는 전계 발광을 기반으로 스스로 빛을 내는 자체 발광형 유기물질이다. OLED에 전류를 가하면 빛을 내는 발광층에서 전자와 정공이 만나 빛을 낸다. 자체적으로 빛을 내는 발광 소재가 있기 때문에 OLED에는 백라이트 유닛이 필요 없다. LCD에서 구현하지 못하는 칠흑 같은 어둠도 잘 표현할 수 있으며, 움직임이 빠른 영상에서 잔상도 남지 않는다. 전력 소모도 많지 않고, 얇게 만들 수 있기 때문에 차세대 주인공으로 손색이 없는 디스플레이다.

다만 치명적인 단점이 있는데, 바로 번인Burn-in 현상이다. 자체 발광하는 유기물질이 있다 보니 오랫동안 같은 화면(정지화면)을 켜놓으면 일부 색상이 제대로 표현되지 않거나 잔상이나 얼룩이 남는 경우가 있다. 그리고 LCD에 비해서 수명이 짧다는 것도 단점이다. 물론 가격도 LCD에 비해서 비싸다. 다양한 소재들이 사용되다 보니 소재비 탓에 제품 가격이 비싸지는 것이다.

장점도 많지만 단점도 분명한 OLED는 그동안 스마트폰에 채택되지 않았는데, 삼성전자는 아이폰과 달리 갤럭시 스마트폰에 과감하게 OLED를 채택했다. 이것이 갤럭시만의 차별화를 이끌면서 대성공을 거뒀다. 이후 애플도 2017년 삼성디스플레이에서 OLED를 공급받아 아이폰X 모델에 OLED를 탑재했다. 2020년 출시된 아이폰12에는 4개의 모든 모델에 OLED가 채택됐고 이제 OLED는 모바일 시장의 주인공이 됐다. 스마트폰은 교체 주기가 짧고 전력 관리, 두께 면에서 LCD보다 우위에 있기 때문에 애플도 결국 LCD에서 OLED로의 변화에 합류했다.

모바일은 이제 OLED로 변화가 끝났는데 다른 기기들은 어떤 상황일까? 태블릿 PC, 노트북, 모니터, TV, 자동차, 가전, 폴더블폰 등 다양한 수요처에서 OLED 채택이 늘어나고 있다. 물론 아직은 LCD가 압도적인 비중을 차지하지만 OLED의 장점과 더불어 제조 원가 개선으로 OLED 가격이 내려가면서 채택 비중이 늘어나고 있다. TV는 이미 LG디스플레이가 광저우 공장에서 OLED 대량생산에 성공하면서 LG전자, 소니 및 일부 중국 가전회사에 패널을 납품하고 있다. 삼성전자는 2021년 4분기부터 TV용 퀀텀닷^{QD}(자체적으로 빛을 내는 수 나노미터의 반도체 결정으로 밝은 부분은 더 밝게, 어두운 부분은 더 세밀하고 정교하게 표현하는 재료) OLED 생산을 시작한다. 그동안 TV용 OLED에 난색을 표하던 삼성도 이제 TV 시장에 뛰어들기로 했다.

삼성의 일부 노트북에도 OLED가 탑재되기 시작했고, 태블릿 PC의 대표주자인 아이패드도 2023년부터 채택을 고려 중이다. 자동차 디스플레이 시장도 커지고 있다. 업계 1위 LG디스플레이는 캐딜락·BMW·벤츠 등의 러셔리 자동차에 OLED를 공급하고 있는데, 향후 자율주행차 시대가 도래한다면 차량용 OLED 수요가 급

그림 5-16 ·· OLED TV

출처: LG전자

증할 것이다. 전력 효율이 좋고 가벼운 데다가 자체 발광을 하기에 시인성(식별력)이 좋아 자동차 디스플레이 시장에서도 OLED가 주인공이 될 가능성이 커졌다. 폴더블폰의 흥행도 긍정적이다. 폴더블폰은 화면이 크기 때문에 폴더블폰의 판매 호조는 OLED 수요를 더욱 늘리게 될 것이다.

　LCD에서 OLED로의 변화는 이미 시작됐고 더욱 빠르게 진행 중이다. 이 변화의 중심에 한국의 삼성디스플레이, LG디스플레이가 있다. 또한 다양한 소재·장비회사들이 포진되어 있다. 특히 OLED는 자체 발광하는 유기물질이기 때문에 소재가 정말 중요하다. 핵심 소재는 진입장벽이 높아 아무나 만들 수 없다. OLED 소재의 대표 기업은 미국의 유니버설디스플레이Universal Display다. 삼성 디스플레이가 이 기업에 지불한 로열티만 수천억 원에 달한다고 한다.

　미국과 일본 기업들이 독점하던 OLED 소재 시장에서 한국 기업들도 최근 눈부신 활약을 보여주고 있다. 덕산네오룩스·솔루스첨단소재·피엔에이치테크가 그 주인공들로, 과점화된 OLED 소재 시장에서 높은 기술력을 바탕으로 미국과 일본의 진입장벽을 조금씩 허물고 있다. LCD에서 OLED로의 변화, 스마트폰에서 주로 쓰이던 소형 OLED에서 대형화된 OLED로의 변화는 소재 기업들의 성장을 더욱 가속화할 것이다. 변화의 중심에 선 디스플레이 시장, 2022년에도 OLED 소재 기업들의 질주는 계속될 것이다.

표 5-10 ** OLED 관련 투자 유망주

기업명	투자 포인트	투자 매력도
덕산네오룩스	- 삼성디스플레이의 주요 OLED 소재 공급사 - HTL, 레드 호스트(Red Host), 레드 프라임(Red Prime), 그린 프라임(Green Prime) 등 핵심소재 국산화 - 편광판을 대체하여 효율, 소비전력, 두께를 줄일 수 있는 블랙 PDL 소재를 개발하여 갤럭시Z폴드3에 납품	★★★★★
피엔에이치테크	- LG디스플레이의 주요 OLED 소재 공급사 - 일본 기업들이 독점한 블루 호스트(Blue Host) 소재를 듀폰과의 협업을 통해 양산에 성공 - LG디스플레이의 TV, 모바일용 OLED 매출 확대 수혜	★★★★★
이녹스첨단소재	- OLED 패널의 공정용 필름 및 봉지 필름 제조 - 삼성디스플레이, LG디스플레이 등 핵심 고객사 증설 수혜	★★★★

━ 모빌리티:
이제 자동차는 소프트웨어다

자동차도 변화의 중심에 서 있는 대표적인 시장이다. 자동차의 동력 변화는 이미 시작됐으며 내연기관차에서 배터리, 연료전지를 중심으로 하는 친환경 자동차로의 변화가 매우 빠르게 진행되고 있다. 많은 양의 탄소를 배출하는 내연기관차를 줄이고 탄소 배출이 없는 전기차, 수소차로 전환해야만 하는 상황이다. 자동차의 동력 변화와 더불어 시장 자체의 변화도 시작됐는데, 바로 모빌리티로의 전환이다.

과거와 현재의 자동차는 대부분 차를 구매하고 장기간 타고 다니다가 중고로 매각하고 다시 새 차를 구입하여 장기간 타고 다니는 시스템하에서 존재했다. 자동차회사들은 품질 좋고 디자인 좋은 차를 제조하여 소비자에게 판매하고 이익을 내는 원 사이클One Cycle의 시장 내에 머물러 있었는데, 이제 변화가 시작되고 있다. 테슬라를 예로 들어보겠다.

테슬라는 전기차를 제조하는 기업이다. 그런데 전기차만 판매하여 수익을 내진 않는다. 테슬라 자동차 안에는 오토 파일럿이라는 소프트웨어가 탑재되어 있는데, 기존 자동차에는 존재하지 않는 무선업데이트OTA 기능이 추가되어 있다. 무선업데이트를 통해 자동차를 스마트폰처럼 주기적으로 업데이트해주는 시스템이다. 업데이트를 통해 차의 성능을 개선하고 오류를 수정하여 테슬라 소유주들의 호평을 받고 있다. 또한 자율주행 기능이 들어간 FSD^Full Self-Driving도 제공하는데, 가격이 900만 원에 달한다. 매달 20만 원 정도를 내도 이 기능을 이용할 수 있다고 한다. 자동차를 판매하면 끝나는 시스템이 아니라 판매가 끝난 자동차로 지속적인 수익을 창출할 수 있는 시장을 테슬라가 연 것이다.

현대차도 이 시장에 뛰어들기 위해 많은 준비를 하고 있다. 미국의 대표적인 자율주행 관련 기업인 앱티브^Aptiv와 합작사인 모셔널^Motional을 설립했고, 모셔널은 로보택시용으로 제작된 아이오닉5로 미국에서 비밀리에 자율주행 테스트를 진행하고 있다.

완전자율주행 기능을 탑재한 아이오닉5는 미국의 대표적인 공유 자동차 기업인 리프트^Lyft에 이 차를 공급할 예정이다. 리프트는 자율주행 기능이 탑재된 아이오닉5를 이용하여 2023년부터 로보택시를 운행할 계획이다. 지금은 호출하면 기사가 직접 운전하는 자동차가 오지만 로보택시는 기사가 없는 완전자율주행 택시다. 현대차는 공유 차량을 판매해서도 이익을 내겠지만 부수입도 기대가 된다. 로보택시 운행 거리에 따른 로열티를 받을 수도 있고 로보택시의 주기적인 업데이트를 통해 모빌리티 서비스에서 지속적인 이익을 창출할 수도 있다. 또한 앞으로 나올 현대차의 신차에 테슬라처럼 자율주행 기능을 탑재한다면 새로운 수익원이 될 수 있다.

그림 5-17 ·· 아이오닉5 로보택시

출처: 현대자동차

모빌리티는 이동성을 나타내는 말로, 사람들의 이동을 편리하게 하는 데 기여하는 서비스나 이동수단을 의미한다. 제조업 기반의 자동차 산업이 서비스 기반의 산업과 함께하는 형태로 변화할 가능성이 점점 커지고 있다. 모빌리티 시대의 주도권을 잡기 위한 경쟁도 치열하다. 테슬라, 현대차, 폭스바겐, GM 등 많은 대형 자동차 OEM들이 모빌리티 사업에 대규모 투자 계획을 발표했다. 자동차는 아직까지 하드웨어, 즉 자동차 자체의 품질이 매우 중요하다. 안전성이 담보되어야 하기 때문이다. 하지만 모빌리티에서는 소프트웨어의 역할이 매우 중요하다.

테슬라는 자동차에 있는 엔진, 변속기 같은 수많은 부품을 70~100개의 ECU(자동차의 엔진, 자동변속기, ABS 등의 상태를 컴퓨터로 제어하는 전자제어장치)가 각각 제어하는 방식에서 벗어나 단지 5개의 ECU가 자동차의 모든 부품을 제어하는 방식으로 바꾸었다. 물론 전기차이기 때문에 부품 수가 적어 가능했지만, 테슬라는 변화를 주도했고 결과는 대성공이었다. 전기차에는 전동화 부품이 많이 들어가기 때문에 전력 관리와 열 관리가 중요한데, 소수의 ECU가 자동차를 제어하게 되면 전력 소모는 크게 줄어들고 효율도 좋아진다.

소수의 ECU를 활용한 중앙집중형 차량 제어 시스템은 모빌리티 시대에도 매우 유리하다. 모빌리티는 서비스다. 서비스는 고정된 것이 아니다. 만일 당신이 폭우가 쏟아지는 날 공항까지 제시간에 가야 한다면 평소와 달리 일찍 길을 나설 것이고 운전도 더욱 주의해서 할 것이다.

그런데 모빌리티 서비스를 이용한다면 그럴 필요가 없다. 로보택시가 최적의 경로와 시간을 계산해서 공항까지 안전하게 이동시켜줄 터이니 당신은 그냥 차에 탑승만 하면 된다. 로보택시는 소프트웨어 업데이트를 통해 폭우에도 안전하게 이동할 수 있도록 자동차를 변화시킨다. 타이어를 빗길에도 미끄러지지 않게 업데이트하고, 카메라와 센서가 폭우에도 전방을 잘 주시할 수 있게 조절할 것이며, 배터리 상태가 평소보다 냉각될 수 있다는 점을 고려하여 배터리 주변의 열을 올리는 작업을 하게 될 것이다.

기존 자동차는 이런 작업을 할 수 없고, 하기 위해서는 정비소에 가야 했다. 하지만 소수의 ECU가 자동차를 제어하게 되면 소프트웨어가 자동차를 상황에 맞게 변화시킬 수 있어 유리히디. 테슬라의 시가총액이 전 세계 자동차 기업들의 시가총액을 더한 것보다 큰 이유가 여기에 있다. 소수의 ECU를 활용한 중앙집중형 차량 제어 시스템과 모빌리티 서비스를 가능하게 해줄 소프트웨어의 결합은 새로운 자동차 시대를 알리는 신호탄이다. 하드웨어 중심 자동차에서 소프트웨어 중심 자동차로의 변화가 시작된 것이다.

연간 9,000만 대의 판매 시장을 형성하며 정체기를 보내고 있는 자동차 시장에 친환경차와 모빌리티라는 두 가지 변화가 일어나고 있다. 이 변화를 잘 이용한 테슬라는 이미 글로벌 1등 자동차 기업이 됐다.

변화는 곧 기회이자 위기다. 자동차 시장에서 또 다른 애플과 삼성전자가 나올 수도 있고 또 다른 노키아가 나올 수도 있다. 한국의 현대차그룹은 또 다른 애플과 삼성전자가 될 가능성이 크다. 다양한 전기차·수소차 모델을 내놓고 있을 뿐 아니라 로보택시, UAM 등 모빌리티 변화에도 잘 대처하고 있다. 이와 관련해서 전동화 부품, 차량용 소프트웨어 기업들의 중요성도 계속 커질 것이다. 향후 10년간 지속될 모빌리티 시장의 핵심 기업에 적극적인 관심이 필요한 이유다.

표 5-11 ** 모빌리티 관련 투자 유망주

기업명	투자 포인트	투자 매력도
현대차	- 전기차, 수소차의 경쟁력 강화로 글로벌 TOP 3 자동차회사로 도약 기대 - 보스턴 다이내믹스(Boston Dynamics) 인수, 자율주행 솔루션 기업 모셔널 설립, UAM(Urban Air Mobility) 사업 추진 등 모빌리티 기업으로의 전환	★★★★★
기아	- 전기차 경쟁력 강화 - SUV 시장 중심의 자동차 트렌드에 적합한 자동차 모델 보유 - PBV(목적 기반 자동차) 중심 모빌리티 기업으로의 전환 기대	★★★★★
현대모비스	- 전기차 E-GMP 플랫폼, 수소전기차 연료전지 등 친환경차 핵심 부품 생산 - 차량용 반도체 내재화 계획 - 차량용 소프트웨어 경쟁력 강화	★★★★★
현대오토에버	- 현대차그룹의 소프트웨어 전문 업체 - 자율주행 소프트웨어 공급 확대 및 자동차용 클라우드 매출 확대 - 구독 기반의 모빌리티 서비스를 위한 소프트웨어 제공	★★★★★
만도	- ADAS(첨단 운전자 보조 시스템) 적용 확대로 성장 지속 - 현대차, 기아 외 고객사 다변화 진행 중 - 미국 차량공유 업체 리프트와의 자율주행 기술 개발을 위한 파트너십 체결로 로보택시 시장 개화에 따른 수혜 기대	★★★★☆
세코닉스	- 차량용 전장 카메라 모듈 공급사 - 라이다 센서와 더불어 자동차용 카메라가 자율주행에 반드시 필요한 부품으로 기본 탑재 중 - 자동차용 카메라 단가 상승에 따른 매출 성장 기대	★★★★☆

☰ 맞춤형 광고:
광고가 나를 읽는다

나는 모바일 쇼핑으로 생필품들을 자주 구매한다. 얼마 전에 질레트 면도기의 면도날이 필요해서 인터넷을 통해 다양한 가격대의 제품들을 검색하고 최종 구매를 했는데, 어느 날인가부터 모바일로 웹페이지를 볼 때 면도날 광고가 배너처럼 따라다녔다. 순간 놀랐다. '이제 광고도 아무에게나 아무거나 무작위로 보여주는 시대가 아니라 각자 필요하거나 관심 있는 것들만을 띄워주는 맞춤형 광고 시대가 열렸구나' 하는 생각이 들었다. 이를 리타기팅^{retargeting} 기능이라고 하는데, 이전에 광고주 사이트를 방문한 유저가 다른 웹사이트를 방문할 때 그 광고가 게재되는 기능이다.

광고 시장도 이제 변화하고 있다. 어렸을 때 우리는 TV 앞에 옹기종기 모여 앉아 방송국에서 송출하는 방송을 어떤 선택지도 없이 일방적으로 시청하기만 했다. 드라마, 뉴스, 광고 등 우리에게 선택할 수 있는 권한은 없었다. 1990년대 케이블TV 시대가 열리면서 엄청난 수의 채널이 생겼고 그때부터 우리에게는 조금씩 선택할 수 있는 권한이 생겼다. 그 후 인터넷망이 전국에 깔렸고,

그림 5-18 ·· 리타기팅 기능

❶ 사용자가 광고주 사이트에서 관심 상품을 조회

❷ 해당 사용자가 매체 사이트를 방문했을 때 리타기팅 광고 노출

❸ 사용자를 광고주 사이트로 유입하여 구매 유도

출처: 와이더플래닛

VOD^{Video On Demand} 서비스가 시작됐다. 시청자들은 이제 방송국이 일방적으로 보여주던 화면에서 벗어나 다양하게 선택할 수 있었다. 특정 시간에만 시청이 가능했던 드라마를 내가 원하는 시간에 원하는 장소에서 볼 수 있는 선택지가 생긴 것이다. 4G 통신과 결합된 스마트폰 시대가 시작되면서 이 현상은 더욱 가속화됐다. 초고속 인터넷이 가능한 모바일 PC(스마트폰)를 누구나 들고 다니게 되면서 방송에 대한 선택권은 더욱 넓어졌다.

역으로 방송국의 힘은 점차 약해졌다. 우리는 이제 굳이 지상파 TV를 실시간으로 보지 않아도 된다. 지상파TV에서 방송한 1년 전의 드라마도 넷플릭스·웨이브·티빙 같은 OTT^{Over The Top}에 접속하면 지금 당장 시청할 수 있고, 유튜브의 등장으로 볼거리가 더욱 많아졌다. 우리의 선택권이 이제 무한대로 넓어진 것이다.

이에 따라 광고 시장도 변할 수밖에 없었다. 신문, TV 시장의 비중이 압도적으로 높았지만 이제는 온라인·모바일 검색 광고, 유튜브·IPTV 등의 동영상 광고 비중이 더 높아졌다. 과학기술정보통신부에 따르면 2020년 기준 매체별 광고비는 TV 1.16조 원, 라디오 1,860억 원, 신문 1.84조 원, 잡지 4,110억 원, PC 1.74조 원, 모바일 5.55조 원이다. 2020년 국내 전체 광고 시장은 0.8% 소폭 증가했지만 모바일 광고는 무려 18.8%나 성장하는 차별화된 모습을 보여주었다. TV와 신문의 광고는 불특정 다수에게 노출되는 일방형 광고다. 하지만 온라인이나 유튜브에 나오는 광고는 일방형도 있지만 최근에는 맞춤형 광고가 급격히 증가하고 있다.

광고를 하는 주체는 광고주다. 삼성전자, 현대차 같은 대기업부터 마켓컬리, 배달의민족 같은 스타트업 기업까지 다양하다. 광고주들도 최근 광고 시장의 변화를 모를 리 없다. 당연히 효과가 있는 광고를 선호할 것이다. 광고주들이 원하는 연령층, 구매층에 맞게 만들어진 맞춤형 광고를 소비자들에게 적절히 노출하면 광고 효과는 배가되고 비용은 절감될 것이다. 소비자들에게도 긍정적이다. 관심이 전혀 없는 분야의 광고가 나오면 채널을 돌리거나 시청하고 있는 기기를 꺼버리겠지만 관심 있는 분야의 광고, 예를 들어 스니커즈를 정말 좋아하는 사람이라면 나이키나 뉴발란스의 광고가 나올 경우 더욱 집중해서 보게 될 것이다. 모두에게 득이 되는 시스템이 될 수 있다.

최근에는 어드레서블Addressable TV 광고 시장이 화제다. 맞춤형 광고를 이제 TV에서도 할 수 있는 시대가 열렸다. IPTV 3사와 MBC, 코바코KOBACO(한국방송광고진흥공사)가 2020년 사업 협력을 체결했고 상품 구축이 완료됐다. 어드레서블TV는 IPTV 시청 이력을 기반으로 맞춤형 광고를 송출하는 서비스다. 가구별로 주로 시청하는 시간대, 주로 시청하는 콘텐츠 등의 빅데이터를 활용하여 같은 시간대, 동일 채널에서 집집마다 다른 광고를 송출하는 서비스다. 나는 경제 채널을 주로 시청하는데, 주로 밤 10시에 시청하고 특히 주식시장과 관련된 방송을 자주 시청하는 편이다. 아무래도 직업과 관련된 내용이다 보니 관심을 가질 수밖에 없는데, 현재는 경제 채널을 시청할 때 다양한 광고가 일방적으로 송출되기 때문에 관심 없는 광고도 그냥 보게 되거나 잠깐 채널을 돌리곤 한다. 그런데 어드레서블TV가 시작되면 우리 집에 설치된 IPTV에서 증권사, 은행, 재테크와 관련된 광고가 그 시간에 송출될 가능성이 크다. 올리브TV 같은 푸드 채널을 자주 시청한다면 CJ제일제당의 광고가 나올 수도 있다. 집집마다 선호하는 채널, 관심사가 다르기 때문에 그에 맞춘 광고가 송출되는 것이다. IPTV는 셋톱박스를 통해 시청하기 때문에 빅데이터를 모을 수가 있어서 어드레서블TV 서비스가 가능하다.

같은 시간대에 같은 드라마를 보기 위해 같은 광고를 보던 시대는 이미 끝나가고 있다. 같은 드라마를 보더라도 이제는 다른 광고가 나온다. 모든 것이 변하고 있으며 광고 역시 예외가 아니다. 광고 시장의 변화, 이 변화를 잘 활용할 기업에 대한 투자가 꼭 필요한 시점이다.

표 5-12 ** 맞춤형 광고 관련 투자 유망주

기업명	투자 포인트	투자 매력도
제일기획	- 국내 최대 광고 기획사, 삼성전자 'Be Spoke', '갤럭시 폴더블폰' 등 새로운 브랜드 확대 수혜 - 온라인 광고 매출 비중 증가세	★★★★★

기업명	투자 포인트	투자 매력도
나스미디어	- KT그룹의 온라인 광고 기획사 - KT의 전자상거래 광고 'K-Deal' 서비스 순항 - 어드레서블TV 시장 개화에 따른 온라인 광고단가 상승 기대	★★★★★
와이더플래닛	- 쿠팡, SSG 등 주요 광고주를 대상으로 빅데이터 분석 및 인공지능에 기반한 자동화된 맞춤형 광고 서비스 제공 - 국내 소비자들의 다양한 소비 행태 및 빅데이터를 인공지능 기반으로 실시간 업데이트하여 예측 모델을 고도화	★★★★☆

폴더블폰:
기술 개발로 완성한 놀라운 반전

애플의 아이폰이 나온 지 어느덧 15년이 되어간다. 나는 아이폰의 충격을 아직도 기억하고 있다. 버튼이 전혀 없는 핸드폰, 터치로만 작용하는 핸드폰, 액정만 있는 핸드폰. 혁신적이기도 했지만 정말 어떤 핸드폰인지 궁금했다. 아이폰 3GS 모델 출시가 확정된 2009년, 통신사까지 변경하며 한국에 출시된 아이폰을 바로 구매했다. 디자인도 좋았지만 아이폰을 쓰면서 스마트폰에 빠져버렸고 다시는 피처폰으로 돌아가지 못했다. 지금은 스마트폰이 대중화됐지만, 당시는 스마트폰이 비주류였고 피처폰을 이길 수 있을지 반신반의하던 시기였다.

폴더블폰은 물론 다르지만 대세가 될 것인가에 대해서는 의문이 있는 것 같다. 2019년 삼성전자가 처음 폴더블폰을 개발하고 출시했을 때 많은 사람이 혹평을 했고, 주류가 되기는 힘들 것으로 생각하는 사람들이 다수였다. 내구성도 좋지 않았고 굳이 스마트폰을 접어야 하는 것인지에 대한 의문도 많았다. 폴더블폰 전용 앱도 매우 부족했다. 2020년에 나온 폴더블폰 2세대는 품질도 좋아지고 디자인도 개선됐지만 역시 반응이 좋지 않았다. 가격도 프리미엄 스마트폰보다 2배나 비쌌기 때문에 소비자들은 여전히 외면했다. 애플 아이폰의 흥행과 중저가폰 시장을 휩쓰는 중국에 밀려 삼성전자의 스마트폰 사업부가 큰 위기에 봉착했는데, 폴더블폰마저 흥행에 실패한 것이다. 폴더블폰은 애물단지가 되어버렸다.

그런데 반전이 일어났다. 삼성전자의 3세대 폴더블폰인 '갤럭시Z플립3'와 '갤럭시Z폴드3'가 대박이 났다. 특히 반으로 접히는 Z플립3는 여성의 취향을 제대로 저격하며 큰 성공을 거뒀다. 디자

그림 5-19 ·· **갤럭시Z플립3**

출처: 삼성전자

인도 좋았고 외부 디스플레이도 커져 활용성도 좋아졌다. 반으로 접히기 때문에 휴대성도 좋다. 한국에서만이 아니라 미국, 중국 등 주요국에서도 좋은 반응을 얻고 있다. 수치로도 폴더블폰의 흥행을 확인할 수 있는데, 갤럭시S21보다 1.8배 높은 예약판매를 기록했다. 삼성전자 스마트폰 역사상 가장 많은 예약판매였다. 폴더블폰 2세대 모델보다 3배 많은 650만 대의 판매량을 기록할 것이라는 전망도 나오고 있다.

'왜 반으로 접어야 하지?'라는 의문이 항상 따라다니던 폴더블폰. 삼성전자는 끊임없는 기술 개발 및 품질 개선으로 이런 의문을 해소했다. '왜 반으로 접어야 하지?'를 '반으로 접어도 쓸 만하고 더 편하네!'로 인식을 변화시켰다. 폴더블폰은 이제 주류가 될 가능성이 매우 커졌다. 삼성전자만이 하는 폴더블폰이 아니라 중국의 스마트폰 제조사도, 애플도 눈독을 들이고 있다. 삼성의 성공으로 스마트폰 시장에서 폴더블폰은 중심축이 될 가능성이 커졌다.

그 정점은 애플의 폴더블폰 시장 진입이 될 것이다. 대만의 애플 전문가 궈밍치 애널리스트는 2024년에 애플이 폴더블폰을 출시할 것이라고 예상했다. 애플이 뛰어든다면 대형 호재다. 폴더블폰 시장이 주류가 된다는 의미이기 때문이다. 폴더블폰 기술력은 삼성전자가 세계 최고다. 폴더블폰 부품 역시 국내 대표 스마트폰 부품 업체들이 최고의 기술력을 보유하고 있다. 시장이 커진다면 이 부품사들은 날개를 달게 될 것이다.

표 5-13 ** **폴더블폰 관련 투자 유망주**

기업명	투자 포인트	투자 매력도
삼성전자	- 폴더블폰 흥행 성공으로 매출 성장 기대 - 모바일 AP(Application Processor) '엑시노스 2200' 성공 기대	★★★★★
파인테크닉스	- 폴더블폰 디스플레이용 메탈 플레이트(내장 힌지) 제조 (OLED 패널 아래에 부착되어 디스플레이를 받쳐주는 역할을 함) - 중화권 스마트폰 제조사의 폴더블폰 출시 확대에 따른 부품 매출 증가 기대	★★★★
비에이치	- 삼성전자, 애플 등 주요 OLED 기반 스마트폰용 FPCB(연성회로기판) 제조 - 폴더블폰용 부품 매출 비중 증가세 - OLED 스펙 상향에 따른 부품 단가 상승 기대	★★★★
세경하이테크	- 폴더블 스마트폰 보호필름 독점 생산 업체 - 삼성전자 외 중화권 폴더블폰 출시 확대에 따른 공급 확대 기대	★★★★

쓰레기(폐기물):
쓰레기가 돈이 되는 시대

애플 아이폰, 삼성 갤럭시 스마트폰을 오래전부터 구매해서 사용해온 사람들은 요즘 스마트폰을 언박싱(새 제품을 개봉하는 것)하는 재미가 예전 같지 않으리라는 생각이 든다. 예전에는 신상품을 포장한 박스도 컸고 안의 구성품도 다양했는데 요즘엔 박스도 작고 충전기, 이어폰 같은 기본 제공 구성품도 들어 있지 않아서 그렇다. 글로벌 제조사들이 이렇게 구성품을 단순화한 이유는 비용 문제도 있겠지만 환경문제를 고려한 조치라는 분석이 지배적이다. 환경문제를 일으키는 가장 큰 골칫거리가 플라스틱인데, 스마트폰 포장 박스, 충전기, 이어폰 등 스마트폰 새 제품에는 많은 플라스틱이 들어간다. 플라스틱을 당장 안 쓸 수는 없지만 줄이는 것은 가능하다. 2021년 초 출시한 갤럭시S21 포장은 5년 전에 나온 갤럭시S7 포장에 비해 플라스틱이 96%나 덜 들어갔고 폐기물을 49%나 줄였다고 한다. 이는 1년 동안 나무 4만 4,802그루를 보호하는 효과가 있다고 한다.●

플라스틱은 썩는 데 무려 500년이 넘게 걸린다. 앞서 언급했던 바이오 플라스틱도 가야 할 길이지만 썩지 않는 폐플라스틱을 어떻게 처리할지도 중요한 문제다. 사실 폐플라스틱만 문제가 아니다. 우리 주변에 넘쳐나는 폐기물 처리도 문제다. 제품이 생산되고, 생산된 제품을 사용한 후 버리고, 버려진 폐기물을 소각하거나 매립하면 끝나는 게 일반적이지만 소각하거나 매립할 공간이 점차 부족해지고 있다. 소각시설이나 매립지는 혐오시설이라서 아무 곳에나 설치할 수 없다. 매립지를 더는 확보할 수 없다고 가정하면 2028년에는 폐기물 매립 공간이 다 찬다고 한다.

정부 정책도 폐기물 처리 문제를 방치할 수 없게 하고 있다. 2021년 2월 환경부가 발표한 '폐기물관리법 시행령'에 따르면 수도

●   2021년 9월 27일 자, 《한국경제신문》, "쓰레기 줄이자…가벼워지는 스마트폰 포장"

권은 2026년부터, 지방은 2030년부터 종량제 봉투에 담긴 생활폐기물의 직매립이 금지된다. 매립 공간이 사라지는 데다가 생활폐기물 매립 자체도 금지되는 난감한 상황이 발생할 수밖에 없는데, 폐기물이 도처에 널려 있는 모습을 상상하니 정말 아찔하다. 결국 이를 해결할 방법은 폐기물 재활용밖에 없다.

삼성증권이 주최한 환경 인프라 코퍼레이트 데이●에 국내 대표 환경 업체들이 참여했다. 환경 기업들의 관심은 그동안 폐기물 시장 내 소각·매립 사업이었는데, 이제는 재활용 사업에 대한 관심을 높이고 있다고 한다. 수지타산이 맞질 않아 관심을 갖지 않았던 폐기물 재활용 사업에 눈을 돌리기 시작한 것이다.

삼성증권의 자료에 따르면 폐기물 재활용 사업은 세 가지 형태로 전개될 가능성이 크다.

첫 번째는 폐플라스틱 재활용이다. 폐플라스틱을 연료로 하여 시멘트를 생산할 수도 있고 폐플라스틱을 열분해하여 플라스틱을 재생산할 수도 있다. 폐플라스틱에서 청정유를 생산하고 청정유에서 수소를 추출하는 것도 가능하다고 한다.

두 번째는 폐자동차 재활용이다. 국내 대표 폐차처리 업체인 인선모터스가 주도하고 있는데, 폐차를 파쇄해서 철스크랩을 뽑아내고 이를 재활용하여 철강사에 판매하는 사업이다. 버려지는

● 2021년 9월 23일 삼성증권, "순환경제 시대, 자원 재활용을 확대하는 환경 기업들" 보고서 참고

그림 5-20 ** 전기차 해체 라인 및 해체 과정

EV배터리 탈거　　폐액상 회수　　부품 해체

EV배터리 방전실　　폐액상 회수기　　해체 후 압축

EV배터리 보관 랙　　폐액상 보관시설　　파쇄 재활용

출처: 인선모터스

철을 재활용한다면 탄소 배출도 줄일 수 있어 긍정적이다. 폐배터리도 재활용이 가능하다. 아직은 폐배터리가 많지 않지만 폐배터리에는 리튬, 니켈 등 원자재가 다수 포함되어 있기 때문에 전기차가 대중화될 2025년부터는 자원 활용 측면에서도 긍정적이다.

세 번째는 소각 시 발생하는 스팀이다. 폐기물 관련 기업인 코엔텍은 폐기물 소각 시 소각 과정에서 발생하는 폐열을 이용해 스팀을 생산하여 벙커C유를 원료로 공장을 가동하는 제조 업체들에 공급하고 있다. 벙커C유 사용을 줄일 수 있어 탄소 배출을 줄이는 데 효과가 있다고 한다.

이제 쓰레기(폐기물)도 돈이 되는 시대다. 쌓여가는 폐기물, 부족해지는 매립지 등 넘쳐나는 폐기물은 골칫거리가 될 수밖에 없다. 폐기물을 재활용한다면 이런 고민은 해소될 수 있다. 폐기물 소각, 매립으로 성장을 구가하던 환경 업체들이 이제 변화를 시작하고 있다. 폐기물 재활용 사업은 성장 둔화 우려감이 커진 환경 업체들에 변화를 통한 도약의 기회를 줄 것이다.

표 5-14 ** 쓰레기(폐기물) 관련 투자 유망주

기업명	투자 포인트	투자 매력도
인선이엔티	- 폐차 재활용 비즈니스 업체 인선모터스 최대주주 - 리튬 폐배터리 재활용 시스템 구축 - 주택 공급 확대 정책에 따른 건설폐기물 처리량 증가 전망	★★★★★
코엔텍	- 울산 산업단지 내 독과점 지위 보유한 폐기물 처리 업체 - 폐기물 소각을 활용한 스팀 생산 및 안정적 매출처 확보 - 스팀 가격은 LNG 가격에 연동되므로, 원자재 가격 상승 시 수혜	★★★★
SK	- 국내 최대 환경 업체 'SK에코플랜트' 최대주주 - 수처리, 매립 사업 1위 - 폐기물 재활용 사업 진출 계획 - SK에코플랜트, 그룹의 수소 생산, 저장·유통 사업 담당	★★★★★

2022년 시장의 키워드는
'공급 부족의 해소'다

.
.
.

2021년 가을, 드라마 〈오징어 게임〉이 전 세계 넷플릭스 시청률 1위를 달성하며 많은 사람의 이목을 집중시켰다. 〈오징어 게임〉처럼 세상의 이목을 집중시킨 또 하나의 사건이 발생했다. '공급 부족'이라는 사건이다.

▬ 전 산업에 닥친
초유의 공급 부족 사태

코로나19로 인해 세계의 공장이 문을 닫았지만 소비는 그렇지 않았다. 해외여행, 외출 등 서비스 소비는 줄었지만 재화(PC, 자동차 등) 소비는 오히려 크게 증가하면서 수요와 공급 간의 불균형이 발생했다. 늘어난 소비를 감당하기 위해서는 충분한 공급이 있어야 하는데, 2021년 여름 델타 변이 바이러스까지 발생해 세계의 공장으로 부상한 동남아 지역의 공장들이 대부분 문을 닫으면서 공급 충격이 더욱 확산되고 말았다.

일단 가동이 중단된 공장을 재가동하는 것은 쉬운 일이 아니다. 수요는 지속적으로 증가하는데 공급은 더욱 부족해지면서 리드타임(주문부터 제품의 납품까지 걸린 시간)이 매우 길어지는 기현상이 계속해서 발생한 것이다.

가장 가까운 예로는 자동차를 들 수 있다. 인기 있는 신차는 지금 주문해도 최소 6개월이 지나야 받을 수 있다. 당장 차가 필요한 사람들은 중고차 시장으로 가서 중고차라도 구매를 하기 때문에 미국의 중고차 지수인 만하임Manheim 지수는 1년 만에 2배 가까운

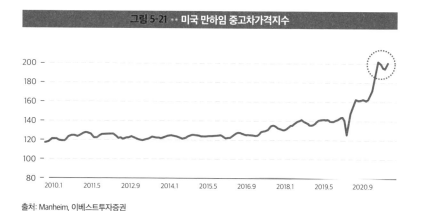

그림 5-21 ** 미국 만하임 중고차가격지수

출처: Manheim, 이베스트투자증권

상승세를 보였다. 비정상적인 가격이 형성되고 있지만 공급 부족은 해결될 기미가 보이지 않는다.

가격이 고작 1,000~2,000원밖에 되지 않는 차량용 반도체 역시 여전히 공급이 부족한 상태다. 2021년 3분기에는 공급이 정상화되리라 기대했지만 동남아 지역의 코로나19 확진자 수 급증으로 기대는 무산되고 말았다. 동남아 지역에는 차량용 반도체 후공정(조립, 포장, 검사 등의 반도체 마무리 작업) 업체들이 많이 몰려 있는데, 이들 공장의 생산능력 감소가 차량용 반도체 공급 부족을 더욱 심화시켰고 대형 자동차 제조사들은 어쩔 수 없이 감산폭을 늘릴 수밖에 없었다.

공급 부족은 자동차 산업만의 문제가 아니다. 미국의 소비 회복으로 미국인들의 의류 수요는 급증하고 있는데 미국의 갭, 나이키, 바나나리퍼블릭 같은 대표 의류회사들은 재고가 매우 부족하다고 한다. 동남아 지역에 이들 기업의 옷을 만들어주는 OEM 공장들이 다수 있는데 공장 가동이 코로나19로 중단됐기 때문이다. 재고를 쌓아야 하는데 쌓고 싶어도 쌓을 수 없는 상황이 이어졌고, 이로 인해 이들 기업의 주가도 급락세를 보였다.

눈에 띄는 예로, 미국의 대표 생활용품(침구, 주방, 인테리어소품 등) 업체인 베드배스앤비욘드는 2021년 9월 30일 주가가 하루 만에 20% 폭락하기도 했다. 공급 차질로 인한 비용 증가 및 수익성 감소가 원인이었다.

출처: Bed Bath & Beyond

= 원자재 가격 급등의
도미노가 불러온 현상

소비재만이 아니라 원료인 원자재 역시 공급 부족이 심각한 상황이다. 2021년 상반기에는 목재·구리·철광석 등 주요 원자재 가격이 급등세를 보였는데, 중국의 본격적인 경기 회복에 이들 원자재 수요가 큰 폭으로 증가했다. 하지만 코로나19로 남미·호주·동남아 등 주요 원자재 생산국의 생산이 중단되면서 공급이 수요를 따라가지 못하는 현상이 발생했고, 원자재 가격은 급등하고 말았다. 하반기에는 공급이 늘어나면서 가격이 다시 정상화되는 흐름을 보였다.

그런데 가을로 접어들면서 원자재 가격이 다시 급등하는 현상이 발생했다. 운송, 발전 등의 원료로 쓰이는 원유, 석탄, 천연가스 같은 원자재들이었는데 이 역시 공급 부족이 원인이었다. 왜 공급이 부족해졌을까? 텍사스 한파, 미국 동부를 강타한 허리케인, 유럽의 천연가스 생산 중단, 미국 셰일가스 업체들의 감산, 중국의 호주산 석탄 수입 금지, 베이징 동계올림픽을 앞둔 중국의 환경 규제 등이 원인이었다. 특히 신재생 에너지 발전량이 아직 부족한 중국의 무리한 석탄 발전 규제는 그린 인플레이션(친환경으로 전환하는 과도기에 석탄, 천연가스 같은 원자재 가격이 급등하면서 물가가 급등하는 현상)까지 발생시켰다.

연료 가격이 급등하자 천연가스나 석탄을 원료로 하는 에너지 업체들은 큰 충격을 받았다. 영국의 이글루에너지, 엔스트로가, 심비오에너지 등 에너지 3사는 2021년 9월 29일 동시에 파산을 선언했다. 에너지 가격 상승에 따라 전기요금을 올려야 하는데 가격 상한선이 있어서 비용 부담을 해소하지 못한 것이다. 한국의 대표 공기업인 한국전력의 주가와 실적이 부진한 이유도 이와 무관하지 않다. 원료 가격은 급등하는데 전기료는 8년 만에 처음으로, 그것도 킬로와트시ᴷʷʰ당 겨우 3원 올리는 데 그쳤다. 대규모 적자를 피할 수 없는 상황이다.

중국은 환경 규제를 이유로 석탄 사용량을 줄이라고 각 지방 정부에 명령을 내렸다. 중국은 화력발전을 통해 대부분의 전기를 생산하는데, 화력발전의 68%가 석탄을 원료로 한다. 석탄을 사용하

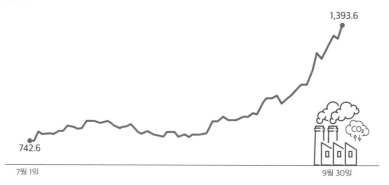

그림 5-23 ** 중국 석탄 선물 가격(2021)

(톤당 위안)

1,393.6

742.6

7월 1일   9월 30일

출처: 정저우 상품거래소

지 말라는 것은 곧 전기를 생산하지 말라는 얘기다. 전기를 생산하는 발전소들은 곧바로 감산에 돌입했고 중국은 전력난에 빠졌다. 중국에 공장을 보유한 POSCO, 오리온 등 국내 업체들은 전력난에 공장 가동을 멈출 수밖에 없었다.

'원자재 공급 부족에 의한 발전 원료 가격 급등 → 발전소 감산 → 전력 부족(요금 인상이 가능한 업체는 전기요금을 대폭 인상함) → 제조업체들의 공장 가동 중단 → 글로벌 제조업 경기 둔화 우려'는 2021년 9월부터 세계 경제와 증시에 큰 부담으로 작용했다. 거기에 원자재 가격의 급등세가 이어지면서 물가 상승 우려가 커졌고 1970년 오일쇼크와 비슷한 스태그플레이션(물가는 상승하는데 경기는 침체를 보이는 현상)이라는 키워드가 주식시장을 강타했다. 한국, 미국, 영국, 독일, 일본, 중국, 인도 등 글로벌 주요국의 경제에 빨간불이

켜진 것이다.

물론 스태그플레이션은 발생하지 않을 것이다. 이미 해답은 나와 있기 때문이다. 백신 공급 증가 및 경구용 치료제 개발에 따른 경제활동 정상화와 설비투자다. 백신 공급은 이미 가속화됐고 한국은 2021년 11월에 2차 접종까지 완료한 사람의 비율이 70%를 넘어설 것으로 보여 집단면역 상태 초읽기에 들어갔다. 영국은 7월에 이미 경제 정상화를 시작했다. 동남아 지역도 백신 접종률이 높아지면서 닫았던 공장들이 문을 열기 시작했다. 여기에 머크의 경구용(먹는) 코로나19 치료제 임상실험이 성공적이었다는 평가가 나오면서, 이제 코로나19는 독감 같은 형태로 변화될 가능성이 커졌다. 코로나19 바이러스 때문에 과거처럼 경제를 셧다운시킬 필요는 없어진 것이다.

▬ 공급과 설비투자가 증가하는 산업에 주목하자

그렇다면 남은 건 무엇일까? 스태그플레이션에 대한 우려의 근본 원인이 부족함인 만큼 이를 해결하기 위해 필요한 건 공급 증가 및 설비투자다. 부족한 재고를 채워 넣어야 하는 시기가 왔다. 대부분의 산업에서 공급과 투자가 증가할 것이다. 공급과 투자가 적절히 증가한다면 경기는 개선되고 물가는 다시 안정될 것이다. 스태그플레이션이 아닌 적절한 인플레이션이 발생하며 경기, 주가, 금리는 동반해서 상승할 것이다. 특히 주가는 2022년 상반기까지 매우 가파르게 상승할 가능성이 크다.

리오프닝과 더불어 2022년 가장 주목해야 할 키워드는 공급 증가와 설비투자다. 공급 증가에서 주목할 업종은 건설·건자재, 비메모리 반도체(파운드리, 패키지기판), 조선이다. 건설 업종은 정부의 부동산 정책이 집값 상승 억제에 있는 만큼 주택 공급 증가 정책 도입에 따른 수혜가 예상된다. 건자재 업종 역시 주택 건설이 증가한다면 건자재 수요 증가로 호실적을 낼 것이다.

파운드리 업황도 매우 좋을 것으로 예상하는데, 차량용 반도체 공급 부족 해소와 미국 대형 IT 기업들의 자체 반도체 개발, 삼성전자의 미국 반도체 공장 건설, 미국 바이든 대통령의 반도체 공급망 개선 의지 등이 그 근거다. 서버용 PC, 전기차, 자율주행차 등에 대한 수요가 증가하는데도 공급이 부족했던 패키지기판 역시 공급이 본격적으로 증가할 것이다.

조선 업종도 2021년의 수주 증가세를 이어갈 가능성이 크다. 선박 부족 현상을 해소하기 위한 선주들의 발주가 이어질 것이고, 20년 이상 된 노후화된 선박들의 교체도 본격화될 것이다. LNG 수요 급증에 의한 대규모 LNG 발주도 지속될 것이고 유럽 내에서의 탄소 배출 규제를 피하기 위한 메탄올 선박에 대한 발주도 시작될 것이다. 메탄올을 연료로 한 선박은 기존 벙커C유 선박보다 온실가스 배출을 25%나 줄일 수 있다고 한다.

설비투자도 전 세계적으로 증가할 가능성이 크다. 전기차, 2차전지, 파운드리, 친환경설비, 패키지기판, 바이오 의약품 CMO(위탁생산), 신재생 에너지 등 다양한 산업에서 설비투자가 본격화될 것이다. 설비투자가 증가할 경우 소재와 산업재 업종이 큰 수혜를 볼 것이다. 소재 산업의 대표 격인 철강주와 산업재의 대표주자인 기계 업종의 주가 재평가가 기대된다. 끝으로 무인화 시설에 대한 수요 증가도 눈여겨볼 필요가 있다. 근로 시간 단축, 높아진 인건비, 인력 부족 등의 영향으로 무인화 시설에 대한 기업들의 수요는 계속 증가할 것이다.

그림 5-24 ·· 이마트24 완전무인점포 '스마트 코엑스점'

출처: 이마트24, 뉴시스

표 5-15 •• 공급 부족 해소 관련 투자 유망주

기업명	투자 포인트	투자 매력도
금호건설	- 공공주택 수주에 강점이 있는 중형 건설사 - 국내 공항 건설 재개에 따른 공항 건설 수주 기대	★★★★☆
삼성전자	- 구글, 마이크로소프트, 테슬라 등 미국 대형 기업들로부터의 파운드리 수주 증가 기대 - GAA((Gate All Around) 등 파운드리 공정 혁신에 따른 원가 절감 기대 - 시스템 반도체(엑시노스, 이미지센서) 매출 확대	★★★★★
이오테크닉스	- 반도체 후공정 장비 제조 업체 - 반도체 절단 및 마킹 장비 경쟁력 최상 - 반도체 후공정 시장 고성장 수혜	★★★★★
네패스	- 비메모리 반도체 후공정 서비스 전문 업체 - 조립, 검사, 패키징 등 턴키 서비스 제공 - 삼성전자 비메모리 반도체 후공정 물량 증가 수혜 - PMIC(Power Management Integrated Circut) 등 전력반도체 관련 산업 성장 수혜	★★★★☆
세진중공업	- 선박 데크 하우스(Deck House), 어퍼 데크 유닛(Upper Deck Unit), LPG 탱크 등 제조 - 현대중공업그룹 수주 증가 시 매출 동반 성장 가능 - 석유화학 플랜트, 해상풍력(해상변전설비, 부유식 구조물) 신사업 진출	★★★★☆
대양전기공업	- 선박용 조명 글로벌 1위 업체 - 2021년 조선 수주 증가로 2022년부터 선박용 조명 매출 성장 기대 - 수소연료전지 자동차용 MEMS(Micro Electro Mechanical Systems) 센서 사업 성장 본격화	★★★★☆
POSCO	- 세계 철강 생산량 5위 업체(2018년 기준) - 중국 철강 감산에 따른 철강 공급 과잉 해소 - 글로벌 설비(인프라)투자 본격화에 따른 철강 수요 증가	★★★★★
LS ELECTRIC	- 전력기기, 자동화 설비, 금속, 산업용 통신기기 등 제조 - 미국 등 글로벌 전력 송·배전 투자 확대 수혜 - 자동화 설비 수요 급증 및 자회사 LS메카피온(자동화 기기 Servo 생산) 실적 호조	★★★★★
삼성에스디에스	- 삼성그룹의 SI(정보 시스템 통합, 기업이 필요로 하는 정보 시스템에 대한 기획부터 개발, 구축, 운영까지 모든 서비스 담당) 업체 - 삼성전자 등 그룹사 설비투자 증가 및 스마트 팩토리 구축에 따른 매출 성장 가능	★★★★★

기업명	투자 포인트	투자 매력도
신세계 I&C	- 신세계그룹의 SI 업체 - 이마트 무인 편의점 확대에 따른 무인화 설비 매출 증가 - 이베이코리아 인수에 따른 전자상거래 관련 투자 확대 수혜	★★★★★

지금까지 2022년 유망 산업과 투자 유망주에 대해 알아봤는데, 마지막으로 한 가지 더 언급할 내용이 있다. 2022년 주식시장은 상반기와 하반기가 조금은 다를 가능성이 크다. 상반기까지는 코로나19로부터의 탈출, 경제 정상화, 설비투자 증가, 풍부한 유동성 환경으로 코스피가 새로운 역사를 쓸 가능성이 크다. 하반기에는 경기 회복 및 통화정책 정상화에 따른 긴축 위험, 2023년부터 시행될 주식 투자 차익에 대한 전면 양도차익 과세, 시진핑 주석의 연임 결정을 앞둔 중국의 불확실성 등으로 변동성이 매우 커질 가능성이 있다. 물론 전망은 틀릴 수도 있다. 하지만 주식 투자에는 적절한 예측과 대응이 필요하다. 2022년 상반기에 투자의 중심을 맞추고 2022년을 주도할 산업과 함께하기 바란다. 모든 독자가 좋은 투자 성과를 내기를 응원한다.

참고자료

- "탄소중립, 수소매수", 신한금융투자, 함형도·최원석, 2021년 7월 5일
- "수소 생산 및 저장", 이베스트투자증권, 이안나, 2021년 9월 7일
- "원유와 수소 사이에서 길찾기", KTB투자증권, 박일선·라진성·김영준, 2021년 8월 30일
- "암모니아, 다시 인류를 구할까?", 대신증권, 한상원·이동헌, 2021년 9월 15일
- "대체육 시장, 2026년까지 연평균 15% 이상 성장 전망", 키움증권, 이동욱·권준수, 2021년 4월 5일
- "지금은 바이오 플라스틱을 보아야 할 때", 이베스트투자증권, 이안나·심지현, 2021년 3월 15일
- "음악 산업, 팬 플랫폼으로 벌크업 중", 하이투자증권, 박다겸, 2021년 8월 25일
- "성장엔진 장착 완료, 이륙 준비 끝!", 유안타증권, 허선재·박진형·안주원, 2021년 8월 10일
- "구조적 성장, 더해질 보복소비, 부담 없는 밸류에이션", 대신증권, 이새롬·한경래, 2021년 5월 25일
- "맞고 발라봐야 아는 세상", 유안타증권, 서미화·박은정, 2021년 7월 14일
- "고성장 중인 중국 치과용 의료기기 시장", SK증권, 이소중, 2020년 12월 7일
- "한 권으로 끝내는 OLED 소재 기초 설명서", 키움증권, 김소원·박유악·이원주, 2021년 9월 9일
- "새로운 시대, 새로운 산업", 신한금융투자, 홍세종·윤창민·오강호·이동건·황성환, 2021년 8월 4일
- "순환경제 시대, 자원 재활용을 확대하는 환경 기업들", 삼성증권, 이경자·백민경, 2021년 9월 23일

미스터 마켓 2022

초판 1쇄 발행 2021년 11월 29일
초판 3쇄 발행 2021년 12월 6일

지은이 이한영, 김효진, 이다솔, 이효석, 염승환
펴낸이 김동환, 김선준

편집팀장 한보라
편집팀 최한솔, 최구영, 오시정
마케팅 권두리, 권희
디자인 김혜림
외주 편집 공순례
본문디자인 김영남

펴낸곳 페이지2북스 **출판등록** 2019년 4월 25일 제 2019-000129호
주소 서울시 영등포구 여의대로 108 파크원타워1. 28층
전화 070) 7730-5880 **팩스** 070) 4170-4865
이메일 page2books@naver.com
종이 (주)월드페이퍼 **인쇄·제본** 한영문화사

ISBN 979-11-90977-44-9 (03320)